"十二五"国家重点图书出版规划项目

中国社会科学院创新工程学术出版资助项目

总主编：金 碚

经济管理学科前沿研究报告系列丛书

THE FRONTIER REPORT ON THE
DISCIPLINE OF
QUANTITATIVE ECONOMICS 2011

主　编：王国成
副主编：张延群　刘　飞

数量经济学学科前沿研究报告2011

经济管理出版社
ECONOMY & MANAGEMENT PUBLISHING HOUSE

图书在版编目（CIP）数据

数量经济学学科前沿研究报告.2011/王国成主编. —北京：经济管理出版社，2014.12
ISBN 978-7-5096-3463-9

Ⅰ.①数…　Ⅱ.①王…　Ⅲ.①数量经济学—研究报告—2011　Ⅳ.①F224.0

中国版本图书馆 CIP 数据核字（2014）第 247835 号

组稿编辑：张永美
责任编辑：张永美　王琰
责任印制：司东翔
责任校对：超　凡

出版发行：经济管理出版社
　　　　　（北京市海淀区北蜂窝 8 号中雅大厦 A 座 11 层　100038）
网　　　址：www. E-mp. com. cn
电　　　话：(010) 51915602
印　　　刷：三河市延风印装厂
经　　　销：新华书店
开　　　本：787mm×1092mm/16
印　　　张：12.75
字　　　数：287 千字
版　　　次：2014 年 12 月第 1 版　2014 年 12 月第 1 次印刷
书　　　号：ISBN 978-7-5096-3463-9
定　　　价：45.00 元

序　言

　　为了落实中国社会科学院哲学社会科学创新工程的实施，加快建设哲学社会科学创新体系，实现中国社会科学院成为马克思主义的坚强阵地、党中央国务院的思想库和智囊团、哲学社会科学的最高殿堂的定位要求，提升中国社会科学院在国际、国内哲学社会科学领域的话语权和影响力，加快中国社会科学院哲学社会科学学科建设，推进哲学社会科学的繁荣发展具有重大意义。

　　旨在准确把握经济和管理学科前沿发展状况，评估各学科发展近况，及时跟踪国内外学科发展的最新动态，准确把握学科前沿，引领学科发展方向，积极推进学科建设，特组织院内外专家研究撰写《经济管理学科前沿研究报告》。本系列报告的研究和出版得到了国家新闻出版广播电影电视总局的支持和肯定，特将本系列报告丛书列为"十二五"国家重点图书出版项目。

　　《经济管理学科前沿研究报告》包括经济学和管理学两大学科。经济学包括能源经济学、旅游经济学、服务经济学、农业经济学、国际经济合作、世界经济学、资源与环境经济学、区域经济学、财政学、金融学、产业经济学、国际贸易学、劳动经济学、数量经济学、统计学。管理学包括管理学、创新管理学、战略管理学、技术管理与技术创新、公司治理学、会计（审计）学、财务管理学、市场营销学、人力资源管理学、组织行为学、企业信息管理学、公共政策与政府管理、物流供应链管理、创业与中小企业管理、管理科学与工程。

　　《经济管理学科前沿研究报告》依托中国社会科学院独特的学术地位和超前的研究优势，撰写出具有一流水准的哲学社会科学前沿报告，致力于体现以下特点：

　　（1）前沿性。本系列报告要体现国内外学科发展的最新前沿动态，包括各学术领域内的最新理论观点和方法、热点问题及重大理论创新。

　　（2）系统性。本系列报告将囊括学科发展的所有范畴和领域。一方面，学科覆盖具有全面性，包括不同学科的科研成果、理论发展、科研队伍的建设，以及某学科发展过程中具有的优势和存在的问题。另一方面，就各学科而言，还将涉及该学科下的各个二级学科，既包括学科的传统范畴，也包括新兴领域。

　　（3）权威性。本系列报告将由各个学科内长期从事理论研究的专家、学者主编，组织本领域内一流的专家、学者进行撰写，无疑将是各学科内的权威学术研究。

　　（4）资料性。本系列报告不仅系统总结和评价了每年各个学科的发展历程，还提炼了各学科学术发展进程中的重大问题、重大事件及重要学术成果，因此具有工具书式的资料性，为哲学社会科学研究的进一步发展奠定了新的基础。

《经济管理学科前沿研究报告》全面体现了经济、管理学科及其分支学科国内外的发展状况、最新动态、重要理论观点、前沿问题、热点问题等。该系列报告包括经济学和管理学一级学科和二级学科，其中经济学科 15 个，管理学科 15 个。将按年度撰写出版 30 个学科前沿报告，成为系统研究的年度连续出版物。这项工作虽然是学术研究的一项基础工作，但意义十分重大。要想做好这项工作，需要大量的组织、协调、研究工作，更需要专家、学者付出大量的时间和艰苦的努力，在此，特向参与本研究的院内外专家、学者和参与出版工作的同仁表示由衷的敬意和感谢。相信在大家的齐心努力下，将会进一步推动中国对经济学和管理学学科建设的研究，同时，也希望本报告的连续出版能推动我国经济和管理学科研究水平有较大提高。

金 碚

2013 年 3 月

目 录

第一章 数量经济学学科前沿研究报告综述（2011）

综观 2011 年数量经济学的发展，在梳理和遴选当年大量相关的优秀文献和研究成果的基础上，尤其是对具有代表性和前瞻性文献的研读，可感受和勾勒出一些大致的年度特征，如：数理分析模型的适应性增强，计量方法的有效性提高，数量金融的提升全面加速，博弈实验及其他前沿方向纵深挺进。它们相互辉映、相互促进，使得数量经济学在经济学大家族中更凸显其工具性、实践性、严整性和前沿性，且也不乏理论色彩等学科特点。

2011 年，全球经济可以说是仍处于金融危机后的反思调适期，虽然现实的需要和人们的关注点越发集中，但由于学术研究和出版发布的滞后，关于金融危机的反思和实践中的调整、适应和恢复等还只是初步显效；考虑到中国改革发展的实际和数量经济学学科建设的需要，以及国人的兴趣和知识接受的习惯，我们选择研究内容联系密切或比较接近的文章，结合数量经济学学科体系的划分，组成若干专题并围绕其精选文章，但这并不意味着如此就能很好地代表当年的研究特色和水平，或许也只是为了便于阅读和编写。

一、数量经济学学科发展年度总体特征

就数量经济学学科 2011 年全年的总体发展情况而言，并通过对 2009~2011 年近 3 年的论文发表分领域获取数据并做简单的描述性统计对比（如表 1-1 所示），可看出一些相对突出的总体特征，文章的研究内容在覆盖范围和探索深度上有所提高，理论焦点更加集中，所用方法的针对性和分析结论的解释力增强。按惯例且不失代表性，中文文献基础数据的获取渠道仅从中国期刊全文数据库（中国知网：http://acad.cnki.net/KNS/brief/result.aspx?dbprefix=CJFQ）汇集的信息中选录，以主题词按年份分领域检索，范围覆盖经济学及所有相关学科领域；这可较好地反映我国数量经济学界及相关领域的研究人员（爱好者）发表的研究论文总量上稳步发展、各年度的数量略有波动（如图 1-1 所示），相对比例结构稳定（如图 1-2 所示），而且各分支所处的位序基本保持不变。

表1-1 2009~2011年中文论文发表数量（按主题词索引）

单位：篇

年份 \ 领域	数理经济学	计量经济学	数量金融	博弈实验及其他	合计
2009	18	408	22	1497	1945
2010	17	426	30	1354	1827
2011	23	438	28	1335	1824

本报告共收录中文文献18篇和5部论著（教材），其中数理经济学4篇、计量经济学/经济计量学5篇、数量金融5篇（也包括数理金融、金融计量）和博弈实验4篇（博弈论、实验经济学、计算经济学、经济仿真、微观模拟等，其中博弈论在数量上占绝对优势）；分类统计数据中不排除有交叉的部分；我们又选择了几个热点关键词检索，相应的论文分布情况如表1-2所示。

表1-2 2009~2011年中文论文发表数量（按关键词索引）

单位：篇

年份 \ 关键词	金融危机	收入差距	房地产价格	宏观调控
2009	33361	597	820	1190
2010	16278	793	924	1143
2011	7615	848	925	1337

除了特定热点事件的关注热度随时间明显下降，其他基本上呈稳步增长态势。

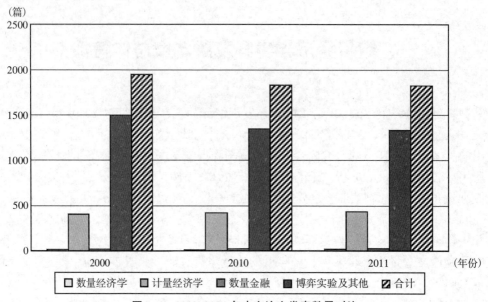

图1-1 2009~2011年中文论文发表数量对比

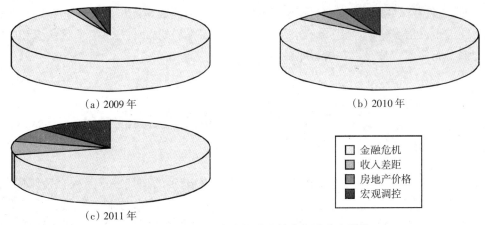

（a）2009 年 （b）2010 年

金融危机
收入差距
房地产价格
宏观调控

（c）2011 年

图 1-2　2009~2011 年中文论文热点领域分布结构

　　所收录的英文文献主要是从 Jstor 数据库（http: //www.jstor.org/）中获取，按主题词（Item Title）分年度检索（如表 1-3 所示，其中，"Game & Experiment" 一栏主要包括的各分支领域的文献数量按年份排序依次为 {2009，2010，2011}：Game Theory {728，749，602}；Experimental Economics {833，844，653}；Agent-based Computational Economics {646，683，489}；Economic Simulation {730，712，542}；Micro-simulation {176，124，130}）。收录到本报告的英文文献 15 篇和专著 3 部；当然，中、英文的学科领域划分并不完全一致，这里只是一个大致的对应关系。

表 1-3　2009~2011 年英文论文发表数量

单位: 篇

年份 \ 领域	数理经济学 Mathematical Economics	计量经济学 Econometrics	数量金融 Quantitative Finance	博弈实验及其他 Game & Experiment
2009	661	16	186	3113
2010	681	11	202	3112
2011	494	202	139	2416

　　虽然我们只是中、英文各依据一种数据库，但从同类数据库（中文的万方数据资源系统——数字化期刊全文库和中文科技期刊数据库（维普）、英文的 Elsevier ScienceDirect 数据库和 Springer 电子期刊数据库）所反映的大体情况来看，文献分布特点基本一致。虽说只是分年度考察，但将多年的类似特点连贯起来看以及做简单的统计对比，尤其是在分支结构方面表现出的差异，从某种意义上说，这有助于看清和找出我们与国际同行相比在研究重点和实力上的差距及程度，且能明白理论滞后的原因，为什么中文的原创性论文少之又少，等等？这也在一定程度上预示着我国数量经济学在未来发展中的努力方向。

　　在文章的选取归类中，我们既按照一般的学科分类原则和方法遴选，又注意到按每篇文献的突出贡献点所涉及的内容划分归属，如此是为了有助于读者更好地领会文章的精华部分。通过编撰学科前沿研究报告，能使我们感受我国的数量经济学的研究应用及学科建设在不断进步、倍受鼓舞，但同时还感受到我国经济学界对理论方法的理解认识和应用实践的把握上的偏离，甚至存在着根本性缺憾。

二、数理分析模型适应性增强

经济学发展最强劲的推动力量，无疑是源于现实经济的迫切需求及内在逻辑的驱动，数量经济学的发展正是如此，在此过程中，也使得作为基础分支学科的数理分析模型方法有了更明确的针对性和增强了适应性。2008年的全球性金融危机给世界经济造成了始料不及的重创，中国政府迅速做出反应，于当年11月推出4万亿元投资计划以及一系列扩大内需的刺激措施，为中国经济率先复苏及世界经济增长做出了重要贡献。时至2011年，应对危机的政策措施效果逐步显现，相应地引起学术界相对集中地关注和探讨各国政府举措的效果，进行政策评价等，这是当年理论研究和实践发展中的重头戏，也为数理经济学的发展创造了良好时机。

这场金融危机由美国次贷危机引起，并逐步蔓延演化为1929年大萧条以来最为严重的全球危机，美国、欧洲和日本等发达经济体以及"金砖国家"为代表的新兴经济体和发展中国家都受到程度不一的猛烈冲击。随着金融风险通过各类渠道、多种方式扩散传染到全球，各国实体经济受到明显影响，出现不同程度的放缓或衰退，虽然会在一定程度上缓解通货膨胀压力，但却使通货紧缩风险同步增加。我国经济也难逃脱厄运，下行压力在逐渐加大。

针对国内外经济形势的变化，中国政府及时调整宏观经济政策取向，迅速出台扩大国内需求的10项措施，通过实施两年4万亿元投资计划来加大政府投入是其主要内容。从实施情况看，两年多的时间里，新增了中央政府投资11800亿元，带动地方政府投资8300亿元、银行贷款14100亿元、企业自有资金等其他投资5800亿元，共同完成4万亿元的投资工作量。投资方向是着力加强了7大重点领域的投入，包括：保障性安居工程，农村民生工程和农村基础设施，铁路、公路和机场等重大基础设施，医疗卫生、教育、文化等社会事业，节能减排和生态建设，自主创新和产业结构调整，以及汶川地震灾后的恢复重建。

投资计划实施中是按照"调结构、转方式、促民生"的基本方针安排，对扩大内需和加强经济社会薄弱环节发挥了重要作用。投资着力点和重头内容主要表现在基础建设和惠民工程等方面，例如：保障性安居工程建设大规模推进，有效缓解了保障性住房供应严重滞后局面；农村民生工程和农村基础设施建设明显加强，进一步改善了农村生产生活条件；重大基础设施建设成效显著，推动了交通运输能力供给和运输质量显著提升；社会事业建设取得积极进展，基本公共服务体系进一步加强；节能减排和生态建设成效明显，增强了污染治理和节能降耗能力；等等。

投资实效表现在：全国经济增长实现 V 形反转；投资平稳较快增长；经济景气显著提高等运行特点上。对投资计划实施效果的基本评价可概括为：直接拉动了经济增长，对就业的推动作用不容忽视，有力地促进了结构调整，为新型城镇化建设创造良机、积累经验、探索路径。然而，与此同时可能存在的负面效应和潜在的不利影响也不容忽略：短期内增大节能减排压力，使结构性减排受阻；权利集中、超强力度地实施中央计划，难以避免地会延宕和改变政府职能转变与结构化改革的路径和进程。

欲全面客观地评价应对危机的投资收效和相应的政策效应，无论从什么角度或侧重点如何，方法的科学性是必需的，而建立数理模型相互关联地展开分析是政策综合评估科学方法中的重要基础内容和主要的实现手段及途径。收录在本研究报告中的文献，大都是探讨与此直接或间接相关的内容，关键在于作为切入点的问题的描述、所选用的分析方法、经验的积累，这些有必要在加强数理分析的基础上促进量化实证效果的提高。

此外，还有学者用数理模型方法加深探讨经济学的基本关系问题及方法论研究，原因有二：一是由于理论严重滞后于现实而发出的迫切呼声；二是学科自身的反省，在积淀一段时期后的必然选择。如：运用数理经济学理论方法为研究平等与效率的关系构建新的逻辑框架。假设平等、效率是两种消费品，弱者、强者是两种消费者。在强、弱两者关于平等、效率的纯交换经济中，在完全自由竞争的前提下，两者经过竞争交易和讨价还价博弈，有可能实现均衡，并进一步论证均衡属性和存在条件。也有文章专门用数理分析方法研究人类与自然的关系，将环境对效用的影响直接引入效用函数，又要考虑环境的恶化会加大成本，因而，需要构造新的效用函数，在 R-C-K（Ramsey Cass Koopmans）经济增长模型中，分析解释不同环境条件下经济增长的均衡存在性和均衡效率等。

人们一向认为，数理分析模型和方法抽象、严谨，因其主要关注基础和广泛性问题而进展缓慢、创新困难，但 2011 年度现实问题和需求相对明确、集中，强有力地推动了数理经济学的推陈出新，又一次证实了经济学发展的动力源自经济实践，以及数理分析在解决实际经济问题中的必要性和重要性。

三、计量实证方法实效性提高

在被动接受检验的深度和广度上来说，2011 年的经济计量学比往年更甚，其年度特点可概括为：更加强调计量方法的发展应用与突出和典型的实际问题需求紧密结合；增强和协调了基础研究与现实针对性、方法的多样性与精准性、普适性与特效性之间的关系等，尤其是当年诺贝尔奖授予经济计量学家，使得这些亮点更加闪耀辉煌。

1. 理性预期模型中结构参数的微观化

萨金特（Sargent）是现代结构宏观经济计量分析之父，西姆斯（Sims）则是宏观经济学实证工具向量自回归（VAR）之父，他们荣获 2011 年度诺贝尔经济学奖，源于其重塑和发展了现代实证宏观经济学，其学术贡献是宏观经济计量和实证研究的核心内容。

传统的宏观经济实证方法的原理和基础是运用统计方法估计一个大型线性模型，而这类模型的理论依据主要是凯恩斯经济学，然后用其解释宏观经济运行的经验数据与时间序列，预测经济走势及指导政策制定。这么庞大的模型看似能成功地解释某些历史现象，但许多西方国家在 20 世纪 70 年代后均出现了高通胀、低增长与高失业率共存的"滞涨"现象，引发了对该模型的严肃质疑和激烈争议。进而，在弗里德曼、卢卡斯、菲尔普斯及其他经济学家的努力推动下，使预期理论成为宏观经济学的重要组成部分，而且被广泛应用于实践中。但这同时也带来了很大的难题，因为利用传统估计方法在评价以"积极"形成预期为特色的宏观经济理论时，均无法识别和分析外在的冲击。

在此背景下，萨金特和西姆斯提出了新的研究方法，使研究者能够具体检验和评价以预期为中心的宏观经济学动态模型。萨金特的现代结构宏观计量经济学展示了如何完全基于微观基础去描绘和估计宏观经济模型，同时在很多应用领域证明了该方法的实用性；萨金特是关于预期形成的实证研究的先驱，他不仅证明了如何将积极预期融入实证模型，而且通过考虑多种替代方法（包括学习）一直活跃在该研究领域的最前沿。

萨金特提出了新宏观经济学实证研究方法，强调要有微观经济基础，认为关键经济决策与政策变化无关；要基于模型中结构参数的估计，如：描述个人偏好和生产函数的参数，现代实证宏观经济学研究非常依赖于此类结构估计方法。

萨金特的研究揭示的理性预期彻底重塑了实证宏观经济学并宣判了宏观经济变量之间关系（如：基于菲利普斯曲线的 Friedman-Phelps 假设）的传统实证方法无效，对货币政策作用和菲利普斯曲线的核心假设产生了深远影响。他提出的方法一般是在微观基础上构造、解决和估计结构宏观经济模型，更多关注现实数据，并考虑积极预期形成机制，证明了为什么之前的检验是错的，以及如何才能建立新的、更加精确的检验模型。

萨金特和苏利科（Sargent 和 Surico，2011）的合作研究表明货币数量论（货币主义观点的支柱）的标准检验对过去货币政策制度的敏感性。运用结构估计和 VAR 模型，他们认为数量论的明显缺陷可从政策制度变化角度来解释。尤其是萨金特等分析通货膨胀的观点和方法更是有独到之处。他们在研究中假设货币当局以福利最大化为目标且信赖菲利普斯曲线，特别是央行不相信附加预期的菲利普斯曲线，但在时变曲线中，私人部门具有理性预期，因此"真实"曲线确实附加了预期；具体运用贝叶斯马尔可夫链蒙特卡洛法结构性地估计了预设模型，发现与实际数据很吻合，相关结论意味着央行在初始就因错误相信菲利普斯曲线而被"愚弄"，从而导致通货膨胀逐渐上升。此类模型的预测力比先进的非纯理论预测模型（贝叶斯 VAR 模型）还要好。

2. VAR 模型初步实现了政策分析的动态化

西姆斯的里程碑式贡献在于认为建立在传统宏观经济学实证方法基础上的解释、预测及政策结论非常不稳定，因为对这些线性系统的估计通常要依赖难以令人信服的一些识别假设和研判前提。

模型识别其实就是要判定所构建的模型及参数设定与研究对象或问题的符合程度，即抽象模型是否很好地反映了具体现实。传统经济计量实证方法中的模型识别是一大难题，而其关键点之一是消费者和企业如何形成对宏观经济的预期，因为对宏观经济结果的预期可能基于所有可用变量，不只是对某一（些）因素反应的变量，常常存在共线性和互为因果及伪相关等"障碍"。西姆斯（1980）等不仅批评了传统宏观经济计量模型，还提出一种新的识别策略，与估计大型凯恩斯经济模型在逻辑上完全不同。该识别策略是：具有积极预期形成机制的宏观经济系统的解决方案可以表示成向量自回归即 VAR，可用于探索模型参数识别途径。与此相应还提出了一种递归法和一些 VAR 识别策略，使模型识别成为宏观经济实证研究的学术焦点。

西姆斯从模型识别方面对 20 世纪 70 年代初期占主导地位的宏观经济范式进行了强有力的批评。模型识别是以已观测数据为基础进行因果推断的核心要素。西姆斯认为以前方法依赖于难以令人信服的一些识别假设，因而对宏观经济时间序列中"什么引起什么"的解释大多存在缺陷甚至是盲区。估计错误的模型在作为工具用于货币政策分析时不仅可能发生偏离，甚至会得出反向论断而不能用于预测。西姆斯第一个提出宏观经济变量的实证分析可以建立在向量自回归的基础上。从技术上讲，VAR 模型是包括 N 个方程、N 个变量（通常是线性的）的系统，用于描述每个变量如何依赖其过去值、其他 N–1 个变量值以及一些外生"冲击"。西姆斯认为合理构造和解释 VAR 模型可以解决很多识别问题，因而在预测及解释宏观经济时间序列和指导政策制定中具有很大的潜在价值。近 30 年来，VAR 模型在很多方面获得了重大发展，而西姆斯一直坚守在该研究领域的前沿。如今，VAR 模型已经得到实证研究学者和政策制定者的广泛应用，同时还成为货币经济以外其他领域的主要研究工具。VAR 估计即从历史数据中分解出结构性宏观经济冲击，然后分析其对经济的影响。构建典型的 VAR 模型通常需要三个步骤：①建立预测模型，用以捕捉宏观经济的关键动态变化；②识别结构冲击，将未预期变动分解成引起宏观经济波动的结构性冲击；③获得脉冲响应函数，描述给定结构冲击对宏观经济变量后续变动的动态影响。

VAR 方法的另一组成部分是与脉冲响应分析密切相关的方差分解，用以计算不同时间范围内每个变量方差有多少可由不同类型的结构冲击所解释。因此，通过方差分解可得出不同冲击在不同时间范围内产生的影响，与其他部分结合起来共同解释宏观经济变量的整个动态过程。尤其是对非常态的"典型化事实"，学者要在构建宏观经济理论模型时通常要设定不同类型的脉冲响应进行模拟。

根据西姆斯的动态观点，VAR 模型在解释时间序列、预测以及理解政策变动影响方面非常有用，特别是在解释和预测及政策实验中，VAR 已成为分析政策暂时变动所产生影响的主要工具，如分析货币政策、财政政策的影响和解释为什么会引发经济周期。

（1）货币政策的影响。VAR 模型分析方法应用最有成效的是在货币经济学领域，尤其是在分析货币政策影响方面更为显著。货币冲击（如：由央行控制的货币政策工具）对货币和实体变量均产生重大影响，尽管有些缓慢且经常呈驼峰形。西姆斯（1992）在其影响深远的一篇文献中讨论了五个不同经济体货币政策的影响，发现一些共同特征及区别。

（2）财政政策的影响。在2008~2009年的衰退中，政策制定者面临的一个核心问题是整体经济运行对暂时性政府支出（或暂时减税）等权宜之计的反应。这个复杂问题的合理答案自然还会涉及增加的支出该如何获取（如何融资）。历史数据能为此提供教训吗？显然，区分预期或未预期政府支出的变化即相应的结构（内生）冲击和（内生）反应非常重要。在不同方案中，一种是考虑增加军费开支，该支出是很重要的外生成分；另一种是直接描述法。但最广为效仿的研究方法则是用VAR方法识别和区分出经济总体对额外支出如何做出反应。一个很有说服力的例子是Blanchard和Perotti（2002）的重要研究，他们构造了政府支出、税收和产出的三类变量的VAR模型。其识别方法依赖于税收总额在给定税收政策下随收入变动如何反应的认识和区别，而将其他变化解释为财政政策的基础冲击。Blanchard和Perotti的估计揭示了政府支出增加和减税会增加产出，并可能对经济产生重大影响。对这些反应的大小的考量一直以来是借助VAR方法研究的主题。

（3）什么引发经济周期？VAR运用的另一重要领域是究竟什么引发了经济周期这一长期困扰经济学家的课题。特别是有关学者用VAR方法检验Kydland和Prescott的观点：技术（生产率）变化是根本驱动因素。运用多种识别方案比较技术冲击与货币政策冲击等其他冲击，西姆斯对该主题的研究（特别是1972年的论文《货币、收入和因果关系》）产生了重要影响。他发现货币变化引起收入变化（即货币是收入的Granger原因），部分支持货币主义观点，但方差分解显示只有很小部分的产出变动得到解释，尤其在较长时期。这与实际经济周期理论和凯恩斯理论共同引发了随后大量相关文献的问世。沿此思路，Galì（1999）基于长期约束识别方法，通过VAR分析检验了技术冲击与其他冲击。在包括产出与总工作小时的非常简单的2×2VAR模型中，Galì认为技术冲击具有相对有限的短期影响（这或许与我们的直觉不同）。随后许多学者沿用VAR并引发持续至今的争论，因为它与主流经济周期波动理论相比代表了模型测度的另一种方法。基于附有长期约束的VAR模型对技术冲击进行识别（可以说很难直接度量）的方法已成为近期经济周期实证分析中的重要子领域。

3. 稳健控制与理性疏忽

萨金特和西姆斯等的研究，进一步拓展和深化了货币等因素与宏观经济活动的相互影响，有助于更深层次地理解预期形成机制及其在经济中的作用。预期的实质是主体对未来经济受多种因素影响下的可能走势的综合分析与主观判断（信念）。萨金特认为决策者并不可能完全观察到和理解实际经济如何运行，而主要是基于自身的"稳健控制"来形成预期；而西姆斯认为决策者处理信息的能力是有限的，主要是基于"理性疏忽"来形成预期的。

（1）稳健控制。近年来，汉森和萨金特一起探讨被称为稳健控制理论的政策制定和预期形成方式。该方法假设家庭和企业在决策时非常厌恶和不善于处理经济模型中蕴含的不确定性，并在预期形成过程中加入心理维度。该类文献的核心思想是假设政策制定者不仅是风险厌恶者，而且不知道产生不确定性的随机过程及分布类型。此外，他们非常谨慎，表现得像是在与试图伤害他们的"自然"进行博弈。形式上，政策制定者解决最大化问题，即在自然对其最不利的局势中最大化自己的目标。这种行为反映了谨慎原则以保证解决方案有个能接受的底线。对未来的预期不再仅仅基于客观不确定性（理性预期），也体现了某种程度的谨慎或悲观等主观感受。经济学中对稳健控制理论的一个解释是家庭和企业可能不知道模型构建所依据的理论机理，即不可能完全理解经济环境和运行机制如何产生不确定性。从这个意义上去理解，萨金特和汉森的研究探讨了有限理性，综合考虑了外界条件变化对主体的影响，尽管假设了存在能够处理复杂问题的一些高度成熟的主体。

（2）理性疏忽。理性预期形成机制的另一种替代解释方式是假定经济主体的信息处理能力是有限的。该方法首先由西姆斯提出，被称为理性疏忽，与以前所有市场参与者可能拥有不同信息的早期金融经济学文献相关。相关文献通常认为不同主体会收到不同信号，由于信号提取与市场的不完全性，并非所有信息都会通过价格保真地显示和传播。理性（地）疏忽可解释为主体在权衡信息成本与收益时的有意取舍，即不同主体基于不同信息集如何行动，并非他们不能获得信息，而是解读信息的成本太高。西姆斯引入了信息理论的"香农"（Shannon）容量概念，揭示了市场主体如何最优选择接收到的信号性质并据此行动。一般情况下，更多的信息能带来更好的决策，但成本也更高。市场主体处理不同任务的能力有限，因此即使信息丰富，也会受到解释信息并据此行动的能力方面的限制。

该研究意味着理性疏忽能使价格和数量都相对缓慢地变动，在大多数情形中可以感知和观测到，如同前述的 VAR。而以前基于各式各样调整成本的一些模型却只能引起价格或数量中的一个缓慢变动。另一个有趣观点是卖方在选择最优价格时并非在一个连续而是在离散集合中进行选择，因为这样才有利于买方进行有效的信息处理，或者因为卖方自己遇到信息处理的限制。理性疏忽这方面的文献对预期形成提供了一个新颖视角，引起了广泛关注。

2011 年度诺贝尔经济学奖得主的学术贡献相对集中在宏观经济计量研究领域，而且非常强调在实际经济分析和政策评价中的应用，使得经济计量模型方法的实效显著增强。对预期形成机制的深入分析，预示着计量模型和实证方法的未来走向，朝着微观层面的主体性分析及其对多种影响因素响应的综合处置，而基于因果关系的解析优化方法和随机分析等传统做法有待拓展和变革。

从本报告收录的关于计量经济学领域的 5 篇中文文章的情况看：一是理论焦点更加集中深入，以增强针对性；二是计量实证方法不再是单打一，都在不同程度地与博弈论、行为经济学、实验调查、模拟验证等前沿理论方法相结合。相应的英文文献也明显表现出类似特点，这无疑是数量经济学今后发展的正确选择和必然趋势。

由于基本假设与核心工具方法的内在规定性，经济计量学的发展似乎仍有"胡同里翻跟头，施展不开拳脚"之感，尤其是在解释预测非常态经济现象时的力不从心。相信和期待该学科在接受实践的检验中必然会自省、自悟、自强和自觉，使自身的逻辑基础和适应性更加清晰、严谨和科学。

四、数量金融全面加速

由于现代金融是经济运行中的血脉、虚拟经济对实体经济的导向性作用等特点，近年来数量金融的学科地位也迅速上升，尤其是 2011 年，这一分支学科敢于触及现实经济和金融活动的动态实质与结构性变化，必然结果是带来研究内容和方法的全面提升。金融的本质特征与核心问题是资金融通中的积聚分布，而流动规模、推动力量和表现形态是不断变化的，数量金融旨在定量化地表现其规律性：一方面是得益于数量经济学整体上奠定的良好基础；另一方面又带动了数量经济学的创新和发展，为经济研究输入了新的血液和元素。

1. 金融危机调查报告带来的启示

2011 年伊始，美国金融危机调查委员会推出《美国金融危机调查报告》，该委员会由美国国会提名成立，旨在调查发生在美国的金融和经济危机的成因，进而总结教训并提出改进意见；其成员来源广泛，包括银行家、房地产从业者、金融监管机构、经济及金融研究者等（同时委员会拥有国会授予的权力对相关人士进行传唤，以保证调查委员会的最终结论的客观公正）。

该调查报告由美国金融危机调查委员会编著，美国官方正式发布，首次详细披露这场起源于美国的国际金融危机的背景、过程及根源。美国总统奥巴马与美国国会直接任命成立的金融危机调查委员会，由来自商业、法律、经济、房地产等领域的 50 位人员组成，运用独立的调查方法，马不停蹄地访问了超过 800 多位见证者，包括企业领袖、银行家、投资专家等，查阅数百万页的文件，包括尚未公开的机密资料，吸收了大量国会委员会、政府机构、专业学者、记者、律师和其他人士对危机的研究成果，运用大量鲜活的事实、生动的语言和翔实的数据，旨在揭示这场不仅重创美国经济，更是横扫全球的金融风暴背后的真相！

主报告共包括五篇 22 章。第一篇铺陈已露端倪的危机，即第 1 章：危机就在眼前。第二篇以危机四伏为名，论述危机发生的外部环境因素和条件，包括第 2 章至第 5 章，主要涉及影子银行、资产证券化和金融衍生工具、去监管的回归和次级贷款的借出等内容。第三篇的篇名为：繁荣与萧条，包含第 6 章至第 11 章，分析信贷扩张、抵押贷款机器、债务抵押债券制造机器、深陷其中、市场的疯狂和萧条等诱发危机的原因。第四篇试图解开谜团，从危机蔓延的过程寻求内在原因，依时间顺序用了 9 章的篇幅，叙述了 2007 年初的次贷担忧的蔓延、2007 年夏季融资者的争论、2007 年末至 2008 年初次贷产生数十亿美元损失、2008 年 3 月贝尔斯登的陨落、2008 年 3~8 月系统风险的担忧、2008 年 9 月接管房利美和房地美、2008 年 9 月雷曼兄弟破产、2008 年 9 月对美国国际集团的救助、危机和恐慌等重大事件的始末、境况和主因等。第五篇预见危机的后续影响，包含了经济问题的余波和止赎危机两章内容。

报告的附录部分，原原本本地披露了不同观点，陈述了金融危机调查委员会中关于反对意见的两份声明：一份由 3/10 的起草成员签署；另一份由 1/10 的起草成员签署。这不仅是有趣的，更重要的是表明尊重客观事实和严谨的科学态度，以及金融危机的复杂性。

调查委员会比较一致地认为，美国长期以来在许多具有全局重要性的金融机构的公司治理和风险管理上存在严重失误，这些失误是导致此次危机的重要原因之一。其中有些人的观点认为，即使没有稳定的调控手段，大型金融企业的自我保护本能也会使它们避免承担致命的风险；而一些公司人士认为，调控会扼杀创新。很多机构本来自有资本就很少，却总是行事鲁莽，承担过多的风险，并过分依赖短期资金。在很大程度上，这反映了类似机构的根本性原因和变化，尤其是大型投资银行和银行控股公司。它们越来越多地倾向从事能够创造巨额利润的风险交易业务，它们大量收购并支持次级贷款机构，经过它们发行、打包、再打包出售了价值数万亿美元的抵押贷款相关证券，包括复合衍生金融产品。它们如同希腊神话中的伊卡洛斯一样，从不畏惧朝太阳飞得更近。这种无止境的贪婪冒险行为，一方面是源于行为本能，另一方面是理论的导向也有意无意地助推了投资冒险意向。

调查委员会细致而又深入的工作发现了大量令人震惊的有关政府部门失误和企业失责的情况。由于收购合并战略实施不当，许多机构迅速扩张，使得有效的管理更加具有挑战性；在很多情况下，一些金融机构和信用评级机构普遍以数学模型代替判断，并将其看作是可信赖的风险预报器，风险管理往往就被转化为如何使风险合理化；在低息贷款、竞争激烈和宽松监管的条件下设计出的补偿制度往往能够得到快速交易和短期盈利的回报，而却没有考虑长远的影响；在收益的可能性很大而损失的可能性很小的环境下，这些制度鼓励了大规模投资（无论是对公司董事会还是对大街上串游的贷款经纪人，这种状况对他们来说大同小异）；有关美国国际集团的高管对于公司金融衍生品各项条款和风险有多么的无知（这些金融衍生品价值 790 亿美元，并受到抵押贷款相关证券的影响）；房利美则寻求更大的市场份额、利润以及分红，随着房地产市场达到顶峰，这导致其承受更多的风险贷款和证券；美林证券的高管们意识到公司所持有的价值 550 亿美元的抵押贷款相关证券虽然具有超高评级并被看作是超级安全的，但却仍然遭受了数十亿美元的损失，这真是一个代价太高的意外；等等。

金融危机调查委员会的调查研究结论，不仅可看成是对当前危机最权威的评判，也是对现代经济金融理论一次最权威的检验，而且其展现的事件分析范例，也能为数量金融的发展明确方向和任务重点以及提供方法借鉴。

2. 行为金融的定量深化与数量金融的行为聚焦

当今现实经济发展的时代特征、金融危机内在成因的深化分析和启示、经济金融理论进展的逻辑驱使等，全都融汇聚焦在行为基础这一根本点上。不仅是金融计量快速发展，关于危机扩散传染机理的数理分析、行为金融的定量化等领域也逐步深入，呈现多头并进、全面展开和加速等特点；而且行为金融量化分析的现实迫切需求和理论方法上的积极探索，实际上也是行为深化和量化分析在金融领域的应用，顺应了潮流，也是大数据时代特征的具体体现，相应的技术为数量金融的发展提供了强有力的支持。

本报告收集了关于数量金融的 5 篇中文文章（也包括数理金融、金融计量）：①透过高储蓄率看中美储蓄行为的共性和差异；②在深化行为分析基础上运用 DSGE 模型方法分析评价金融政策；③基于中国城镇居民的预期形成探讨影响通货膨胀的主要因素；④从投资者对信息溢出不同响应的角度考察我国 A 股票与港股和美股的联动关系；⑤从整体上考察评价我国银行业的改革进程和效率等。虽然投融资行为和金融活动更为复杂及其与整个经济的联系日益密切，相应的量化分析解释更为困难，这些研究论文及所代表的整个业界的共同努力，为数量金融的发展定向提供内在支撑和强劲动力。

五、博弈实验及前沿领域纵深挺进

由于人类同自然界进行物质交换的方式逐步进化、频率加快、效率提高，经济学的学术视野和研究深度在不断扩大加深，相应的方法工具也日益丰富多样。以行为与实验经济学为代表的前沿领域和新兴分支学科，继续而且更加聚焦地向深化行为分析方向挺进，更注重与博弈论等奠定的理论基础相融合，又在高性能计算技术等工具手段的支持下使模拟实现更加便利有效。这不仅仅是方法（论）的变革、提升和拓展，或许更重要的还是思想的深化与理论走向的归正。

1. 集体行为计算

基于个体优化决策模型的求解与计算，在现代经济分析中的应用相当普遍和相对成熟，而集体行动中的多主体交互影响联合决策及有关问题，成为现实复杂经济中需求最迫切而传统理论方法又难以解决的问题之一，是制约理论深化的主要障碍和因素，博弈实验、行为经济学等前沿领域正瞄准这一方向、不断加力。得益于现代高性能计算和大数据分析处理等技术，使得对从个体（优化）行为到群体（合意）行动的聚变和传导机理，以及结构演变过程的数值计算由不可能变为可能。从异质性个体及相互之间的行为关系入手，着重探讨人文复杂性，利用人文复杂性建模和数值模拟技术方法，拓展传统的计量实证，将经验数据与用实验方法获取的数据相结合，扩宽数据来源、丰富数据内容、提升数据质量，将对经典理论的验证和新规律的发现提炼结合、共同促进；以及方法（论）上的演绎与归纳、还原论与整体论、解析最优解与模拟近似解技术、描述性与构造性求解的融合；由个体基本简单的属性入手，经过对组织结构和传导机理的过程分析，发现整体规律性特征及其如何影响个体决策行为；虽然总体呈非单一的多样态表现/涌现，其具体形态会随个体行为属性赋值的不同发生相应的变化，与个体行为属性参数或许存在着内在对应关系（函数）；因而，借助分布式计算技术来实现，是从个体层面（单一行为属性假设）上升到集体层面（多种形态的涌现或典型化事实）的固有本征和必然需求。

由于计算技术的发展和数据的积累（尤其是大数据概念的提出及相应行动），为在微观层面上多方位、系统深入地分析主体行为，认知复杂多变的宏观形态奠定了良好基础。综合系统（动力学）仿真、微观模拟、数值逼近和基于（多）主体建模（Agent-Based Modeling，ABMs）的优势，并且引入能更好地满足人文社会科学研究需要和更具有针对性的计算实验方法，开辟了新的更广阔的学术视野。人类集体行为的建模和模拟，对于认知个体行为是如何导致群体层面上的组织形式变换和结果涌现，无疑是大大提高了经验性学科的定量化和科学解释力。近年来，侧重描述众多个体之间、与环境之间交互的ABMs技术方法，提供了过程导向、非程式化的、可条件性选择的并且是直观描述性与逻辑构造性相结合的数学模型，其在解释群体行为方面的成功发展及应用非常引人注目（Goldstone和Janssen，2005），尤其是在规模、结构和过程以及群体响应模式、不同主体或子群体之间的传染扩散和传导机理、合作行为发生的诱因与持续条件等方面取得了突破性进展，不仅能解释、预测，而且能实时地定位操控；不仅在很大程度上缓解传统理论中基本行为假设的局限性，而且也将个体作为认知的基本单元扩展到群体水平上，无论是自觉或不自觉、可观察或不可观察，群体组织中的个体相互之间、与组织及其外界条件之间，都在影响和被影响着；如此的计算建模和分布式数值模拟，为探讨个体行为选择与社会行动意愿之间的复杂关系提供更有说服力的注解，开辟了符合逻辑、切实可行、相对有效、直观可信的科学检验方式和实现途径。

当现实形态与传统理论中单一行为属性的经典假设和黑箱式处理方法相去甚远、出现了难以用技术性手段弥补或消除的显著性偏离时，必要与必须的可行做法是：相比而言应更加强调和着重对真实行为的属性和表现的分析，以及与宏观环境条件的相互作用关系；作为（多情景下多重）博弈均衡的集体行动的计算、组织结构相应的权重分布、动态演变过程、内生化的个体行为参数，一方面是需要在这些基础环节上展开集体行动计算，另一方面在各个环节上所表现出的问题也可内化于主体行为中在集体行动计算中一并解决。集体行动计算可重点验证几个方面：①个体行为属性及演变，尤其是合作行为；②组织形态和响应行为模式；③扩散机理和传导路径；④个体行为与宏观涌现的联动关系。类比委托代理理论中具有更广适应性的泛函分析机制和模型方法，只有当委托代理关系中授权方向和方式决定的各类主体的行为单一稳定时，模型中待定参数相对集中突出，分布函数的参数化方法（Mirrlees，1976；Holmstrom，1979）才更为有效。具体可考虑功利主义、罗尔斯主义和纳什谈判解之类的社会选择、组织结构和集体理性约束条件等问题，集体行动计算以其独特优势为之提供可行有效的技术实现途径。

一般的模型方法相应地是服务于一定的理论及所研究的现实问题，基于单一行为属性（无论是完全理性还是有限理性）的优化模型和均衡分析方法，对应于完全竞争市场；而分布式模拟或仿真、计算建模等更适合日趋复杂的现实经济，能在很大程度上克服传统计量实证方法在样本选择性偏差、共线性或互为因果、波动积聚及转折分岔等方面的局限性。由于人文社会科学研究中人类行为主导的本质特征和主观性特色等，在ABMs等技术工具的支持下，在深化行为分析基础上进行自下而上与自上而下结合的微观宏观一体化的建模与计算实验，适宜的模型方法无疑有助于剖析和揭示个体与群体之间复杂的行为关系。

基于单一行为属性假设考察因果关系的传统计量实证方法，容易在处理利用经验数据或数字掩盖或忽略许多真实而有价值的信息；而群体行动的计算模拟或实验方法，相对地能更准确地找到问题的要害与关键点，深入到机理分析层面和结构演变、全方位全过程的可视化再现，大大减轻了对一般性结论的偏倚和对特殊现象的舍弃；经验数据对典型化事实的支持乏力，但运用实验方法中的样本选择性、大规模模型的协调性和计算量巨大及由此引起的可信性与有效性等问题，仍将是集体行动计算乃至 ACE（Agent-based Computational Economics）发展在未来相当长一段时期内致力攻克的主要难关。

2. 用博弈实验方法和模拟技术破解行为属性与幸福密码

基于主体建模研究宏观经济问题，是近年来进展迅速的研究领域之一，也是 2011 年度学科前沿研究报告中应该且非常值得提及与关注的，相当数量的文章及作者致力于从微观基础上破解行为属性、社会和谐的机理与幸福密码，ABMs 最大的优势在于能够灵活方便而且是尽可能真实地描述刻画个体行为属性和群体组织形态及演变过程。从学理上讲，ABMs 是人本的、分布式的仿真，与集中抽象建模、解析优化求解的传统方法有本质不同。如何解开蛛网密布、纵横交错的结构和密码，基于博弈实验观察测度个体真实的行为属性及关键特征，再通过模拟等计算实验方法实现，尤其是能对集体行为进行建模计算。幸福感是主体综合的心理感受和评价，经济金融危机是总体现象，它们之间具有什么样的内在联系？单纯借鉴纯自然科学的方法不再有昔日的辉煌，需要另辟蹊径探讨个体行为属性与宏观涌现（突现）之间的互动关系。J. Stiglitz 和 M. Gallegati 的文章 "*Heterogeneous Interacting Agent Models for Understanding Monetary Economics*"（发表在 *Eastern Economic Journal*，2011（1））对此做了积极的探索。理论和实践中异乎寻常的"大动作"与若干无可辩驳的事实，为这一方向的重要性和诱惑力给出了颇具感召力的注解。

（1）领军人物的先知先觉。主流经济学基于代表性主体（Representative Agent，RA）的分析方法，可以说是大大地推进了一步，能够丰富 CGE 和跨期优化模型等，但它未能将复杂的异质性和交互性考虑在内，而这更有可能是各类危机的根源。相关研究认为，RA 方法难以帮助我们实现深入认知现代宏观经济复杂性的目的，即便是经济处于正常时期，相应的标准和指标体系也未能提供一个适当的框架来考察理解真实经济。而基于主体建模的宏观经济分析，是一种自底向上的技术方法，能反映出高层级系统（宏观经济）可能拥有低级系统（微观经济）基础不同的新的属性（涌现或突现）。异质性主体方法提供了可选择的另一条途径，并且已经证明这一途径和方法在帮助我们理解危机产生的内在动因与关联等具有明显的优势。J. Doyne Farmer 是研究复杂经济金融问题的领军人物之一，他的文章 "*The Challenge of Building Agent-Based Models of the Economy*"（发表在 *European Central Bank*，*Frankfurt*，*June 10*，2011）能较好地代表其在理论方法上的先知先觉。该文运用具体的案例，进行广泛讨论能解释为什么基于主体的模型可用于获取宏观经济系统更多的经验依据和可行政策的表现，由此揭示经济系统运行的复杂性及其与个体行为属性和结构形态的内在联系。

（2）学术研究与实业巨头的通力合作。位于纽约的新经济思维研究所（INET），传递重要信号和清晰预示，跨学科、自下而上和复杂性等关键词引人注目。INET 设立了 5000万美元资助（由乔治·索罗斯提供）的研究项目，该项目由圣菲研究所的多恩·法默、乔治梅森大学的罗伯特·艾斯特尔耶鲁大学的约翰·吉纳科普洛斯和布朗大学的彼得·何汇特已于 2011 年启动，通过创建研发一个计算当前金融危机（可以说是世界历史上最严重的经济危机）的模型，承诺从通过研究资助促进经济理论和实践的变化，旨在鼓励和支持新经济思维。而且从 2011 年开始，INET 每年将进行两个类似项目的滚动资助。

基于主体建模是法默教授和他的团队倡导和创建的，他们可由此明确地细分考察可能导致金融危机的诸多因素，从次贷危机、资产证券化到金融监管政策，利用这样的模型，可设计出备选的调查方案、降低危机的爆发频率以及提出经济恢复的策略。此类研究项目的设立，引起了理论和实务界的极大关注，在分析当前经济危机的原因时已经列举出相当数量的因素，但许多难以用定量化、科学化的方法来揭示其真正的驱动因素。缺乏科学定量方法容易导致主观臆断过强的答案。显然，要想更深入地理解经济复杂性，需要新的方法和观念的变革。法默教授和他的团队正在用资金收益率方法洞察危机，这些无法用传统的计量经济学和动态随机一般均衡（DSGE）方法解决。法默教授指出，尽管有成千上万名经济学家致力于探讨金融危机这类问题，有各种不同的观点的意见，但导致经济危机的各种因素的重要影响仍是一个谜，而基于主体建模则提供了一个强大的工具来回答这个问题，在此领域的成功有望改变现行经济运行方式。该项目旨在构建一个模型和开发一个交互式工具，进行经济政策模拟，为监管机构提供政策建议和实施措施。

能挂上博弈实验及其他的标签或和置于该标题之下的分支领域是如此之众之广，显然仅以收集于本报告的文章为代表是远远不够的，但管中窥豹，可见一斑。为什么 ABM 的兴起发展势不可挡？虽然人的行为和现实经济运行难以捉摸，又存在学科划分的藩篱，完全彻底地打开行为黑箱、详细解读决策过程和传导机理是极其困难的，但多视角、多方式地观察分析，一定能更接近人类活动的本质，有助于揭示经济复杂之谜，而 ABM 为此提供了有力工具，由此也能使我们清晰地展望数量经济学的时代特点和发展势头。

六、国内数量经济学界的学术活动持续升温

2011 年，中国的数量经济学界一如既往地围绕迎接复杂现实挑战、促进学科发展等主题，努力探索、勇于创新，开展了一系列产生重要影响的学术交流研讨及相关活动，一年比一年有活力，一年比一年有新意，有力地推动了数量经济学的发展和应用。据不完全统计，当年举办的较大规模的全国和国际性的重要学术活动就有近 20 次，其他富有特色、灵活多样的小型学术活动更是此起彼伏、颇有成效。

1. 活跃多样的学术活动推动学科健康发展

一年内，学界的相关学术活动进一步凸显数量经济学专业的实用性、工具性以及高端

化、国际化等特色，研究的内容更加深入、所得结论更具针对性，以及参与和影响面广泛、得到各界更密切的关注和大力支持。尤其是经济计量学主流阵容增强和发展态势良好，更注重全面、前沿和交叉。中国数量经济学会 2011 年会在山东大学举行；西南财经大学举办暑期计量经济学国际研讨会、中山大学举办计量经济学高级学术研讨会、东北财经大学举办"经济计量分析与经济预测"国际学术研讨会、WISE（王亚南经济研究院）举办计量经济学、金融学与实验经济学暑期学校、数量经济学前沿国际学术研讨会在上海举行、WISE 召开首届现代统计学与计量经济学国际研讨会；并引入形式多样的学术评议制，以开设名家讲座专场、设立青年优秀论文奖项等方式，更加重视对本专业博士生和青年学者的培养与引导，加大培养人才和年轻学者，强化和提高了学术收效及传承。

开展博弈实验与计算实验方法、权力经济以及经济复杂性等方面的研究，是当年学术活动颇具新意的亮点。如：博弈实验研究会举办的《微观行为分析与复杂经济仿真》国际研讨会，吉林大学与山东大学联合举办的《权力经济和制度经济的理论与方法》，以及在天津大学召开的《计算实验金融学、经济学高端国际学术会议》，等等。在相关学科领域，还有以多种方式开展的学术活动，如："随机分析及其在金融数学中的应用"学术会议的召开，"金融系统工程与风险管理国际年会"的举行，"两岸经济计量理论与方法应用研讨会"在中国台北举行，首都经济贸易大学举办数量经济学前沿系列讲座等。还有一些专门研究机构，如：华侨大学数量经济研究院，在国家重点学科的有力支持下，2011 年与华侨华人研究院等联合，成功地申请了该年度国家社会科学基金重大项目"海外华侨生存安全预警与救护机制研究"，发挥自身优势和特色，合作攻关，为数量经济学的发展注入新的活力。

2. 行为量化实证的冲击与挑战

从数理分析直指政府行为和政策评价、计量实证方法更注重预期形成机制等微观主体行为、调查结论揭示金融危机的行为成因及相应的数量金融的行为深化、行为建模分析等前沿分支模拟复杂经济问题，给中国数量经济学的发展以重要启示和明确方向。数量金融既在缩短与经济学国际前沿的距离，又能更贴近中国改革发展的实际。需要在解决重大现实问题上下大工夫深入研究，出一些原创性精品，如：产权组织与微观制度安排、结构升级优化与转变发展方式、收入差距与地区发展不平衡、基于中华文化和历史传统的行为特性与经济运行、基本公共服务均等化与共享改革收益、政府职能转变与国家治理水平、生态保护及人与自然的和谐相处等。

自利理性是行为共性，具有普适应性，基于此建立的理论参照系具有广泛的参照性，而区别事物的存在与发展的决定性因素是个性，个体差异性在不同的环境中的表现更明显，尤其是在中国的社会经济条件下，公平感、社会偏好、利他倾向、合作行为，显著偏离自利理性经典假设，帕累托相对最优；行为建模和模拟，揭示复杂经济之谜。

中国的经济改革在目标方向选择、整体方案设计等方面，从现代经济学及相关理论中获得了不少启发和借鉴，这是基于对经济运行常态性规律的认识，理论方法基础是经典的单一行为假设和"严谨"的演绎推理；然而，随着改革的深入和在具体操作层面常常碰到的一些新的、具有某些特殊性的问题，如：市场价格的逆袭、资本市场熊市熬人和房地产价格久居高位，利益集团垄断格局难以打破以及收入差距拉大过快等，现有的经济理论和方法对这类些所谓的非常态现象提供的解释极其有限。中国的数量经济学是与改革相伴成长壮大起来的颇具特色的分支学科，要想在今后的发展中保持其特色和前沿性，必须敢于面对和努力解决这些现实问题。

现实改革中的攻坚需要改变理论的无根、空心、短视、"雾霾"和僵化等陋习积弊。从根本上讲，经济学的视野和主要任务应该是研究人类如何与自然界友好相处以更有利于自身发展，而不仅是特定背景下某种（些）活动方式和运行模式，行为经济学等当代前沿分支及趋势，在高性能计算和网络信息等先进技术的支持下，对于分析处理现实中大量存在的很多传统经济学认为非理性的行为及其非常态经济现象，开辟了新的视野，为此提供了合理便利的分析框架和切实可行的展开路径。从逻辑上讲，未经过科学检验的假设不具有普适性，不同总体的抽样分析结论不宜简单移植到其他总体环境中，而基于行为经济学开创的个性化行为分析，正在寻求和促使这些适应性微观基础具体化和明朗化，如此是观念的升华和对原有理论分析框架的突破与重构，也是在更远大的目标视野中为改革实践选准着力点。

由人的行为本能中的趋利避害、损失规避，到分析不确定条件下决策的前景理论，再到各种复杂环境中、各类主体具体表现出来的认知偏差的形成诱因及宏观效应等，是行为经济学的核心内容与研究主线。人的行为本身就是不对称、不完全理性和非单一模式的，多元化行为本质属性的具体表现是情景依赖的、个体异质性的，在某些条件下可能会被极化，产生极端效应。若漠视或忽略人及行为偏差，凭想当然试图以"公理化"方式略过或替代必要的科学检验，必然会导致结论偏离和滞后于现实。如：理论参照系中的结论并不必然反映实践规律性；人有自身利益最大化的愿望和动机，未必就有实现能力和理性表现，而且个体理性程度高的人未必在社会上就生活得更好，个体行为的理性也不一定导致集体理性，个体的效用最大化未必带来社会资源的优化配置；即使实现了资源优化配置，也不意味着利益的合理分配、每一个体的满意如愿和整个社会的健康发展；并不能以财富的多寡评判人的幸福感与社会进步的高低优劣，也不能由此论及道德底线、人际信任与社会和谐度的提高；制度文化的进步与落后，也不可能存在统一的评价标准，都是因时、因地、因人（国家或民族）而言的；自然科学的逻辑不能完全涵盖和替代人文逻辑，经济理论越严谨，方法模型越先进，并不等于在解决现实问题时就越有效；某些经济学家讲的话和做的事，不可能都符合经济规律和经济学道理，有时甚至有违常理……。这就是由于人的行为偏好、立场观点、实施条件的异质性（差异性），因为在资源和财富有限、人不可能完全理性的条件下，经济学永远摆脱不了"屁股决定脑袋"的规定性及学科特色。尤其是在中国，人口众多，资源更加稀缺、文化差异显著的经济环境中，真实行为明显地偏离基本行为假设，并非完全理性、有限理性或非理性等高度抽象的语句可概括的，因此深化行为分析就显得更有必要，或许能成为揭示现实问题复杂之谜的一条有效途径。如今流行的私人定制、个性化服务等社会现象，其实就是对行为经济学诸多见解有力的实证和注解。

改革深化越来越难，"骨头"越来越硬、越来越难啃，一方面是由于客观进程中的必然性，另一方面是理论滞后的差距越来越大，根源是实践中的行为不对称和行为理论基础的有偏假设。就我国收入差距拉大过快而言，由于理论认识的局限与复杂现实内变力的极大不对称：一是有其内在的规律性；二是理论上的马太效应的助推。单一的、均值化的理论处置方法，使得固有行为属性经过偏光的理论折射，认知偏差及小数点后思维方式等，反过来会加剧复杂现象和行为难度，加重马太效应。因处于平均线以上的本身就具有行为优势，能获取更多收益、为今后储备更大的优势；而在平均线以下的往往是大多数弱势群体，蕴含多发因素，需要多视角、分门别类地深化分析多类主体的多元化行为属性，使得我们的政策更具针对性、区分度，巩固改革成果，使更多人受更大的益；更清楚地看到老百姓真正需要和拥护什么，怎样才能真正让绝大多数老百姓受益，怎样才能激发更大的改革动力，如此找准着力点和发力方式，争取更大收效。

行为与制度是共生演化、交互适应的，假定和固化单一行为、仅考虑体制改革是很难收到预期效果的，这过于理想化甚至可以说是幼稚。而行为经济学的主体学习适应性理论观点、所揭示的框架效应等，能为我们的反思注入新的理论养分。如：对公共服务和结构改革等难题，要有底线思维，通过明确划定政府的行为边界和协调关系，奉行"公共利益优先，共同规则至上"的理念和原则，有助于打破和超越利益集团之争的格局。

基于真实行为，深化对关键特征的分析，拓展行为建模和量化实证，从根源上揭示社会经济复杂之谜，避免、减缓和纠正方法的通用性遮蔽内容的特色性等。行为经济学的经典实验揭示出人们的损失厌恶、不公平厌恶、模糊规避以及心理账户情智因素和行为特征，由此引出帕累托相对有效性概念，即收益的绝对量和相对所占比例份额都不降低，能更好地解释深层阻力的形成和作用，需要相应的数理分析和定量实证，为中国数量经济学的发展提出新的要求、为今后相当长时期内的进一步发展指明方向，在研究视角和方法论也需要开辟新路或提升转向。

新中国的成立、改革中的成功经验、国际地位的提高等是最大、最有说服力、最权威的实证检验，行为经济学的实质说到底是人文精神的宣示和弘扬，是对传统理论的突破、观念的转变和提升，特别强调一般行为属性与特殊个性的结合，倡导研究重心下移、眼睛向下，更多地关注人及社会的全方位协调发展，激发经济运行和发展的本源推动力，主张以民为本的改革着力点、发力方式和路径选择，是经济理论的复归和更高层次上的轮回，也必将助推新一轮全面深化改革取得更大成效。

虽然一年的时光极为短暂；虽然每篇文章、每个人的学术贡献对学科建设的推进作用极其有限；虽然我们的这份学科前沿研究报告也只是管窥的；虽然……但我们有充分的理由相信并且期待，在中国数量经济学界乃至整个经济理论界的倾心关注和大力支持下，《数量经济学学科前沿研究报告》一书的出版发行一定会为学科建设和发展、扩大学科的影响和应用输送更多更强的正能量。

编者衷心地感谢文献的原创和推荐者、出版者、信息提供和收集整理者，以及所有提供有利条件和帮助的人们，尤其应感谢原文作者的学术贡献与无私的交流传播。

第二章　国内研究进展

说明

　　本章所选录的中文文章的来源期刊主要包括《经济研究》、《数量经济技术经济研究》、《金融研究》、《管理世界》、《世界经济》等，选列的论著参照了 Amazon 和 Google 学术网站上读者的反馈评论。遴选出的文献在一定程度上代表了目前较受重视的研究内容和学科发展水平，文章的排列顺序是按收集时的先后而自然形成。每篇文章归属的学科领域和各部分的划分都是相对的和大致的，主要看其研究的问题与核心模型方法适合划归哪一部分；所节选介绍的文献中的图表数据和参考文献，均请参考原文。限于本研究报告的篇幅和编撰体例以及编者的学识和偏爱，一些优秀的数量经济学文著未能包括在内，甚为遗憾。只有通过读者、作者和编者多种方式的交流沟通，让这一遗憾化为不断学习、不断激励的鞭策和动力，共同促进数量经济学的发展。

　　学科传统一以贯之、后金融危机时代的反思逐步加深、学科队伍建设强健等，几方面的特点和力量结合，使 2011 年我国的数量经济学的学科建设和发展在逐步规范和拓展应用的大趋势中，又取得了一些显著的实质性提升：数理分析方法在更具针对性的研究现实问题方面的积极探索取得可喜进步；计量实证模型方法在勇于接受中国经济现实的检验中更加自觉、清醒地选择性引用和丰富；金融深化活动中数量分析方法的应用更加突出和有效；博弈实验、情景模拟等直面日趋复杂的现实经济金融问题的前沿交叉方法大步挺进等。立足国内、紧跟前沿、密切关注和解决经济改革发展与社会生活中的重大现实问题，为数量经济学和中国经济理论的发展提供强劲的源动力，如此也能使我们进一步明白与国际先进水平的差距何在，该如何缩小这些差距和推出更多的自主创新。

一、数理经济学
——分析方法的拓展与深化

　　数理建模和分析，其实就是用形式化语言和数理逻辑在讲故事，通过将自然语言描述的情景和真实场景中的主体行为转化，完成模型的导入和构建，是数量经济学的重要基础，也是对现实问题展开量化实证研究不可或缺的关键环节。一般认为，数理分析是枯燥的、难以创新的，而 2011 年度我国的数量经济学工作者及相关研究人员，在环境规制与技术进步、利用投入产出表估算部门间的溢出效应、基于 CGE 的宏观经济研究等方面和领域，对经济理论和现实问题的分析都能做规范的形式化表述，也表明了我国学者在经济数量分析方面的学科实力和功底。

1. 环境规制强度和生产技术进步 [①]

【摘要】波特假说认为，合适的环境规制能激发"创新补偿"效应，从而不仅能弥补企业的"遵循成本"，还能提高企业的生产率和竞争力。由于其本身的现实意义，引发了大量学者对此进行研究。然而到目前为止，关于环境规制强度与企业生产技术进步之间的关系却鲜有文献提及。为此，本文在环境规制强度和企业生产技术进步之间构建了数理模型，并采用面板数据方法，对 1998~2007 年中国 30 个省份的工业部门进行了检验，研究结果表明：①在东部和中部地区，初始较弱的环境规制强度确实削弱了企业的生产技术进步率，然而，随着环境规制强度的增加，企业的生产技术进步率逐步提高，即环境规制强度和企业生产技术进步之间呈现"U"形关系；②在西部地区，受到环境规制形式的影响，环境规制强度和企业的生产技术进步之间尚未形成在统计意义上显著的"U"形关系。因此，从长远的角度看，政府应当制定合理的环境规制政策，使企业不仅能实现治污技术的提升，而且能实现生产技术的进步，进而为中国实现环境保护和经济增长的"双赢"提供技术支持。

文章指出，随着环境问题的日益恶化与突出，从 20 世纪 70 年代开始，世界各国逐步重视对于环境的保护与规制，中国也是最早把保护环境作为基本国策的发展中国家之一。如何在环境规制与企业竞争力之间实现"双赢"，是本文的中心议题和论述着力点。

作者在文中构建了如下的数理模型。假设污染是在生产过程中产生的，厂商的产出越多，则污染越多。由于厂商是在一定的环境规制下进行生产的，因此厂商所能排出的污染不能超过环境规制所要求的排污水平。厂商生产的目标是为了其利润最大化，设企业的利润函数为 $P \cdot A(K_A)f(K_P)$，其中，P 代表产品价格；$A(K_A)$ 代表生产中的技术水平，其大小和厂商在生产中的技术资本投入（K_A）有关；$f(K_P)$ 代表既定生产技术水平下的产出水平，其大小和厂商在生产中的资本投入（K_P）有关。假设生产技术是希克斯中性的，因此产出函数为：$A(K_A)f(K_P)$。为了书写方便，我们在下面用 F 来表示厂商的产出水平（即 $F = A \cdot f$）。

同时，作者假设厂商面对的产品市场和要素市场是完全竞争的，即厂商的产出不影响产品和要素的价格。$W(F, E)$ 为厂商在生产中所排放的污染，污染排放是生产水平（F）和厂商治污支出（E）的函数。根据 Forster（1980）、Selden 和 Song（1995）、陆旸等（2008）对污染函数性质的描述，污染满足 $W'(F, \cdot) > 0$，$W'(\cdot, E) < 0$，这意味着随着产出的提高，污染是不断增加的；随着厂商治污支出的提高，污染排放是减少的。污染具

---

① 本文作者：张成、陆旸、郭路、于同申，原文发表于《经济研究》2011 年第 2 期。

有外部性，政府对厂商规定一个污染水平——环境规制（R），厂商的生产必须在这个环境规制水平下进行。厂商在面临一定的环境规制时，为了使自身的污染排放水平控制在环境规制以内，其会通过两种方式来进行污染的控制。其一，厂商可以通过一定的治污支出（E）来控制污染水平，我们称这种效应为厂商的"治污技术进步效应"；其二，厂商可以通过技术创新，使得产出水平得到提升，尽管在这种情况下生产中的污染排放增多了，但是厂商可以更多地增加治污支出来降低污染水平，我们称这种效应为厂商的"创新补偿效应"。可见厂商在追求利润最大化的过程中，其技术水平 $T(A, E)$ 的高低与生产技术水平（A）、治污技术水平（E）有关，且满足 $T'(A, \cdot) > 0$，$T'(\cdot, E) > 0$。另外，该技术进步函数是分离可加的，即 $T = T_A + T_E$，其中，T_A 代表生产的技术进步，T_E 代表治污的技术进步。最后，$\lim\limits_{E \to 0} T'_E(\cdot, E) \to \infty$，这意味着当厂商刚开始进行治污投入时，厂商的边际治污技术进步是很大的；$\lim\limits_{E \to F} T'_E(\cdot, E) \to 0$，这意味着当厂商把总产出全部用于治污时，厂商的边际治污技术进步接近于零。

为了区分厂商的"治污技术进步效应"和"创新补偿效应"，我们把生产集分成两部分：一部分是厂商的总生产集，另一部分是用于治污的生产集。设厂商的总生产集为：$A(K_A) \cdot f(K_P)$。厂商用于治污的生产集为：$\alpha A(K_A) \cdot f(K_P)$，$0 < \alpha < 1$，$\alpha$ 的含义为厂商从总产出中分配出 α 部分用于治污，因此 α 表示厂商对环境规制强度的反映程度。根据上面的定义可知，$\alpha A(K_A) \cdot f(K_P) = E$。

另外，由于污染函数 W 取决于厂商的总产出和治污支出。则优化行为可以表示为：

$$\text{Max} \prod = \bar{P}[A(K_A)f(K_P) - \alpha A(K_A)f(K_P)] \tag{1}$$

$$\text{s. t.} \quad W[A(K_A)f(K_P), \alpha A(K_A)f(K_P)] = R \tag{2}$$

此时厂商的优化条件为：

$$[P(1-\alpha)A'(K_A)f(K_P)] + \lambda \frac{\partial W[A(K_A)f(K_P), \alpha A(K_A)f(K_P)]}{\partial K_A} = 0 \tag{3}$$

$$[P(1-\alpha)A(K_A)f(K_P)] + \lambda \frac{\partial W[A(K_A)f(K_P), \alpha A(K_A)f(K_P)]}{\partial K_P} = 0 \tag{4}$$

$$-PA(K_A)f(K_P) + \lambda \frac{\partial W[A(K_A)f(K_P), \alpha A(K_A)f(K_P)]}{\partial \alpha} = 0 \tag{5}$$

$$R = W[A(K_A)f(K_P), \alpha A(K_A)f(K_P)] \tag{6}$$

以上是厂商优化的一阶条件。由式（5）知：$P = \lambda \cdot \partial W / \partial E$，把其代入式（3）中可得：

$$\partial W / \partial E = -\partial W / \partial F \tag{7}$$

这表明当厂商面对一定的环境规制水平时，其所做出最优选择会使得生产的边际污染增加等于治污的边际污染减少。由上述公式可知，W 代表在一定的环境规制水平下，厂商所产生的污染。这意味着我们可以使用厂商所产生的污染来表示环境规制，如果厂商所面对的环境规制比较低，则意味着其所能排放的污染就比较多；如果厂商所面对的环境规制比较严厉，则其所能排放的污染就比较少。另外根据厂商的技术函数中 $T'(A, \cdot) > 0$，可得：

$$\frac{\partial T}{\partial A} = \frac{\partial T}{\partial W} \cdot \frac{\partial W}{\partial A} + \frac{\partial T}{\partial W} \cdot \frac{\partial W}{\partial E} \cdot \alpha f > 0$$

由 $\frac{\partial W}{\partial A} = \frac{\partial W}{\partial F} \cdot f + \frac{\partial W}{\partial E} \cdot \alpha f$、式（7）和厂商的技术函数，可得：

$$\frac{\partial T}{\partial A} = (\frac{\partial T_A}{\partial W} + \frac{\partial T_E}{\partial W}) \cdot [\frac{\partial W}{\partial F}(1 - 2\alpha)] \cdot f > 0$$

由式（3）中的，$\partial W/\partial K_A = \partial W/\partial F \cdot A' \cdot f + \partial W/\partial E \cdot \alpha \cdot A' \cdot f$，$\partial W/\partial F > 0$，$0 < \alpha < 1$ 和 $\partial W/\partial E = -\partial W/\partial F$，可知：$\partial W/\partial K_A > 0$。另外由 $P(1 - \alpha)A' \cdot f > 0$，可得：$\lambda < 0$。把 $\lambda < 0$ 代入式（5），可得：$\partial W/\partial \alpha < 0$。这说明随着厂商在总利润中的治污技术投入比重的不断增加，污染排放会不断下降。或者说厂商污染的排放量与厂商在总利润中的治污技术投入比重的增加是负相关的。

根据式（9），当环境规制从一个较宽松的阶段逐步趋于严格时，厂商所能排放的污染需要不断降低。根据 $\partial W/\partial \alpha < 0$，这也意味着当环境规制强度不断增强时，$\alpha$ 不断增大。由此可见，当 α 在 0~0.5 的区间内时，由 $[\frac{\partial W}{\partial F}(1 - 2\alpha)] \cdot f > 0$，得 $\frac{\partial T_A}{\partial W} + \frac{\partial T_E}{\partial W} > 0$，根据 $\frac{\partial T_E}{\partial W} < 0$①，可得 $\frac{\partial T_A}{\partial W} > 0$。表明当环境规制强度处于一个较低的阶段时，随着环境规制强度的提高，企业所能排放的污染减少，企业的生产技术水平也同时出现下降。当 α 在 0.5~1 的区间内时，$[\frac{\partial W}{\partial F}(1 - 2\alpha)] \cdot f < 0$，可得 $\frac{\partial T_A}{\partial W} + \frac{\partial T_E}{\partial W} < 0$，此时，$\frac{\partial T_A}{\partial W}$ 可以是大于零或者小于零的。但当环境规制强度在这个阶段继续增强时，即当 α 变得接近于 1 时，此时厂商的治污投入变得很大，使得 $\frac{\partial T_E}{\partial W} \to 0$，由此可得 $\frac{\partial T_A}{\partial W} < 0$。这表明随着环境规制强度的继续提高，即当其进入到一个较严厉的阶段时，企业所能排放的污染继续降低，此时企业的生产技术水平会出现上升的态势。

综上所述，随着环境规制强度的由弱至强，生产技术水平会呈现先下降后上升的"U"形趋势。由此作者得到以下命题：在强度维度上，环境规制强度和企业生产技术进步之间符合"U"形关系。即经过一个特定的时期之后，较弱的环境规制强度将降低先前的生产技术进步率，相反，相对较强的环境规制强度却能提高先前的生产技术进步率。

考虑到现实社会的复杂性和多维性，企业的规模差异、所有制结构的差异、企业的污染密集程度差异乃至各自面临的国际形势差异都会对这一命题的经验验证带来一定影响，特别是难以度量的环境规制合理程度也会影响到最终的结果。该文在控制相关变量的基础上，以我国 1998~2007 年的面板数据来验证上述命题（相关数据和图表等参考原文）。

该文在前述的数理分析和实证研究的基础上，得出了颇具针对性的结论及政策含义。仿照继波特在时间维度上提出环境规制将对技术创新带来的"U"形影响轨迹，作者认为在强度维度上也存在着一种"U"形关系，即较弱的环境规制强度会降低企业的生产技术进步率，而适度较高的环境规制强度则能提高企业的生产技术进步率；从数理和经验分析的角度验证了不同的环境规制强度会对企业的生产技术进步带来何种影响。第一，在数理分析中发现，在强度维度上，环境规制强度和企业生产技术进步之间符合"U"形关系。即在经历一定时期之后，较弱的环境规制强度会降低先前的生产技术进步率，相对较强的环境规制强度却能提高先前的生产技术进步率。第二，在经验分析中，根据1998~2007年中国30个省份工业部门的面板数据测算出生产技术进步率，并在考虑国际竞争程度、企业平均规模、所有制结构和污染密集程度四个控制变量的基础上，验证了环境规制强度对生产技术进步率的影响。经验分析结果表明：东部地区和中部地区的环境规制强度和生产技术进步之间符合"U"形关系，但是并未在西部地区发现在统计意义上显著的"U"形关系。

上述研究结果蕴含着相应的政策含义。首先，我国政府应当进一步提高环境规制强度。一方面刺激企业进行治污技术创新，让企业在高治污水平上实现污染减排和治理；另一方面更要刺激企业进行生产技术创新，以此来提高生产率和国际竞争力。但政府切忌走入盲目提高环境规制强度的误区，应当根据各个地区和行业的现实特点，有针对性地制定差异化的环境规制强度，并注重滚动修订，及时调整至合理水平，使环境规制能够起到持续不断的刺激作用，避免囿于某一固定的静态标准。其次，政府应当注重优化环境规制的形式。一国环境规制政策对该国企业的影响，不仅与环境规制措施的松紧程度有关，而且还取决于环境规制的形式。这也必须因地制宜，灵活运用环境税、排放权交易、回收利用系统、绿色消费、排污费——返还机制和税收——补贴机制等多种环境规制手段，赋予企业一定灵活性，让其能够以更为经济的方法实现环境规制要求，从而使得"U"形曲线的下降阶段更平缓，促进其尽快突破"U"形曲线的拐点，并确保"U"形曲线上升阶段的显著性，进而为我国实现环境保护和集约型经济增长的"双赢"提供技术保障。

该文在构建数理模型及分析与实证研究上实现了现实问题与理论模型、前后环节的紧密衔接和有机统一，而且在数理建模分析方面有突出的独到之处。

2. 交通基础设施与中国区域经济一体化[①]

【摘要】利用2008年中国交通部省际货物运输周转量的普查数据，该文在引力方程的基础之上引入交通变量，以此来验证交通基础设施对中国区域经济一体化的影响。实证结果表明：① 2008年中国省际贸易的边界效应处于6~21之间，这一数值与发达国家之间贸易的边界效应值比较接近；②交通基础设施的改善对中国的区域贸易产生了显著的正向影响；③交通基础设施越发达，则边界效应越低，说明交通基础设施促进中国区域贸易量的增加主要是促进了省际之间的贸易增加。所有这些，均表明交通基础设施的改善对区域经济一体化的促进作用。

作者的基本观点是：实现区域经济一体化能够产生规模经济和促进经济增长。但如何才能够促进区域经济一体化呢？从理论上来讲，加强各省份交通基础设施建设能够降低区域之间的贸易成本、提高区域之间的贸易效率。这对增加区域之间的贸易往来，扩大市场的规模效应、促进专业分工能够产生积极的作用。因此，交通基础设施的改善很可能是促

---

① 本文作者：刘生龙、胡鞍钢，原文发表于《经济研究》2011年第3期。

进区域经济一体化的一项重要手段。该文主要是在一个引力模型和边界效应模型的基础之上引入交通基础设施变量以验证交通基础设施对我国区域贸易量的影响，进行实证研究。

为了论证交通基础设施对中国区域经济一体化的影响，区域一体化一般通过两地间的贸易往来进行衡量，而在分析各地区之间的贸易往来时，以往大量的文献都是通过引力方程以及在引力方程的基础之上引入其他变量来进行分析。引力方程最初由 Tingbergen (1962) 提出，随后 Anderson (1979)、Bergstrand (1985, 1989) 等一些经济学者逐步给出了引力方程的理论基础。引力方程顾名思义与物理学中的万有引力定律相似：两个地区之间的贸易与这两个地区之间的经济规模成正比，与两地之间的距离成反比。Anderson (1979) 在他的一篇有关引力模型的理论基础文献中曾经指出："引力模型有可能是过去25 年来贸易理论中最为成功的经验模型。"标准的引力模型形式如下：

$$Intrade_{ij} = \alpha + \beta_1 Ingdp_i + \beta_2 Ingdp_j + \beta_3 InD_{ij} + \varepsilon_{ij} \tag{1}$$

其中，$trade_{ij}$ 是第 i 个地区向第 j 个地区的"出口"贸易，GDP_i 和 GDP_j 分别是第 i 个地区和第 j 个地区的国内生产总值。这里将其他一些影响省际贸易的因素，如：区域边界、贸易壁垒等，都放在了残差项中。为了消除人口规模的影响，本文中的 trade 用人均货物周转量来表示，相应地，GDP 也用人均量来表示。D_{ij} 表示第 i 个省份与第 j 个省份的贸易距离。

McCallum (1995) 首次提出边界效应的概念，Helliwell (1996) 拓展了 McCallum (1995) 的研究，利用 20 世纪 80 年代和 90 年代的时间序列数据，他发现加拿大各省间贸易是美、加各省间贸易量的 20 倍左右。通过对边界效应模型进行估计，Poncet (2003) 发现 1987 年、1992 年和 1997 年中国省际边界效应分别为 12、16 和 27，而行伟波、李善同 (2009) 估计的 2003~2005 年的中国省际边界效应处于 4~6 之间。边界效应模型形式如下：

$$Intrade_{ij} = \alpha + \Phi domestic + \beta_1 Ingdp_i + \beta_2 Ingdp_j + \beta_3 InD_{ij} + \varepsilon_{ij} \tag{2}$$

其中，当 i = j 时，domestic = 1，否则，domestic = 0。当 i = j 时，引力方程反映的是省内贸易，dometic 前面的系数的反对数值 e 就是边界效应，它反映的是当经济规模和贸易距离被控制后，省内贸易是省际贸易的多少倍。

与先前许多实证研究一样，我们还将在边界效应模型的基础之上引入相邻变量，用它来控制相邻条件对贸易的影响，具体形式如下：

$$Intrade_{ij} = \alpha + \Phi domestic + \lambda adjacent + \beta_1 Ingdp_i + \beta_2 Ingdp_j + \beta_3 InD_{ij} + \varepsilon_{ij} \tag{3}$$

在这里，当省份 i 和省份 j 有共同的陆地边界时，adjacent = 1，否则，adjacent = 0。

在考察加入交通基础设施的边界效应模型时，文章的一个重要目的在于检验交通基础设施对省际贸易的影响，为了验证交通基础设施对省际贸易的影响，我们在引力方程的基础之上引入交通基础设施变量，模型形式如下所示：

$$Intraade_{ij} = \alpha + \Phi domestic + \lambda adjacent + \beta_1 Ingdp_i + \beta_2 Ingdp_j + \beta_3 InD_{ij} + \beta_4 Intransport_{ij} + \varepsilon_{ij} \tag{4}$$

这里的 $transport_{ij}$ 反映的是第 i 个省份和第 j 个省份的平均交通基础设施水平。省际间的平均交通基础设施用贸易双方的交通基础设施存量之和与双方的面积之和的比值来表示。方程（4）反映的是当贸易省份平均的交通基础设施增加 1 个百分点时，双边的贸易总量（包括省内贸易和省际贸易之和）平均增加 β_4 个百分点。如果交通基础设施前面的系数显著为正，说明交通基础设施的改善对总贸易量产生了正向的影响。

在此基础上，该文对经济越开放的地区越是会增加基础设施投资、中国的省际贸易存在明显的本地偏好、省际边界效应的估计、交通基础设施与边界效应简单的统计关系和交通基础设施对边界效应的影响等问题进行了实证研究。文中所论述的内容和得出的结论，对我们今天认识新型城镇化的条件性因素和各种影响因素的内在关系、选择和实施更为有利的发展道路与措施，有着重要的启发意义。

全文在一个引力方程的基础上验证交通基础设施对中国区域经济一体化的影响。利用中国 2008 年省际货物运输周转量数据，进行的实证结果表明：①2008 年中国省际贸易的边界效应处于 6~21 之间，这一数值与发达国家之间贸易的边界效应值比较接近；②交通基础设施的改善对中国的区域贸易产生了积极的正向影响；③简单的实证检验表明，交通基础设施越发达，则贸易的边界效应越低，这就意味着交通基础设施的改善主要是促进了省际之间的贸易往来。上述研究结果表明，我国交通基础设施的改善对促进区域经济一体化产生了积极的影响。

该文结论的政策含义十分明显，那就是要想实现区域经济一体化，改善交通基础设施是十分必要的。当前我国的区域经济发展十分不平衡，东部沿海地区有着良好的基础设施，较低的贸易边界效应，因此其区域经济一体化程度较高。而广大的中西部地区交通基础设施仍然落后，与国外以及国内的其他省份的贸易往来仍然十分欠缺。先前我们已经指出，实现区域经济一体化可以产生规模效应和促进产业分工从而促进经济增长。由此可见，要想加速我国落后地区的经济发展，加强落后地区的交通基础设施建设，促进落后地区之间以及与发达地区的贸易往来，对实现全国的区域经济一体化是一条有效的手段。

值得注意的是，交通基础设施的改善只是实现区域经济一体化必要的物质条件，但不是充分条件。要想真正实现全国范围的区域经济一体化，除了加强各地区尤其是落后地区的交通基础设施建设之外，还需要消除地方保护主义、提高人力资本、建立良好的市场环境以及建立健全各种市场经济法制规章的制度建设等，这些都是我们将来需要努力的方向。

3. 中国产业间的技术溢出效应：基于 35 个工业部门的经验研究[①]

【摘要】该文利用中国 1997 年、2002 年、2007 年投入产出表，测算了 35 个工业部门 1997~2008 年历年的产业相似度矩阵，并以此为权数构建了衡量产业间技术溢出的指标。通过将产业间技术溢出指标引入到产业部门的生产函数当中，分析了产业间技术溢出对中国工业部门劳动生产率的影响。结果表明：产业部门间的技术溢出对工业各部门劳动生产率有着显著的正面影响，产业间技术溢出的生产率弹性值约为 0.348，高出各产业直接 R&D 投入的影响。固定窗宽的滚动估计表明，随着时间的推移，35 个工业部门的产业间

---

① 本文作者：潘文卿、李子奈、刘强，原文发表于《经济研究》2011 年第 7 期。

技术溢出效应呈扩大趋势；而对相似性聚类后的 4 大类产业的进一步分析表明，同一相似类内部产业之间技术溢出效应比 4 类之间的技术溢出效应平均说来更加显著一些。

文章所考虑的背景是，知识作为经济社会发展的原动力越来越受到人们的重视。而技术作为知识的一种特殊形态，对经济的发展，尤其是企业生产率的提高起着不可忽视的推动作用。技术一般通过某种载体的形式出现，具有一定的非排他性和非竞争性，因此技术本质上具有溢出效应。全文主要针对我国 35 个行业部门，考察产业间的技术溢出效应。

文中关心的第一个问题，也是该文的重点内容，在探讨中国 35 个工业行业的相似度与间接 R&D 的基础上，通过建立生产函数的方式来研究中国产业间的技术溢出效应。作者借鉴 Los 和 Verspagen（1997）以及 Los（2000）的方法通过生产函数来设定基本模型。就像资本和劳动一样，新增长理论已将知识作为一项重要的要素纳入到生产函数之中。但是知识的衡量没有资本和技术的衡量那么容易，多数研究是用 R&D 支出来代替知识投入的。根据知识技术外溢性理论，产业间知识技术外溢效应的存在意味着产业部门的产出不仅是资本、劳动、知识等生产要素投入的函数，同时还应是产业间技术溢出程度和溢出类型的函数：

$$Y_i = A(IRD_i)f(K_i,\ L_i,\ RD_i) \tag{1}$$

其中，Y_i 表示第 i 产业的产出；K_i、L_i、RD_i 分别表示资本、劳动与 R&D 的直接投入。生产函数 $f(\cdot)$ 一般假设为规模报酬不变，但为了使生产函数具有更广泛的适用性，这里可以放松这一假设（Los，2000）。IRD_i 为第 i 产业通过产业间技术溢出获得的间接 R&D 指标，它不是第 i 产业直接的要素投入，但却是影响第 i 产业技术进步的重要因素，因此将它的某种函数以乘积形式引入生产函数，能够更加明确地刻画它对其他投入要素整体效应的放大性影响。我们关心的恰是 IRD_i 是否对产业部门 i 的生产率有着显著影响。

为了简单，假设上述生产函数 $f(\cdot)$ 以 C–D 函数的形式出现，且函数 $A(IRD_i)$ 也以幂函数的形成出现，则式（1）可进一步改写为如下形式的基础模型：

$$Y_i = \delta \cdot IRD_i^{\eta} \cdot K_i^{\alpha} K_i^{\beta} RD_i^{\gamma} \tag{2}$$

其中，IRD_i^{η} 用来刻画其他产业 R&D 投入，即间接 R&D 对第 i 产业技术进步的影响，δ 为其他影响第 i 产业技术进步的因素；α、β、γ 分别表示资本、劳动与直接 R&D 投入的产出弹性。如果生产函数具有规模报酬不变性，则有约束条件 $\alpha + \beta + \gamma = 1$。为了使生产函数具有更强的适用性，这里并不作这一假设，而是记 $\alpha + \beta + \gamma = \lambda$，于是式（2）可等价地变形为：

$$Y_i/L_i = \delta \cdot IRD_i^{\eta} \cdot (K/L)_i^{\alpha}(RD/L)_i^{\gamma} L_i^{\lambda-1} \tag{3}$$

式（3）表明，第 i 产业的劳动生产率的大小除受劳均资本投入、劳均 R&D 投入以及劳动投入的影响外，还受来自其他产业部门的间接 R&D 投入的影响，即受产业间技术溢出效应的影响。由于作者选取的是 1997~2008 年间中国 35 个工业部门规模以上工业企业的年度数据，具有典型面板数据的特征，因此，作者最终估计的模型是对式（3）取对数后，再引入时间维度的如下面板数据计量模型：

$$\ln(Y/L)_{it} = \ln\delta + \eta\ln IRD_{it} + \alpha\ln(K/L)_{it} + \gamma\ln(RD/L)_{it} + (\lambda-1)\ln L_{it} + \mu_i + \varepsilon_{it} \tag{4}$$

由于文中数据具有横截面宽而时序短的特征，Greene（2003）指出具有这类特征的面板数据模型需要关注的是横截面上个体间异质性的个体效应，时间效应通常可被模型化为其发生时所特有的现象，而不会在一个横截面单位内转移到下一个时期。因此，文中的模型也延续了大多数经验研究文献所关注的横截面个体效应的异质性问题。

模型估计与分析作者选用 1997~2008 年间中国 35 个工业部门规模以上工业企业的年度数据来进行模型估计。产出 Y 采用工业部门的增加值来衡量，其中 2008 年的数据有缺失，按 2008 年的总产值乘以 2007 年的增加值率换算得到；各行业固定资产存量 K 是在各行业规模以上工业企业固定资产原值数据基础上，通过永续存盘法（Perpetual Inventory Method，PIM）计算；劳动 L 采用各行业规模以上企业的平均就业人数表示；R&D 采用各个行业大中型企业科技活动经费内部支出数据；衡量技术溢出效应的 IRD 指标采用第三部分计算的数据。由于需要动态反映 35 个工业行业劳动生产率的变动，作者对当年价的增加值再按工业品出厂价格指数进行缩减；采用永续存盘法估计工业各行业固定资产存量时，沿用王玲（2004）的方法，1997 年固定资产存量按 2000 年价估算，固定资产净形成序列通过各行业相邻两年固定资产原值相减得到，并使用固定资产投资价格指数对其进行缩减，固定资产存量的加权折旧率按建筑资产和设备资产所占比重以及两者的折旧率计算，作者估算的结果约为 7.5%。R&D 支出的成分比较复杂，部分用于购买固定资产、部分用于购买试验材料，也有一部分用于研发过程中的各种人员费用，如会议费、差旅费、相关人员的津贴甚至临时雇员的工资等，而后两者是以对货物或服务的消费为最终支出对象的，因此延用朱平芳等（2003）的方法，以固定资产投资价格指数和居民消费价格指数的加权合成指数作为 R&D 的价格缩减指数，固定资产投资价格指数和居民消费价格指数的权分别按 45% 与 55% 来取。上述各类价格缩减指数均以 2000 年为基期计量。本研究的所有数据均来自各年度的《中国统计年鉴》、《中国劳动统计年鉴》以及《中国科技统计年鉴》。

由于采用的是面板数据计量模型，因此估计方法的选择显得异常重要。面板模型首先需要判断模型中表征个体效应的变量是否与随机项不相关，从而决定采用固定效应模型估计法还是随机效应模型估计方法来估计原模型；另一个重要的问题是：近年来，随着面板数据模型应用研究的深入，人们越来越关注模型中解释变量的内生性问题。就本研究所建立的面板数据模型来说，一方面，R&D 投入的增加必定会通过促进技术进步而提高产业的生产效率；另一方面，劳动生产率的提高也会促使产业更多地增加 R&D 投入。同样的原因，获取较多其他产业技术溢出的产业往往能拥有更快的技术进步速度与更高的劳动生产率，同时那些生产效率更高的产业也更容易汲取相近产业的技术溢出。因此，如果在模型估计中不考虑这种可能存在的双向因果关系，将容易导致估计的联立型偏误（Simultaneity Bias）。因此，在估计模型时重点关注模型中的解释变量是否与随机项同期相关，从而决定是否采用工具变量法来估计原模型。作者首先采用 Hausman 检验来判断是采用固定效应模型估计法还是随机效应模型估计方法。其次，由于同期相关性是内生性的主要问题，作者以解释变量的 1 阶滞后变量为工具变量，通过 Hausman 检验来判断模型中哪些变量具有内生性，并在存在内生解释变量时采用工具变量法（IV）进行模型的估计。中国 35 个工业部门产业间技术溢出效应回归结果表中列出了相关的估计与检验结果。

估计结果显示，无论是施加规模报酬不变这一假设，还是放松这一假设，Hausman 检验均显示采用随机效用模型更合适一些。同样地，经检验发现，模型中的人均直接 R&D 投入、人均间接 R&D 投入均具有内生性，但劳动投入与人均资本投入不具有内生性，作者以上述内生解释变量的 1 期滞后变量为工具变量，对随机效应模型进行工具变量法估计（IV）。Hausman 检验结果显示，是否施加约束，工具变量法（IV）的估计均比不进行工具变量的广义最小二乘法（GLS）的估计更合适一些。当然，从无约束模型的劳动投入项的参数估计结果看，在 5% 的显著性水平下，广义最小二乘法与工具变量法均不拒绝 $\lambda - 1 = 0$ 的假设，即中国工业生产函数具有规模报酬不变的特征，因此无约束模型与受约束模型本质上是相同的。事实上，从随机效应模型的广义最小二乘估计以及工具变量估计的结果看，受约束模型与无约束模型关于其他参数的估计结果是非常接近的：不仅参数估计值差别很小，而且人均资本投入与间接 R&D 投入都通过了 1% 显著性水平下的统计检验，人均直接 R&D 投入也通过了 5% 显著性水平下的检验。当然，由于内生性的存在，下面的分析是在工具变量法估计结果基础上进行的。

从估计结果看，中国工业各部门劳动生产率的提高，既取决于各行业自身人均资本投入与人均直接 R&D 投入的增加，还取决于间接 R&D 投入的增加，即产业间技术溢出效应是明显存在的。无约束模型显示，衡量技术溢出的变量 IRD 的参数估计为 0.335，表明当产业间技术外溢提高 1 个百分点时，各产业的人均产出将平均提高 0.335 个百分点。产业间的技术溢出效应甚至超过了各行业直接 R&D 投入的回报，后者关于产业人均产出的弹性值约为 0.220，表明各行业人均直接 R&D 投入平均增长 1% 时，人均产出增长 0.220%。如果将各行业的直接 R&D 投入的回报看成是"私人收益"、各行业从其他行业 R&D 投入所得出的回报看成是"社会收益"的话，这里测算的"社会收益"大于"私人收益"的现象恰好符合经典文献中所指的技术知识溢出的原本含义（Griliches，1992）。这里得到的结果与 Los（2000）利用美国制造业 1974~1991 年相关数据测得的结果相类似，Los 的结果显示美国制造业人均产出关于产业间技术溢出的弹性值高达 0.60，而各产业人均产出关于直接 R&D 投入的弹性只有 0.03。当然，从我们的模型测算结果看，影响中国工业各行业人均产出提高的主要因素仍是人均资本投入的增加，其弹性值达到了 0.588。与此同时，由于作者的方法与张红霞和冯恩民（2005）、韩颖等（2010）以及尹静和平新乔（2006）所采用的方法完全不同，技术溢出的指标含义与算法也不一样，因此此处的结果与他们的结果没有直接的可比性。

文中关心的第二个问题是，随着时间的推移，中国 35 个工业产业部门间的技术溢出效应是否会有所变化？从中国近年来的经济运行状况看，产业的整合、人才的流动速度在加速，各行业研发投入规模不断增加，知识、技术存量规模成倍增长，发明与专利数量与日俱增，这一切都为产业间的技术溢出提供了强劲的动力支撑，因此产业间的技术溢出效应可能会随着时间的推移而呈现不断扩大的态势。情况果真会如此吗？中国 35 个工业部门产业间技术溢出效应的滚动估计表给出了中国 35 个工业行业按每 8 年为一个时间段的滚动估计结果。

该表的估计结果验证了作者的猜测，即随着时间的推移，中国 35 个工业产业部门间的技术溢出效应呈逐渐扩大之势。产业间技术溢出的参数估计值由 1997~2005 年第 1 个时间段的 0.133 渐次增加到 2000~2008 年第 4 个时间段的 0.366，表明当产业间技术溢出平均增长 1% 时，在 1979~2005 年间各产业人均增加值平均增长 0.133%，而在 2000~2008 年间则平均增长 0.366%。当然，在所有 4 个时间段中，仍不拒绝 $\ln(L)$ 前的参数为零的假设，再次表明中国工业部门总体呈现规模报酬不变的特征。另外，除产业间技术溢出效应呈现随时间推移而增大的趋势外，各产业人均资本的生产率弹性也呈现稳步增大的态势，表明人均资本投入的增加也随着时间的变化而对劳动生产率起越来越大的提升作用。估计结果还显示各产业的直接 R&D 投入对产业劳动生产率的提升也起正向的促进作用，但促进作用的程度似有轻微的递减之势。

文中关心的第三个问题是，中国 35 个工业行业间的技术溢出效应在不同的产业类别间有没有差异。根据该文第三部分的相似性聚类分析可知，35 个工业行业有 4 个比较明显的相似产业类，那么，这 4 类相似性较大的产业内部各行业间的技术溢出效应会比 4 类间的技术溢出效应更大一些吗？

根据上文相似性聚类分析，作者将 35 个工业行业分成四大类产业部门，根据面板数据模型分别估计各大类内部产业部门间的技术溢出效应；然后再将四大类产业内部行业部门的数据进行合并，并估计这四大类产业间的技术溢出效应。其中四大类产业的间接 R&D 投入也需要将投入产出表按 4 个产业部门进行合并，根据合并后的四个产业部门的技术相似度来计算。产业内部行业间的技术溢出效应比四大类产业间的技术溢出效应略小之外，其他三类都大，表明相似产业间更容易相互学习、相互渗透，产业间的技术溢出更容易发生。

从中国四大类工业产业部门内部，以及产业之间的技术溢出效应表中还可以看到，对四大类相似产业类来说，各因素对人均产出的影响方式也出现了一些不大相同的特征。第 I 与第 IV 类，分别是以采掘业与设备、仪器制造业为主体的相似类，它们都是资金、技术密集型的产业类，因此对研发投入较为敏感，也较为重视。从估计结果看，这两类产业自身的 R&D 投入的效应都高出了行业间的技术溢出效应，即产业内部各行业的直接 R&D 投入的弹性大于间接 R&D 投入的弹性，且在 1% 的显著性水平下显著。另外，在 5% 的显著性水平下，第 IV 类产业呈现出规模报酬不变的特征，但第 I 类产业则呈现规模报酬递减的趋势，表明劳动力投入的增加反而会影响采掘业生产效率的提高。对于第 II 类产业，主要由食品、服装等轻工制造业组成，相对来说是劳动密集型产业，对研发投入不太敏感，但由于技术门槛较低，人员流动与技术模仿在这类产业最容易发生。估计结果也表明产业内各行业自身的 R&D 投入对人均产出的影响并不显著，但产业间的技术溢出效应却是显著存在的。需要注意的是，在这类产业中，人均固定资产投入的增加对人均产出增加的促进作用尤为明显，弹性值高达 0.771。在 5% 的显著性水平下，第 II 类产业也不拒绝规模报酬不变的假设。第Ⅲ类产业是化学原料工业与橡胶、塑料制品业。这类产业对资金、研发投入都具有一定的敏感性，虽然间接 R&D 的影响也是显著的，但这类产业仍是以自身的研发投入来主要影响着自己的技术进步。估计结果显示，这类产业具有明显的规模报酬递增型特征，表明这类产业在中国经济发展的当前阶段具有较强的劳动力吸收能力，也进一步印证了当前中国经济大致处于重化工业发展阶段这一基本特征（估计结果和相应的数据表格参考原文）。

作者得出了比较有参考价值的结论。产业间技术溢出是企业间技术溢出问题研究的一个自然延伸，因为企业间的技术溢出往往发生在同行业或相似行业的企业之间。本文将投入产业方法与计量模型技术相结合，考察了近年来中国产业间技术溢出对中国工业部门劳动生产率的影响。

第一，通过对中国 35 个工业行业相似度的测算以及运用 MDS 法的相似性聚类分析，发现 35 个工业行业大致可以归为四类：采掘业类、轻工制造业类、化学原料与塑料橡胶制造业类、机械电子仪表制造业类，每一类内部的行业之间相似度较高，因此每一类内部的各行业间更容易发生技术溢出。

第二，从 35 个工业行业的总体情况看，生产率变动的产业间技术溢出效应是显著存在的。无约束模型的回归结果显示，产业间技术溢出效应的弹性值高达 0.348，超过了各行业直接 R&D 投入的弹性值。因此，产业间的技术溢出效应现已成为中国工业行业生产效率提高的重要影响因素。当然，回归分析显示劳均资本投入仍是决定产业劳动生产率最重要的因素，而劳动投入对产业劳动生产率的变动没有显著影响。

第三，通过固定窗宽的滚动回归分析结果显示，随着时间的推移，中国 35 个工业行业间的技术溢出效应呈逐渐扩大之势。这一结果表明，随着中国市场化改革的渐次深入，产业间的相互学习意识越来越强化、人才的产业间流动越来越频繁，这些都为产业间的技术溢出提供了强劲的动力支撑。

第四，从四大类产业的类内行业间技术溢出效应与类间溢出效应的比较分析发现，分析结果显示，除化学原料与塑料橡胶制造业这一类外，其他三类都呈现类内的产业间溢出效应大于类间的产业间溢出效应这一基本特征，从而也从一个侧面进一步印证了相似产业间更容易发生技术溢出这一基本现象，它恰是本文的立论基础。

第五，在分析四个相似产业类内部的行业间溢出效应时，作者也发现了与 35 个产业部门平均状态不一样的一些特征。例如：以采掘业为主体的第Ⅰ相似产业类，以化工制造为主体的第Ⅲ相似类，以及以设备、仪器仪表制造业为主体的第Ⅳ相似类，这三大类产业自身的研发投入的效应都高出了各自内部行业间的技术溢出效应。因此，对这三类产业来说，更需要注重行业自身的 R&D 投入，通过简单模仿以及依靠人才流动等产业间的技术外溢渠道已不能支撑本类产业生产效率的进一步提高了。当然，以化工制造为主体的第Ⅲ产业类是中国目前经济发展阶段中唯一表现出规模报酬递增的相似产业类，而且也是当前具有较强吸纳劳动力的产业类。对于以轻工制造为主体的第Ⅱ相似产业类，目前其行业自身的 R&D 投入对本行业劳动生产率的提高还没有实质的影响，而行业间的溢出效应却很显著。这说明中国的轻工制造业目前仍处在较低水平的发展阶段，行业技术门槛低，产品的模仿与技术人员的"跳槽"频繁发生，而行业自身对直接的 R&D 的投入并不是太关心。这里的一个直接的政策启示就是，政府应尽快地出台相关政策，以及尽早转变这类产业现有的简单模仿与简单复制的发展机制，尽快地促使这类产业在模仿的同时，更注重汲取相似行业的先进技术与管理经验，并在此基础之上尽可能地提升产业内部各行业自身的创新能力。只有当行业间的技术溢出与自主的 R&D 投入同时发挥效力时，该行业才能进入到一个更高的发展阶段。而只有当中国的绝大多数产业的发展由产业间的技术溢出与自主的 R&D 投入同时驱动时，中国才能进入到由"中国制造"转向"中国创造"的路径上来。

4. 取消燃气和电力补贴对我国居民生活的影响①

【摘要】 分析取消能源补贴对居民生活的影响是完善能源补贴改革的重要基础。

本文首先应用价差法估算了中国 2007 年燃气和电力的补贴规模；其次考虑到中国居民贫富与区域差异，将城乡居民按收入水平分为 10 组，引入"能源预算"概念并设计"影响指数"、"承受力指数"等核心指标，结合投入产出模型，从直接和间接两方面综合研究了取消燃气和电力补贴对不同收入阶层居民生活的影响，分析结果表明无论从直接影响还是间接影响的角度，取消燃气和电力补贴对低收入阶层居民，尤其是农村低收入居民的冲击更大；最后基于实证分析结果，提出阶梯化定价机制与补贴转移等能够让低收入阶层居民真正获益的能源补贴改革建议。

作者在文中分析的背景和提出的问题是：中国作为一个正处于工业化与城市化快速发展阶段的发展中国家，城乡居民平均收入普遍不高，且贫富差距较大，使得城乡居民能源消费能力也有很大的差异，2007 年城镇人均能源与电力消费量分别是农村地区的 3.8 倍和 5.1 倍，这些差异必然造成能源补贴改革对不同收入阶层居民的影响是不同的。因此在设计中国燃气与电力补贴改革时，应充分考虑中国居民的收入水平以及能源消费差异，深入、系统地分析取消补贴对于不同收入阶层居民的影响。

该文的一个突出特色是专门阐述所用的研究方法。补贴会降低终端消费价格，因此取消补贴会引起能源产品价格上涨。燃气和电力与居民生活息息相关，其价格变动影响居民生活。如图 1 所示，这些影响主要体现在如下几方面：

（1）直接影响：燃气和电力是居民生活的重要能源，因此取消补贴引起的价格上涨会直接增加居民生活能源消费支出，提高生活成本。

（2）间接影响：能源是重要的生产材料，因此能源价格的变动会引起与其相关的其他商品和服务的价格变动，并最终传递给消费者。这种间接影响可以通过"投入—产出"模型进行计算。

为了分析计算上述影响，该文具有以下两个特点：①引入"能源预算"概念并设计"影响指数"、"承受力指数"两个核心指标，应用指标分析方法计算取消补贴对居民生活的直接影响；②应用投入产出模型，计算取消补贴引起的能源产品价格变动与其他部门商品

---

① 本文作者：李虹、董亮、谢明华，原文发表于《经济研究》2011 年第 2 期。

服务价格之间的联动关系从而分析对居民生活的间接影响。

文章构建了指标分析与投入产出模型相耦合的综合分析方法,从直接到间接影响,针对取消燃气与电力补贴对居民生活的影响进行全景计算分析,分析结论将为国家相应政策制定提供科学参考。

为满足实证分析的需要,作者在文中应用价差法估算 2007 年中国燃气和电力补贴规模和补贴率。

根据 IEA(1999),价差法基本公式为:

$$S_i = (M_i - P_i) \times C_i \tag{1}$$

其中,S_i 为能源产品补贴数额;M_i 为基准价格,对于燃气和电力,基准价格为其长期边际成本;P_i 为终端消费价格(一般选取消费市场价格);C_i 为消费量;i 为能源产品种类。

取消价差会影响能源产品的价格,对于这种影响,作者参考 IEA(1999)的公式:

$$q = P^\varepsilon \tag{2}$$

$$\Delta q = Q_0 - Q_1 \tag{3}$$

其中,q 为能源产品消费量;ε 为能源长期需求价格弹性;Δq 为取消补贴后能源消费量的变化;Q_0 和 Q_1 分别为取消补贴前、后的消费量。应用价差法计算公式,作者估算了燃气补贴规模计算,并对不同收入阶层居民的燃气和电力消费状况、取消补贴对能源需求影响及不同收入阶层居民能源需求的价格弹性、取消燃气和电力补贴对居民生活的直接影响和间接影响等进行了实证分析。

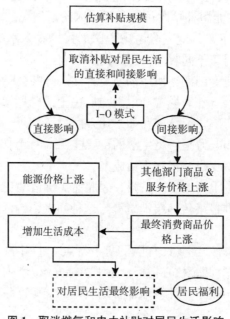

图 1　取消燃气和电力补贴对居民生活影响

通过构建耦合指标设计与投入产出计算的分析框架（如图1所示），文章从直接影响与间接影响两方面系统研究了取消燃气和电力补贴对于中国城乡不同收入阶层居民生活的影响。其中，直接影响关注取消补贴导致作为居民生活必需品的能源价格上涨，间接影响关注能源价格上涨的联动效应引起的其他部门商品价格上涨。通过计算分析，作者得出的主要结论是：

（1）2007年中国燃气和电力补贴的补贴率较高，分别为23.56%和52.43%；

（2）从直接影响角度来看，取消燃气和电力补贴会直接导致居民能源消费支出增加，但对不同收入阶层居民的影响不同，从影响情况和抵御这种影响的承受力两方面来看，收入越低，能源消费支出增加的影响越大，同时居民对这种能源支出增加的承受力越差，城乡横向比较，农村低收入阶层受影响更大；

（3）投入产出模型计算结果表明，能源价格变动的联动效应会进一步影响相关产品和服务价格并传递给消费者，从而导致居民生活总支出增加，低收入阶层居民受到的这种间接影响更为显著。

据此，作者给出了相应的政策建议：

第一，从本文实证计算部分可以看出，一方面，居民所处收入阶层低，能源消费水平低，但是由于能源为居民生活必需品，因此需求弹性较低；另一方面，尽管低收入阶层能源消费水平低，但是能源消费占总消费支出的比重较大。这两方面决定了取消补贴对低收入居民的生活影响更大。而且相较于高收入阶层，低收入阶层居民对价格上涨的承受力较小。因此，为降低能源补贴改革对最低收入阶层居民的影响，保障低收入阶层居民的基本能源消费，应以消费水平为依据，按照"消费水平高，价格高"的原则制定阶梯化能源定价机制，从根本上解决能源补贴改革对低收入阶层居民的负面影响。

第二，低收入阶层与高收入阶层对于取消补贴的承受力不同，应该制定差异化的能源补贴改革政策：对低收入阶层居民采取渐进式的改革方式，逐步取消能源补贴，降低改革的冲击；而对高收入阶层居民可采取一次性取消能源补贴的方式。

第三，对于能源补贴改革节省下来的财政资金进行再分配时，重点考虑低收入阶层居民的利益，依据"损失越大，补偿越多"的原则，采用多种方式给予直接或间接（公共福利项目的投资、职业培训等）补偿，从而真正实现"富人补贴穷人"的目标。本文建议设立相应的专项基金，对于城乡低收入阶层居民采取直接给予现金补偿、对特定人群维持补贴等直接补贴措施。

第四，补贴转移：将取消补贴节省的资金转移到有利于提升城乡居民低收入家庭生活水平的社会公共事业中，比如基础教育及职业教育、基础设施建设、基本医疗卫生等项目，从而将改革对他们的冲击降低到最小程度。此外，可以将取消补贴节省的资金用来加强低收入阶层居民的能源利用技术方面的支持，提高能源的利用效率，降低能源的使用成本，从而使得更多的低收入阶层居民能够使用现代能源。

二、计量经济学

——注重模型方法的实效性

经济计量学或计量经济学是我国数量经济学理论和应用的主体部分，由于多年的积累和蓄势，近年来在国内学界更加活跃、成果颇丰，尤其是在非参数方法、时间序列簇模型的深化应用等方面取得了长足进展；同时，该分支学科也在不断地经受着日趋复杂的现实的磨难、质疑、冲击和挑战，相对地集中在基本假设检验、模型识别和因果关系解释等难点与薄弱环节上，由此也促使其在发展中更加注重模型方法的实效性及应用的便利性。

1. IV 估计的最优工具变量选取方法[①]

【摘要】IV 估计的有限样本性质对工具变量的选取十分敏感，尤其是存在弱工具变量的情形。文章在 Donald 和 New ey（2001）的基础上研究了常用的 IV 估计，2SLS 的最优工具变量选取方法。首先通过对 2SLS 估计量进行 Nagar 分解，从理论上推导出估计量的近似 MSE 表达式；根据这一表达式，提出 IV 估计的最优工具变量选取准则，并证明选取准则的渐近有效性。模拟结果表明，本文提出的工具变量选取准则能够极大地改善 2SLS 估计量的有限样本表现。本研究为实证中面临的工具变量选择问题提供了理论依据。

作者认为，IV 估计的有限样本表现出对工具变量的选取非常敏感（Morimune，1983；Bound 等，1995；Hahn 等，2004；Hansen 等，2008；Ng 和 Bai，2009）。实证研究中，如何寻找合适的工具变量是 IV 估计的关键所在。

该文考虑如下线性回归模型：

$$y_i = Y_i \gamma_o + X'_{2i} \beta_o + \varepsilon = W'_i \delta_o + \varepsilon \tag{1}$$

$$Y_i = \pi_1 Z_i + \upsilon_i = \begin{bmatrix} \pi'_{11} & \pi'_{12} \end{bmatrix} \begin{bmatrix} Z_{1i} \\ Z_{2i} \end{bmatrix} + \upsilon_i \tag{2}$$

$$W_i = \begin{pmatrix} Y_i \\ X_{2i} \end{pmatrix} = \begin{pmatrix} \pi'_{11} & \pi'_{12} \\ \pi'_{21} & \pi'_{22} \end{pmatrix} \begin{pmatrix} Z_{1i} \\ Z_{2i} \end{pmatrix} + \begin{pmatrix} \upsilon_i \\ 0 \end{pmatrix} = f_i + \upsilon_i \tag{3}$$

其中，$i = 1, \cdots, n$。式（1）为结构方程，式（2）为简化型方程。在式（1）中，y_i 为被解释变量，Y_i 为单个内生解释变量，X_{2i} 为 $d_2 \times 1$ 的外生解释变量，E_i 为扰动项。在式（2）中，$Z_{2i} = X_{2i}$ 为内部工具变量，Z_{1i} 为 $d_3 \times 1$ 的外部工具变量，$d_3 \geqslant 1$。在式（3）中，$\pi_{21} = Od_3 \times d_2 \pi_{22}$ 为 d_2 阶的单位矩阵。

所谓最优工具变量的选取，即从 Z_i 中选出工具变量来进行 IV 估计，使得 D_0 的估计值的有限样本表现最好。本文利用一个 $d(d = d_2 + d_3)$ 维的列向量 c 来选取工具变量，c 的取

---

① 本文作者：胡毅、王美今，原文发表于《数量经济技术经济研究》2011 年第 7 期。

值为 0 或 1。若 $c_j = 1$，Z_i 的第 j 个变量被选出，反之，则不被选出。令 $Z_i(c)$ 表示选出的工具变量向量，则 $|c| = c'c$ 为选出的工具变量个数。根据工具变量的选取要求，定义可行的工具变量选择向量集 C 如下：

$$C = \left\{ c \left| \begin{array}{l} c_j = 0 \text{ 或 } 1, \forall 1 \leq j \leq d_3 ; c_j = 1, \forall j > d_3 ; \\ \text{至少存在一个 } j \in \{1, \cdots, d_3\}, \text{使得 } c_j = 1。 \end{array} \right. C \in R^d, j \in N \right\} \tag{4}$$

记 $y = (y_1, \cdots, y_n)'$，$Y = (Y_1, \cdots, Y_n)'$，$W = (W_1, \cdots, W_n)'$，$Z(c) = (Z_1(c), \cdots, Z_n(c))'$，$P(c) = Z(c)(Z(c)'Z(c))^{-1}Z(c)'$，$\delta_0$ 的 2SLS 估计量可写为：

$$\delta_n(c) = (W'P(c)W)^{-1}W'P(c)_y \tag{5}$$

当 $c = l_d$（l_d 为 d 维元素全为 1 的向量）时，式（5）为普通的 2SLS 估计量。

在给出本文的工具变量选取准则之前，先给出如下文献中常见的基本假设。

假定 1　$\{y_i, W_i, Z_i, i = 1, \cdots, n\}$ 是独立同分布的序列。

假定 2　$E(f_i f_i')$ 存在且非奇异，$E(\varepsilon | Z_i) = 0$。

假定 3　$E[(\varepsilon_i, \upsilon_i)'(\varepsilon_i, \upsilon_i) | Z_i] = \Omega = \begin{pmatrix} q_\varepsilon^2 & q_\varepsilon \\ q_\varepsilon & q^2 \end{pmatrix}$。$q_\varepsilon^2 > 0$，$E(\|\mu i\|^4 Z_i)$，$E(|\varepsilon|^4 | Z)$ 有界。

假定 2 是结构方程的识别条件以及工具变量的外生性假定。假定 3 表明扰动项条件同方差。在上述假定下，线性回归模型进行最优工具变量选取的出发点是选出合适的 c，使得 $\delta_n(c)$ 的有限样本表现最好。

该文基于 MSE 来对工具变量进行选择。具体而言，需要解决四个方面的问题：第一，如何求出工具变量估计的 MSE 表达式；第二，如何根据 MSE 表达式构造工具变量选取准则；第三，选择准则是否具有渐近有效性；第四，选取准则的有限样本表现怎么样，即选取的工具变量是否能改善 IV 估计的有限样本性质。以上是就前三个问题展开了研究，下面回答第四个问题。

关于 δ 的近似 MSE。遵循 Nagar（1959）以及 Donald 和 Newey（2001）的研究思路，本文利用高阶渐近理论来近似 δ 的 MSE。为了方便论述，先给出如下引理：

引理 1　若假定 1 至假定 3 成立，则下面的式子成立。

$^1 h = f'\varepsilon / \sqrt{n} = O_p(1)$，$H = f'f/n = O_p(1)$；

$\mu'P(c)\varepsilon = O_p(|c|)$；

$E(\mu'P(c)\varepsilon \varepsilon'P(c)\mu | Z) = q_{ae} \alpha'_{ae} |c|^2 + O_p(|c|^2)$；

$E(f'\varepsilon \varepsilon'P(c)u | Z) = O_p(|c|)$；

$E(hh'H^{-1}\mu'/n | Z) = O_p(|1/n|)$。

其中，$E(ui\varepsilon) = q_{ae}$，$f = (f_1(c), \cdots, f_n(c))'$。

根据式（5），$\sqrt{n}(\delta - \delta_0) = (W'P(c)W/n)^{-1}W'P(c)\varepsilon / \sqrt{n}$。令 $H = W'P(c)W/n$，$h = W'P(c)\varepsilon / \sqrt{n}$，则 $\sqrt{n}(\delta - \delta_0) = H^{-1}h$。进一步地，对 H 和 h 进行分解，令 $T^H = (u'f + f'u)/n$，$Z^H = u'P(c)u/n$，$T^h = u'P(c)\varepsilon / \sqrt{n}$，则 $H = H + T^H + Z^H$，$h = h + T^h$。

由引理 1，进一步可以推出引理 2。

引理 2　若假定 1 至假定 3 成立，且 $|c|^2/n \to 0$ 及 $q_{ae} \neq 0$，$T^h = op(1)$，$\rho = op(1)$，$||T^H||^2 = op(\rho)$，$||T^h|| \cdot ||T^H|| = op(\rho)$，$||Z^h|| = op(\rho)$，$||Z^H|| = op(\rho)$，$||Z^A|| = op(\rho)$，$E(A|Z) = \alpha_\varepsilon^2 H + HS(c)H + op(\rho)$，且 $E(Q|Z)\sigma_\varepsilon^2 H^{-1} + S(c) + op(\rho)$。其中，$A = (h+T^h)(h+T^h)' - hh'H^{-1}T^{H'} - T^H H^{-1}hh'$，$S(c) = |c|^2 H^{-1}\sigma_{ae}\sigma'_{ae}H^{-1}/n$，$\rho = tr(s(c))$，$Q = H^{-1}AH^{-1}$，$||A||$ 的定义为 $||A|| = \sqrt{st(A'A)}$。

性质 1　在引理 2 的条件下，对于估计量 δ，存在 $\hat{r}$ 使得

$$n(\delta - \delta_0)(\delta - \delta_0)' = Q + \hat{r} \tag{6}$$

其中，$\hat{r} = op(\rho)$。n 倍 δ 的 MSE 的近似表达式为：

$$AMSE(c) = \sigma_\varepsilon^2 H^{-1} + S(c) = \sigma_\varepsilon^2 H^{-1} + |c|^2 H^{-1}\sigma_{ae}\sigma'_{ae}H^{-1}/n \tag{7}$$

由于结构方程只有一个内生解释变量，此时 $q_{ae} = e_1 q_e$，其中 e_1 表示第一个元素为 1，其余元素为 0 的列向量，$q_e = E(u_i\varepsilon_i)$。为方便后文的计算，我们将 $S(c)$ 写为 $S(c) = |c|^2\sigma_{ae}^2 H^{-1}e_1e_1'H^{-1}/n$。进一步地，近似 MSE 的表达式可写为：

$$AMSE(c) = \sigma_\varepsilon^2 H^{-1} + (|c|^2/n)\sigma_{ae}^2 H^{-1}e_1e_1'H^{-1} \tag{8}$$

一个估计量的 MSE 是越小越好。由于无法得到 IV 估计的精确 MSE 表达式，作者以其近似 MSE 最小作为模型选取的标准。式（8）是矩阵形式，为了方便比较，取其对角线元素和 $tr\{AMSE(c)\}$ 作为比较对象。定义

$$co = \underset{c \in C}{argmintr}\{AMSE(c)\} \tag{9}$$

为最优的工具变量选取向量，也称为理论的工具变量选取向量，与后文可行的工具变量选取向量对应。

假定 4　（识别条件）co 是唯一存在的。

$AMSE(c)$ 中涉及的变量均是参数的真值。实际应用中，我们利用这些参数的一致估计量代替。定义

$$\overleftarrow{AMSE}(c) = \sigma_\varepsilon^2 H^{-1} + (|c|^2/n)\sigma_{ae}^2 H^{-1}e_1'e_1'H^{-1} \tag{10}$$

其中，σ_ε^2，σ_{ae}，H 分别是 σ_ε^2，q_e，H 的一致估计量。

可行的工具变量选取向量由下式给出

$$\hat{c} = \underset{c \in C}{argmintr}\{\overleftarrow{AMSE}(c)\} \tag{11}$$

这即该文提出的工具变量选取准则。

继此，作者讨论了选取准则的渐近有效性，并给出了最优工具变量选取方法的计算步骤。

根据 Li（1987），一个模型选取准则的好坏，取决于真实损失函数在该准则选出的参数处的值是否依概率收敛于真实损失函数的最小值。具体到本文而言，真实损失函数为 $tr\{AMSE(c)\}$，真实损失函数的最小值为 $tr\{AMSE(c_0)\}$，模型选取准则选出的参数为 $\hat{c}$。

为了证明选取准则的渐近有效性，先给出下面的引理 3。

引理 3　若 $\max_e \left| \dfrac{\text{tr}\left[\overleftarrow{\text{AMSE}}(c)\right]}{\text{tr}\left[\text{AMSE}(c)\right]} - 1 \right| \xrightarrow{\rho} 0$，则 $\dfrac{\text{tr}\left[\text{AMSE}(\hat{c})\right]}{\text{tr}\left[\text{AMSE}(c_0)\right]} \xrightarrow{\rho} 1$。

引理 3 表明，只要满足条件 $\max_e \left| \text{tr}\left[\overleftarrow{\text{AMSE}}(c)\right] / \text{tr}\left[\text{AMSE}(c)\right] - 1 \right| \xrightarrow{\rho} 0$，则选取准则是渐近有效的。

性质 2（选择准则的渐近有效性）对于式（5）的估计量 δ，若假定 1 至假定 4 成立，则当 n→∞，有

$$\text{tr}\left[\text{AMSE}(\hat{c})\right] / \text{tr}\left[\text{AMSE}(c_0)\right] - 1 = op(1) \tag{12}$$

即：由选取准则式（11）选出的工具变量在近似 MSE 的意义下是最优的。

显然，对于性质 2 的证明，只要验证引理 3 的条件满足即可。

具体应用中，可以采取以下步骤计算最优的工具变量选取向量：

第一步，利用全部工具变量，分别进行第一阶段回归及 2SLS 回归，得到第一阶段回归的估计系数 π_1、残差 $\hat{v}$ 以及结构方程 2SLS 估计的残差 ε，计算 q_ε 与 σ_ε^2 的一致估计量，$q_\varepsilon = \hat{v}'\varepsilon/n$，$\varepsilon_\varepsilon^2 = \varepsilon'\varepsilon/n$；

第二步，利用选取向量 $c \in C$ 选出一定的工具变量，记为 $Z(c)$，计算 $H(c)$，$H(c) = 1/n[f(c)'f(c)]$，其中 $f(c)\hat{v} = [Z(c)\pi_1(c)，X_2]$；

第三步，计算近似 MSE，$\overleftarrow{\text{AMSE}}(\delta,\ c) = \sigma_\varepsilon^2 H^{-1}/n + |c|^2 \sigma_{ae}^2 H^{-1} e_1 e_1' H^{-1}/n$；

第四步，利用不同的选取向量 $c' \in C$，重复第二、第三步；

第五步，比较 C 中所有选取向量对应的近似 MSE，求出最小的近似 MSE 对应的 c，即最优工具变量的选取向量。

为了进一步地考察构建的 I 估计工具变量选取准则的有限样本表现，作者又进行了 Monte Carlo 模拟分析。

在经过模拟验证后，作者得出了若干明确结论。IV 估计在理论和实证中均有非常重要的地位，但其有限样本表现依赖于工具变量的选取。作者研究了包含内生解释变量的线性回归模型中，IV 估计工具变量的选取问题。首先，在 Donald 和 Newey（2001）的基础上对 IV 估计量进行 Nagar 分解，推导出 IV 估计的近似 MSE 表达式。其次，基于此 MSE 表达式提出了工具变量的选取准则，并证明了该准则的渐近有效性。相比现有文献的研究，该准则的优越性是不需要事先知道工具变量的相对重要性，并且可以应用到多个解释变量的模型中。最后，模拟结果显示，作者提出的最优工具变量选取向量有着非常好的有限样本表现，在估计量的方差基本保持不变的情况下，可以有效减小估计量的偏差，因而降低了 IV 估计的 MSE，改善了估计量的性质。在绝大多数情况下，特别是模型的内生性问题比较严重时，本文提出的可行的工具变量选取向量的表现也非常出色，可以很好地近似最优的工具变量选取向量。这一研究为实证中面临的工具变量选取问题提供了理论依据，同时也为实际应用中计算 IV 估计的近似 MSE 提供了详细的步骤。

最后，作者指出，工具变量选取准则并不依赖于对工具变量重要程度的排序。在实际操作中，当工具变量个数比较少时（少于 10 个），可以利用前面注释中提到的格点搜索法来寻找最优的工具变量选取向量；当工具变量个数很多时，可考虑通过模拟退火算法来实现，这将在后续研究中完成。

2. 集聚效应对跨国公司在华区位选择的影响[①]

【摘要】该文以跨国公司区位选择微观理论为基础，利用条件 Logit 模型，对 2007 年《财富》世界 500 强中，1995 ~2007 年间，457 家美国子公司和 537 家欧洲子公司在华个体区位选择决定因素进行了实证分析。分析结果表明，集聚效应是样本公司区位选择的重要决定因素，在华投资的欧美制造业公司普遍采用"集聚"这一战略，其子公司大量集聚在东部地区，盲目吸收外资来缩小东—西部经济发展不平衡的政策并不合适，尤其是中部地区。因此，在文章末，作者对中国政府应该如何减小区域经济发展不平衡和合理引用外资提出了建议。

全文主要考察跨国公司为主体的对外直接投资的区位选择这一理论热点问题，其中，集聚效应对跨国公司个体区位选择的影响也日益受到关注。文章通过条件 Logit 模型对样本公司 1995~2007 年个体投资区位选择进行比较分析，主要讨论了以下三个问题：第一，哪些因素影响了欧美跨国公司在华投资的区位选择战略？结合相关理论研究和中国经济自身特点，除市场因素、成本因素、政策等因素外，作者重点考察了集聚效应的作用，特别是母国（大洲）集聚效应及马歇尔所强调的"地方产业专业化"（Localized Industry）对吸收外资的影响。第二，跨国公司的个体特征是否影响其区位选择？随着经济全球化的推进，跨国公司的战略逐步转向"全球一体化公司"（Global Integrated Enterprise，GIE），除东道地区的经济特征外，跨国公司自身所处的行业特征也会影响其全球产业链的布局，例如：处于高技术产业和处于中低技术产业的公司在选择东道地时可能会考虑不同的因素，因此，文中考察了东道产业的技术密集程度的影响。第三，地方政府的招商引资政策是否有效？以欧美跨国公司为代表的外商投资区位选择是否遵循政策的导向？

一个经典的模型是：假定市场 j 有 N 家相同的公司全部从事产品 Y 的生产，其生产函数相同，且 N 足够大。每家公司把产量作为战略变量，市场需求函数采用柯布—道格拉斯形式，一阶条件下各个公司生产相同数量的产品 Y。于是，公司所得税后纯利润可以表示为：

$$\pi = (1-t)\frac{\alpha m^{\gamma}}{\beta}(w^{\theta_w})^{1-\beta}N^{[\theta_N\{\beta-1\}-2]} \tag{1}$$

其中，π 为公司所得到的税后纯利润，α 为消费者收入用于购买产品 Y 的比率，m 为消费者的收入（外生变量），γ 为收入弹性，β 为价格弹性并且 $\beta > 1$，t 为市场 j 的税率。我们假定技术外溢或规模经济所导致的生产成本的减少给 N 家公司带来正的外部性，于是单位成本生产函数 c 可以表达为工资 w 和市场中公司个数 N 的相互作用，即 $c = w^{\theta_w}N^{-\theta_N}$。式（1）

---

① 本文作者：余珮、孙永平，原文发表于《经济研究》2011 年第 1 期。

是跨国公司区位选择决定因素的一个基本理论模型：除市场税率、市场需求、工资水平等传统因素，备选地区公司集聚所产生的正的溢出效应（向心力，Centripetal Force）和竞争加剧所产生的负面效应（离心力，Centrifugal Force）决定了公司所期望的利润。

以此为基础，作者扩展和构建了专门的计量模型并设定相应的变量。以条件 Logit 模型（MacFadden，1974，1984）为例的个体选择模型（Discrete Choice Model）属于定性模型，在考虑了个体的选择和特征变量的同时，解决了单个样本部分定量数据难以获得的问题（如：公司具体投资金额），在研究跨国公司区位选择时受到青睐，因此文中使用条件 Logit 模型来检验欧、美跨国公司子公司在华投资的区位决定因素。

假定每一家跨国公司面临一系列备选投资地（J = j，i，…，n）。地区 j（省或直辖市）可以给在当地建立子公司的跨国公司 f 带来 π_j 的效用，且 $\pi_j = U_j + \varepsilon_j$，$U_j = \beta X_j$，$U_j$ 是由地区 j 的各个可观察特征向量 X_j 所组成的函数，β 是要进行估计的参数，ε 为地区 j 不能被观察到的特征。如果 j 可以给跨国公司 f 带来比其他备选地更多的效用，f 会选择 j 建立子作为子公司厂址的概率为：

$$\text{Prob}(\pi_j > \pi_i) \; \forall \, i \neq j \tag{2}$$

根据 MacFadden（1974），如果 ε_j 遵循独立不相关性假设（Independence of Irrelevant Alternatives Assumptions，IIA），即两个备选地的机会发生比率独立于第三备选地，那么跨国公司 f 在 n 个备选地中最终选择 j 的概率可以用条件 Logit 的形式表现出来：

$$\text{Prob} = \exp(\beta X_j) / \sum_{i=1}^{n} \exp(\beta X_j) \quad \forall \, i \neq j \tag{3}$$

其中，有待估计的参数 β 将采用极大似然估计法（Maximum Likelihood Estimation，MLE）来进行。由于此模型中既考察了区域的经济特征，又纳入了跨国公司自身的特点，作者把 X_j 分成 x_j 和 x_{fj}，分别代表一组体现 j 区域特征的向量和一组体现跨国公司 f 在 j 的子公司的特征向量。假设 f 选择是基于该地区和公司上一年的经济特征，则年 t 时，f 选择 j 的概率可以表述为：

$$\text{Prob}_{fj} = \exp(\beta_1 x_{j(t-1)} + \beta_2 x_{fj(t-1)}) / \sum_{i=1}^{n} \exp(\beta_1 x_{i(t-1)} + \beta_2 x_{fi(t-1)}) \quad \forall \, i \neq j \tag{4}$$

作者采集的样本数据来自于中国商务部研究院《2008 跨国公司中国报告》和各个公司年度报告。1979~2009 年，样本中的 68 家美国制造业跨国公司先后在 29 个省的 63 个城市建立了 760 家子公司；欧洲制造业公司于 1982 年首次在华投资后，陆续有 62 家跨国公司在 27 个省的 86 个城市建立了 818 家子公司。截至 2007 年底，欧洲和美国公司的子公司集聚在北部和东部沿海省份：辽宁、山东、江苏、广东、福建、浙江及三大直辖市（北京、上海、天津），这 6 省 3 市占据欧美在华子公司总数的 90%（2007 年底样本中美国、欧洲子公司在华地理分布表参考原文）。

在变量设定中，因变量为 1995~2007 年对应于样本公司每一次在华建立子公司，省（直辖市）j 被 457 家美国子公司或 537 家欧洲子公司选中作为东道地区的情况。如果 j 被选中我们标识为 1，没有则为 0。参考式（1）和相关研究，作者假设除集聚效应外，市场规模、生产成本、政府政策及东道产业的有关特性影响公司在华个体区位选择，具体解释变量如下：集聚效应（HAEj、HOMCj、FAEj、HISjs、HLQjs）。文章把集聚效应变量分成两组：第一，考察跨国公司的母国效应和外资公司的集聚效应。跨国公司的母国效应（HAEj、HOMCj）为每个省（直辖市或自治区）年初所拥有来自于同一个大洲（或同一个国家）的财富500强子公司的数目。通过跨国公司官方网站的信息核实，作者考虑了"公司的人口统计"（Demography of Firms），例如：一家公司于1998年在 j 设立了一家子公司，在2007年这家公司仍存在，并没有倒闭。外资公司的集聚效应（FAEj）的数据来自于《中国统计年鉴》。作者分别计算1994~2006年每年 j 所拥有的所有外资企业总数，期待以上三个空间集聚效应的变量对于跨国公司在中国的区位选择有正的影响。第二，马歇尔式当地产业专业化效应。该文分别应用每年 j 在东道产业 s 所拥有的全部公司数（外资和内资）（HISjs），及 LQ 指数来衡量东道地区的产业专业化情况。其中：

$$LQ = \frac{(j\,产业\,s\,的就业人数/j\,工业就业总人数)}{(全国\,s\,产业的就业人数)/(全国工业就业总人数)}$$

当 LQ 大于1时，说明 j 在产业 S 方面相比全国的平均水平更专业，LQ 越大，说明地区产业专业化越高。根据马歇尔关于集聚经济所产生的正面效应的理论，作者假设东道产业公司集聚 HISjs 和东道产业 LQ 指数 HLQjs 对样本子公司的个体区位选择的影响为正。

市场规模和潜力（PGDPPj、MPj）。中国巨大的消费市场对于外商，特别是制造业的跨国公司而言具有很大的吸引力。相关研究表明有关市场规模和市场潜力的变量对跨国公司对区位选择有正的影响（Zhu 等，2000；Belderbos 等，2002；Crozet 等，2004）。本文 PGDPPj 为1994~2006年 j 省（直辖市）每年人均 GDP；MPj 为1994~2006年 j 省（直辖市）每年市场潜力值 $= GDP_j + \sum_{j \neq i} \dfrac{GDP_i}{d_{ji}}$，该变量同时考虑了东道地区 GDP 和其他各省 GDP 经过其与 j 的地理距离加权后的情况（He，2003；Crozet 等，2004），期待这两个变量有正的影响。

东道地区生产成本（EWj、HCj）。Mucchielli（2008）认为，中国在世界出口市场中的重要地位得益于其与发达国家相比较低的生产成本，及与其他发展中国家相比较为高的生产率。He（2003）分析了中国香港地区、中国台湾地区和日本及美国跨国公司1992~1995年在华投资的情况，研究发现较高的效率工资会减少公司在当地投资的概率。文章采用工人的效率工资（EWj）来衡量东道地区的生产成本，既考虑了成本又考虑了生产率。效率工资等于当地工人的人均工资除以工业产值。在其他因素不变的情况下，期待 EWj 的影响为负。此外，本文引入了人力资本对于公司投资区位选择的影响。Kang 和 Lee（2007）研究发现，人力资本对于韩国公司的区位选择有正的影响。在对日本公司在华投资的分析中，Zhou 等（2002）得到了相同的结果。本文用每年 j 省（直辖市）每1000人中高等教育人数作为人力资本（HCj）的衡量指标。作者假设 HCj 存在正的影响。

优惠政策（地理优势）（DISj）。前期研究在考察关于外商直接投资在华的区位决定因素时，一般采用虚拟变量来模拟优惠政策。Zhou 等（2003）在考察1980~1998年日本公司在华投资时，运用了 5 个虚拟变量来衡量不同的地方优惠政策；此外，He（2003）、Ng 和 Tuan（2006）及 Belderbos 等（2002）都分别应用了区域虚拟变量来衡量中国的地方优惠政策。样本公司及 FDI 大多集聚在沿海开放地区，这些地区同时也是改革开放政策的第一批受益者。此外，中国经济对于对外贸易高度依赖性也强调了海运的重要性。本文将使用 j 省省会与其最近港口城市的距离作为地方优惠政策的替代变量（DISj）。远离主要港口城市的内陆省份在吸引跨国公司投资上存在劣势，一方面是由于缺乏海运条件而影响了产品和原材料的运输；另一方面，远离沿海开放地区削弱了内陆省份分享外商投资集聚产生的外溢效应，期待 DISj 的影响为负。

区域控制变量。在运用条件 Logit 模型的实证分析中，由于违背独立不相关性假设的可能性很大，许多学者尝试用不同方法来解决这个问题。Head 和 Ries（1995，1999）、Coughlin 和 Segev（2000）以及 Cheng 和 Stough（2006）均运用区域哑变量来控制相同区域内不能被观测到的区域特征；Inuietal（2008）、Crozet 等（2004）及 Mucchielli 和 Puech（2003）采用嵌套 Logit 模型或者混合 Logit 模型来降低违背该假设的可能性。由于数据可得性的问题，该文运用第一种方法，即在回归中引入六个区域控制变量。为了能更好地控制不能被观测到的区域特征，区域变量的划分综合考虑了各省的地理位置和经济发展情况：区域 1 指代北京、上海和天津，区域 2 指代东北三省和河北，区域 3 指代广东、福建、海南、江苏、山东和浙江，区域 4 指代湖南、湖北、江西、安徽、河南和山西华中六省，区域 5 指代甘肃、内蒙古、宁夏、青海、陕西和新疆，区域 6 指代重庆、广西、贵州和云南。

跨国公司自身异质性：子公司所属产业的技术密集程度（ITIs）。根据 OECD 所规定的产业技术密集程度类型（OECD，2005），作者把样本中的 17 个东道产业根据其自身的技术含量（Industrial Technology Intensity，ITIs）分为四大类：高技术产业（HT）、中高技术产业（MHT）、中低技术产业（MLT）和低技术产业（LT）。子公司所处产业的技术密集程度将对跨国公司在华区位选择产生影响。例如：处于中、低技术产业投资的外商可能是市场或成本导向型。在运用条件 Logit 估计时，上述有关市场因素、生产成本因素及集聚效应的变量均滞后一年。

利用上述构建的模型、采集的样本数据和设定的变量，作者又分别对条件 Logit 回归结果、Hausman–McFadden 检验可信度和区域控制变量等进行了检验和实证研究，从中得到了一些结论及其政策含义。该文通过对欧美制造业跨国公司在华个体区位选择微观层面的实证检验得出以下结论：第一，集聚效应，特别是母国（大洲）效应，在吸收新进外资时有积极的作用，尤其是对欧洲公司，它们倾向于在已经集聚了来自同一个国家或来自欧洲的子公司的东道地区设立新的子公司。第二，马歇尔所认为的集聚所产生的当地产业专业化的确存在，且对于吸引相同产业的欧美跨国投资均有正的影响，东道地区所拥有比较优势的产业，可以吸收更多的外资在该产业进行投资。第三，市场规模的影响对于美国公司来说更为重要，相对于欧洲公司，美国公司更看重东道地区的人均 GDP 水平。第四，市场潜力对于跨国公司在华区位选择的影响，取决于东道产业的技术密集程度以及子公司的母国是美国还是欧洲国家，相对于高技术产业，处于其他产业的美国公司在华投资时属于市场导向型，即东道地区的市场潜力是一个重要因素，而欧洲公司并没有呈现这一特点。第五，欧美公司在华区位选择均是成本和效率导向型，一个省（直辖市）若拥有较高的人力资本和相对低的效率工资，可以吸引更多的来自于这两个地区公司的投资。第六，距离重要港口城市较远的内陆省份，对于吸收欧美公司投资存在劣势，欧美跨国公司均倾向于把子公司建立在东部沿海地区，中、西部地区的外资企业依然较少。第七，当考虑区域控制变量时，美国公司在华投资的区位选择存在"中部塌陷"，相对于北京、上海和天津，中部六省的劣势最为突出。

近年来，中国政府虽然推出了一系列招商引资的政策（特别是针对中、西部地区）来缩短区域间经济水平的差距，但是该文的研究发现，欧美跨国公司在区位选择上并没有遵循政策的指导方向。以欧美跨国公司为例，外商直接投资依旧呈现出"东—中—西"的梯度分布，优惠政策并没有达到理想的效果。特别是对于中部六省，美国公司的区位选择存在"中部塌陷"。作为东西部链接的桥梁，中部地区的经济发展举足轻重，因此，如何合理利用现有外资，并结合区域比较优势来自主发展地区经济尤为重要。对于吸收外资较少的中西部地区，经济的发展不能仅仅依赖于外资，而应该建立自主发展的经济模式。我们提出以下两点建议：第一，本文研究结果显示，一个地区的产业专业化对于吸收外资有很大的促进作用。因此，国家可以重振中西部具有比较优势的产业，重点扶持龙头企业，从而带动整个产业的发展。第二，人力资本对于区域经济的自主发展和吸收外资起着十分重要的作用。对于中、西部，特别是中部而言，降低人才的外流是当务之急。以湖北省为例，该省高校的总数为全国第三，但是经济发展水平在全国只处于中下水平，人才的大量外流成为制约该省发展的瓶颈。因此，国家和地方政府应该合理引导人才流动，增加经济落后地区教育科研的投入，并结合当地高校和科研院所的科研、创新能力，把研究成果产业化，建立科技产业园区，以自主创新来带动产业的发展，从而推动整个地区的经济持续协调发展。

文章在最后还明确了扩充样本、改进加入区域控制变量来控制区域内不可观察的特征因素等进一步完善的方向和做法。

3. 寻找制度的工具变量：估计产权保护对中国经济增长的贡献①

【摘要】该文旨在建立制度的合适工具变量，从而能够正确估计制度对中国经济增长的贡献。文章提出以中国 1919 年基督教教会初级小学的注册学生人数作为制度的工具变量，并详细论述工具变量的相关性和外生性诸条件。通过两阶段最小二乘法，研究发现制度对中国经济的贡献显著为正。在控制了地理因素和政府政策效应等变量以后，制度对经济增长的效应仍然最为显著。

中国经济的持续高速发展已经成为人类社会的一个奇迹，探寻中国经济增长的源泉也成为经济学家共同关注的热点。到底是什么决定了地区间经济绩效的长期差异？在国际经

---

① 本文作者：方颖、赵扬，原文发表于《经济研究》2011 年第 5 期。

济学界，这仍然是一个有争议性的话题。为了准确地估计制度对经济增长的作用，经济学家必须为制度寻找合适的"工具变量"：它们可以解释制度本身的变化（"工具变量"的相关性），但除去制度这个唯一的途径以外，它们不会直接或间接地影响经济增长（"工具变量"的外生性）。作者在文中，试图利用城市数据寻找产权保护制度在中国的工具变量，从而有效估计产权保护对中国各城市经济增长的贡献。已有的英文文献虽然使用了不同的工具变量，但是有一个共同点：认为大多数国家的产权保护制度或者现代市场经济制度都或多或少受到西欧的影响。因此作者认为，可以利用历史上我国各地区受西方影响的不同程度作为我国目前产权保护制度的一个工具变量。

作者在寻找制度的工具变量的基础上，重点构建了估计制度效应的计量模型并进行实证分析。文中主要使用中国 47 个地级市或地级以上城市的相关数据，其中最重要的是 47个城市制度质量的度量，以及基督教教会初级小学注册学生数的构建。在本节中，我们将主要就上述两个变量的建立进行说明，其余变量的来源可参见原文中的相关表格。

制度是一个相当广义的概念，可以包括从法律到文化等很多内容。根据 North 和 Thomas（1973）、North（1981，1990）等的观点，产权保护是所有制度中最能解释经济绩效的关键。文中的制度度量即采取倪鹏飞（2004，2005）所编制的"产权保护制度指数"。它包含三个分项指数：非规范收费收敛程度、盗版知识产品状况和法院体系保证履约状况。每个分项指数取值都在 0~1 之间。三个分项指数根据一定的权数综合成产权保护制度指数，取值也在 0~1 之间。每个指数的计算都是在问卷调查的基础上完成的。问卷调查涵盖了一系列关于城市产权保护方面的主观问题。每个城市发放 2000 份问卷，受访对象包括学者、企业家和随机抽取的普通市民。最后利用主成分分析法，计算各相关指数。无论在问卷设计还是在指数计算等方面，倪鹏飞的产权保护制度指数都和国际学术界流行的方法很接近，如：Acemoglu 等所采用的由政治风险署（Political Risk Service）编制的"防止产权侵占指数"（An Index Of Protection Against Expropriation）。文中所使用的制度度量是倪鹏飞所编制的 2002 年和 2003 年产权保护制度指数的平均数。

文章采用以下的计量经济模型估计制度对中国经济增长的效应：

$$y_i = a + \beta S_i + \theta X_i + \varepsilon_i \tag{1}$$

$$S_i = b + \gamma Z_i + \delta X_i + v_i \tag{2}$$

其中，y_i 是各城市在 2003 年的 Log 人均 GDP，S_i 是各城市在 2002 年和 2003 年的平均产权保护制度指数，Z_i 则是各城市 1919 年底每千人中基督教教会初级小学的注册学生人数，X_i 是其他控制变量。Mauro（1995）、Hall 和 Jones（1999）、Acemoglu 等（2001）、Dollar 和 Kraay（2003）等都采用了相似的计量模型来估计制度效应。作者采用两阶段最小二乘法（2SLS）来估算产权保护制度对于经济增长的效应。控制变量同时出现在两阶段回归中。

制度效应的 2SLS 估计的表中报告了两阶段最小二乘法估计的结果，产权保护制度对于经济增长的边际贡献为 4.23，而且显著度在 5% 以内。如果一个城市的平均产权保护制度指数能够提高 0.01，那么该城市的 Log 人均 GDP 可以增长 4.23%。举例而言，如果天津的产权保护（0.64）提高到北京的水平（0.68），那就意味着天津的 Log 人均 GDP 可以增长 17% 左右。表 1 中制度效应的 OLS 估计值仅为 1.921，远小于两阶段最小二乘法估计值，显现产权保护的 OLS 估计存在很大的偏差。在第一阶段回归中，教会初级小学注册学生人数显著和制度变量正相关，显著度在 1% 以内，而 F 检验值为 7.77。Anderson Canonical Correlation LR 检验的 p 值为 0.006，显著否定了第一阶段回归存在识别问题的原假设。

在 2SLS 回归中，作者分别加入一些控制变量：各城市到沿海的距离、历史人力资本和各城市经济发展的初始水平。各城市经济发展的初始水平以 1985 年的 Log 人均国民收入来衡量。作者发现，在加入各种控制变量后，制度对于经济增长的效应仍然显著，并且估计值保持在相对稳定的范围以内，而其他控制变量对经济绩效的影响都变得不显著了。

为了检验不同的制度度量是否会产生不同的结果，不同的制度度量的表中报告了不同的制度度量对于经济增长的效应。不同的制度度量都来自于倪鹏飞的报告。其中，制度竞争力指数包含五个分项指数：产权保护制度指数、个体经济决策自由度指数、市场发育程度指数、政府审批与管理指数和法制健全程度指数。制度竞争力指数涵盖了较广义的制度概念，但由于部分分项指数的定义与国际的流行标准有所不同，所以本文还是以产权保护制度指数作为主要的制度变量。另外，非规范收费收敛程度已经包含在产权保护制度指数内，但通常也被用来衡量政府的效率，所以在不同的制度度量的表中单独作为制度的一个度量来进行考察。所有的制度度量都显著地和经济表现正相关。有趣的是，我们发现制度效应的边际贡献和制度度量的涵盖范围正相关。制度竞争力的边际贡献为 5.546，产权保护制度指数的边际贡献为 4.23，而非规范收费收敛程度的边际效应仅为 2.42。

在对产权保护制度、地理与政策效应进行实证分析后，作者得出的结论为：估计产权保护制度对于中国经济增长的贡献具有十分重要的理论意义和政策意义。文章的主要贡献在于建立了中国地级市产权制度实施程度的工具变量，即以 1919 年各城市每千人中基督教教会初级小学注册学生人数作为产权保护制度的工具变量，并详细论证该工具变量的适用性。研究发现，制度对于中国经济增长的边际贡献显著为正。在我们的度量中，产权制度实施的完善程度提高 0.01 个单位，那么该地区人均 GDP 可提高 4.23%。这一结果可以通过不同的稳健性检验：在控制初始经济发展水平、历史上的人力资本、各类地理变量和经济政策变量后，制度对于经济增长的贡献仍然显著为正，而且其估计值表现出一定的稳定性。

从研究方法来说，问卷调查及其改进可看成是实地实验（Field Experiment）的一种具体实现形式，因而，文章中所用的方法其实就是一定程度上的实验经济学方法与计量经济学方法的结合。

4. 中国宏观经济总量的实时预报与短期预测——基于混频数据预测模型的实证研究①

【摘要】季度 GDP 的走势与波动不仅会影响政府的财政收支、企业的盈利和财务状况，甚至还会影响家庭和个人的收入与支出，是宏观经济总量预报、预测与分析的重中之

---

① 本文作者：刘汉、刘金全，原文发表于《经济研究》2011 年第 3 期。

重。传统的宏观经济总量预测模型是基于同频数据进行的，高频和超高频数据必须处理为低频数据，这不仅忽略了高频数据信息的变化，还影响了模型预报和预测的及时性，降低了模型的预测精度。该文将混合数据抽样模型用于中国季度GDP的预报和预测，实证研究表明，出口是造成我国金融危机时期经济增长减速的主要因素，MIDAS模型在中国宏观经济总量的短期预测方面具有精确性的比较优势，在实时预报方面具有显著的可行性和时效性。

如何有效避免外来冲击给我国经济增长带来的下行风险，实现经济"又好又快"增长呢？这就需要对宏观经济总量进行实时预报和短期预测来有效防范各种冲击给我国经济增长带来的不确定性，为宏观经济调控提供决策支持，做到防患于未然。但是，宏观经济分析和预测模型多是年度模型，而宏观经济政策的决策过程需要收集当前经济状态的信息。此外，宏观经济数据的公布都具有一定的时滞性，因此预报和预测当季和未来几个季度的主要宏观经济变量（例如GDP增长率）就越发显得重要。作者认为，Ghysels等（2004）提出的混频数据建模（以下简称MIDAS）方法很好地解决了数据不同频时模型的估计与预测问题，可以实现利用高频的经济金融数据来实现对中国宏观经济总量的预报和预测。

MIDAS建模方法在宏观经济预报和预测中主要有两个方面的优势：第一，它能够直接利用高频数据的信息，避免了因数据同频处理过程中所引起的全样本信息的损失和人为信息的虚增，从而增强了宏观经济预测的准确性；第二，它能够利用最新公布的高频数据更新低频数据的实时预报和短期预测，避免了因经济数据公布的时滞而无法及时准确地对当前宏观经济状态和宏观经济走势进行判断，改进了宏观经济预报的时效性和短期预测的精确性。

宏观经济总量中最受关注的季度GDP增长率的拉动因素主要有投资、消费和出口这"三驾马车"。国家统计局公布这些宏观经济数据时，GDP增长率是按季公布的，而投资（此处以"社会固定资产投资"表示）、消费（此处以"社会消费品零售总额"表示）、出口等数据都是按月公布的。以上数据的频率差异和公布的时滞导致国家、企业和个人无法对当前宏观经济状态和未来一段时间的经济走势做出清晰的判断。因此，下文利用国家统计局最新公布的高频月度数据，采用Ghysels等（2004）提出的MIDAS，并参照Clement和Galvão（2008，2009）的带有约束的最大似然估计方法实现对宏观经济总量的实时预报和短期预测。

作者建立的基准预测模型是用于比较分析MIDAS预测模型优劣程度的一些简单宏观经济预测模型，文中主要采用OLS、PDL、AR和ADL四个模型，基准预测模型及其滞后阶数的选择是随着MIDAS预测模型的类型、高频数据预测期步长值和自回归滞后阶数的不同而变化的。模型的预测精度是采用均方预测误差（Mean Square Forecast Errors，MSFE）来度量，预测模型优劣程度是采用均方预测误差的比值（rMSFE）来分析的，如$rMSFE_{OLS}$表示MIDAS类预测模型的MSFE与对应的OLS预测模型的MSFE的比值，若比值小于1，则说明MIDAS类预测模型相比对应的基准预测模型具有比较优势。这里所讨论的基准模型都是同低频数据模型，即只能利用样本区间内最终公布的季度数据来进行预测。当然，也可以使用插值法将季度数据处理为同高频的月度数据（刘金全等，2010）。

文中使用 1992 年第三季度至 2010 年第三季度的实际 GDP 增长率 yt 和 1992 年 7 月至 2010 年 11 月的月度固定资产投资完成额同比变化率 $x_{1,t}^{(3)}$、月度社会消费品零售总额同比变化率 $x_{2,t}^{(3)}$ 和月度出口总额同比变化率 $x_{3,t}^{(3)}$ 构建 MIDAS 模型。其中，固定资产投资是投资中最重要的组成部分，反映了全社会固定资产投资规模、速度、结构和效果，是监测宏观经济走势和进行宏观调控和管理的重要依据，也是投资决策和管理的重要基础；社会消费品零售总额反映了国内消费支出情况，与消费具有相同的变化趋势，对判断当前宏观经济状态和未来一段时间的经济走势具有重要的指导作用，社会消费品零售总额提升，表明消费支出增加，经济运行情况较好，社会消费品零售总额下降，表明经济增长趋缓或不景气；出口是反映我国经济开放程度和经济对外依存度的重要指标，同时也是我国 GDP 的重要组成部分，是拉动中国经济增长的最重要因素之一。

后续的实证分析中，首先利用单变量 MIDAS（m，K）分别构建实际 GDP 增长率 y_t 与单个解释变量 $x_{i,t}^{(3)}$（i = 1，2，3）的混频数据回归模型，从而确定模型在最优样本内预测时，高频数据权重函数的最优滞后阶数 K。然后利用单变量 MIDAS(m，K，h) 模型分别构建实际 GDP 增长率 y_t 同单个解释变量 $x_{i,t}^{(3)}$（i = 1，2，3）的混频数据回归模型，从而获得该模型在高频数据权重函数的最优滞后阶数 K 下样本内预测的比较分析，以及实时预报值和短期样本外预测结果。其次，在混频数据模型中加入实际 GDP 增长率 y_t 的自回归项，以获得 MIDAS(m，K，h) – AR(p) 的估计值，并进行模型的样本内预测的比较分析，以及实时预报值和短期样本外预测结果的比较分析。最后，使用多变量的 MIDAS（m，K）、MIDAS(m，K，h) 和 MIDAS(m，K，h) – AR(p) 模型估计总体模型，并获得 M(n) – MIDAS(m，K，h) 和 M(n) – MIDAS(m，K，h) – AR(p) 在金融危机时期的样本内预测的比较分析，以及最新的宏观经济预报值和短期样本外预测结果。

文章分别对单变量 MIDAS 预测模型预测与预报、多变量 MIDAS 预测模型的预测与预报进行了详细的分析介绍，并通过大量的模拟直观图给予了有力的实证支持。

综合以上分析，作者得出了以下结论：

第一，混频数据模型的最优估计结果均有较高的解释变量估计系数，说明混频数据模型能有效地获取高频解释变量的信息。且无论是单变量，还是多变量混频数据模型，在较短的基准预测期内对我国实际 GDP 增长率的样本内预测的结果都表现出了较同频数据模型更为显著的精确性，而在 MIDAS 类模型中，带有自回归项的 MIDAS 类模型和多变量 MIDAS 类模型在估计和预测方面的结果均优于不带有自回归项和单变量的 MIDAS 类模型。

第二，"三驾马车"对我国实际 GDP 增长率的预测结果显示，各变量对实际 GDP 增长率预测的解释能力和作用方式是有差别的。其中，在样本内预测方面，出口对金融危机时期的实际 GDP 增长率具有较强的解释能力，是导致经济增长下滑的最主要因素。投资和消费的单方程 MIDAS 估计结果显示它们的对实际 GDP 的作用具有较为长期的影响。而当三个变量同时用于预测实际 GDP 增长率时，最优的估计和预测结果都显示短期的影响占主导作用。

第三，2010 年第四季度的实时预报和 2011 年第一季度至第三季度的短期预测的结果均显示我国经济增长在未来一年内还将处于快速发展阶段。在较短的基准预测期内，我国经济增长率在 2010 年第四季度的预测值具有较高的增长率，基本稳定在 11% 左右，而 2011 年第一季度至第三季度的短期预测结果显示，2011 年我国经济将有一定程度的波动，需要利用 MIDAS 模型进行预报监测和实时修正。

总之，样本内预测结果显示，混频数据模型在我国宏观经济总量的样本内预测方面具有相对同频数据模型的比较优势，模型的估计和预测结果表明出口是金融危机时期我国经济下降的最主要因素；实时预报结果说明我国经济复苏后的总体形势良好，而样本外短期预测提醒我们应该注意经济波动，及时利用混频数据的优势对宏观经济进行实时预报和预测修正。

5. 中国经济增长的地区差异及其收敛机制（1978~2009 年）[①]

【摘要】该文引入空间统计和空间计量经济分析技术，分析了中国省域经济增长及其分解要素的收敛性。研究表明：物质资本增长是经济增长的主要动力源泉。在考虑空间依赖性的情况下，经济增长具有较为显著的全域性收敛。在经济增长的源泉中，由于物质资本积累与效率改善控制经济增长收敛方向的差异，使得区域经济增长趋同，人力资本存量与技术进步使得经济增长趋异。要保持中国未来持续的高速经济增长，必须将资本投入型增长转变为依靠人力资本和技术进步的增长。

文章分析的背景和提出的问题是自 1978 年以来，一系列有效政策的实施使得中国经济取得了前所未有的发展，经济的快速增长也令世界为之瞩目，使得其他国家把中国对世界经济增长的贡献看作中国因素。然而世界在关注中国经济发展的同时，对中国经济能否持续增长也存在疑虑。经过市场化和渐进式改革，中国经济在获得快速发展的同时，地区之间也形成了较大的差异。地区差异的加大对中国整体经济的进一步增长造成了一定的威胁。然而，只有区域协调快速发展，才能使国家经济走上持续健康的发展轨道。因此，中国经济地区差距到底有多大，地区之间的绝对差距在不断扩大的同时，相对差距是扩大还是缩小，也就是说中国经济发展是收敛的还是发散的？还有，中国经济如此长周期地高速增长是中国特色改革背景下取得的，这种高速增长背后的关键因素是什么，这些因素对中国经济增长的地区差异起到了什么样的作用？这都是目前值得人们关注的问题。

该文主要是对经济增长源泉的空间收敛机制进行了分析。空间计量经济学理论认为，一个地区空间单元上的某种经济地理现象或某一属性值与邻近地区空间单元上同一现象或属性值是相关的。事实上，几乎所有的空间数据都具有空间依赖性或空间自相关性的特征。也就是说，各区域之间的数据存在与时间序列相关相对应的空间相关。在实际的空间相关分析应用研究中，Moranps I 指数是空间统计学较为常用的空间分析技术，经常被用来检验区域经济现象的空间相关性（Anselin, 2003；吴玉鸣，2004）。Moranps I 定义如下：

---

① 本文作者：史修松、赵曙东，原文发表于《数量经济技术经济研究》2011 年第 1 期。

$$\text{Moran's } I = \frac{\sum_{i=1}^{n} \sum_{j=1}^{n} W_{ij}(Y_i - Y)(Y_j - Y)}{S^2 \sum_{i=1}^{n} \sum_{j=1}^{n} W_{ij}}, \quad S^2 = \frac{1}{n} \sum_{n}^{i} (Y_i - Y)^2, \quad Y = \frac{1}{n} \sum_{i=1}^{n} Y_i$$

其中，Y_i 与 Y_j 为第 i、j 个地区的观测值，文中为各相关要素及其分解值，n 为地区数，W_{ij} 为空间权重矩阵 W 中的元素，可采用邻接标准和距离标准。Moranps I 的取值范围在 [1，−1] 之间，接近 1 时表示空间之间存在正相关，接近−1 时表示负相关，接近 0 时表示地区之间不存在空间相关性。空间权重矩阵通常采用邻接概念的矩阵，即当第 i 个地区与第 j 个地区相邻时，W_{ij} 的值取 1，否则取 0。邻接空间权重矩阵的建立相对方便简单，但是该法认为不相邻的地区之间不存在相关性，显然与现实有较大的出入（潘文卿，2010）。

从现实来看，不相邻的地区之间并不是毫不相关的。一般来说，不同地区之间的距离越短，地区之间的相关程度就越高，随着地区之间的间隔扩大，地区之间的相关性会逐渐减弱。因此，文章在研究中采用省会城市之间的距离的倒数作为空间权重矩阵中的元素取值。当然，为了将地区之间的相互影响控制在一定的距离之内，需要设定一个截止距离（Cut-off），如果两个地区之间的距离大于截止距离，则可以认为两个地区之间不存在相互影响。根据计算结果，当地区之间的空间距离为 700 公里时，Moranps I 指数表明各源泉的空间自相关性最强，也可用 Moranps I 指数散点图方式来表示。

空间滞后模型（Spatial Lag Model，SLM）与空间误差模型（Spatial Error Model，SEM）是空间计量经济研究中常用的两种计量模型。空间滞后模型在模型中引入空间滞后因子 WY 作为解释变量，其模型表达式为：

$$Y = \rho WY + X\beta + \varepsilon \tag{1}$$

其中，Y 为因变量，X 为 $n \times K$ 的解释变量矩阵，ρ 为空间回归系数，W 为 $n \times n$ 阶的空间权重矩阵，一般用邻接矩阵和距离矩阵，WY 为空间滞后因变量，ε 为随机误差向量。

在空间误差模型中，空间相关的存在不影响回归模型的结构，但是误差项存在着类似于空间滞后模型中的结构，模型表达式为：

$$Y = X\beta + \varepsilon \tag{2}$$

$$\varepsilon = \lambda W\varepsilon + \xi \tag{3}$$

其中，ε 为随机误差项向量，λ 为 $n \times 1$ 的截面因变量向量的空间误差系数，ξ 为正态分布的随机误差向量。参数 λ 衡量了样本观测值中的空间依赖作用，即相互邻近地区的观测值 Y 对本地区观测值 Y 的影响方向和程度，参数 β 反映了自变量 X 对因变量 Y 的影响。SEM 的空间依赖作用存在于扰动项误差之中，度量了邻近地区关于因变量的误差冲击对本地区观测值的影响程度。

该文选择标准的 β 绝对收敛方程作为基础模型分析中国省域经济的收敛性与各因素在经济中的作用。以劳均产出指数 gr 为例，建立 β 绝对收敛的方程如下：

$$\ln(gr) = \ln(\dot{y}_{is}/y_{it}) = \alpha I + \beta \ln(y_{it}) + \varepsilon_i \tag{4}$$

其中，y_{is}、y_{it} 表示 i 地区 s、t 年的劳均真实生产总值，I 表示单位向量。α，β 表示待估参数，如果 $\beta < 0$，表明经济增长是收敛的，说明落后地区的经济增长速度快于发达地区，否则，经济增长是发散的。同理，可以建立其他增长源泉（ck、ch、ce、ct）的 β 绝对收敛方程。

在对空间计量结果进行分析时，作者首先采用经典的最小二乘法（OLS）考察传统的不考虑地区之间空间效应的收敛性问题，参数估计结果是 Geoda095i 的运行得到的。若模型显示 β 的估计值为负，但是并没有通过显著性检验，这说明中国经济在 1978~2009 年有收敛的迹象而且不显著。模型（2）的 β 值为负，说明资本积累和效率改善促进了中国经济的收敛，但是资本积累并没有通过显著性检验，而效率改善也只通过了 5% 水平下的显著性检验。模型（1）、模式（2）的 β 值为正，说明人力资本和技术进步使中国地区经济增长异质化，使中国经济增长趋于发散，并且人力资本的 B 值通过了 10% 水平下的显著性检验。以上分析说明改革开放以来，不同的要素对中国的经济收敛起到了不同作用，改革开放使人力资本向发达地区集聚，先进的技术也向经济发达地区集聚，这两个相当重要的生产要素进一步加快了发达地区的经济增长，使得地区经济趋异。

通过前面的空间相关性检验，该文发现中国经济增长及其分解因素存在着较为明显的空间依赖性。空间计量经济学理论认为，当地区之间存在空间自相关时，传统的最小二乘法对模型系数估计值会有偏或无效，需要通过工具变量法、极大似然法（ML）或广义最小二乘法等其他方法来进行估计。Anselin（1988）建议采用极大似然估计空间滞后模型和空间误差模型的参数。由于事先无法决定哪种空间模型更加符合客观实际，Anselin（1988）提出如下判别标准：如果在空间依赖性的检验中发现，LMEAG 相比 LMERR 在统计上更加显著，且 R-LMEAG 显著而 R-LMERR 不显著，则可以判断适合的模型是空间滞后模型；相反，如果 LMERR 比 LMEAG 在统计上更加显著，且 R-LMERR 显著而 R-LMLAG 不显著，则可以判定空间误差模型是恰当的模型。除了拟合优度 R 平方检验以外，常用的检验标准还有自然对数似然函数值（Log Likelihood）、似然比率（Likelihood Ratio）、赤池信息标准（Akaike Information Criterion）、施瓦茨准则（Shwartz Criterion）。对数似然值越大，似然率越小，AIC 和 SC 值越小，模型拟合效果越好。

继此，作者分别用空间滞后模型与空间误差模型对参数进行计量估计。根据上面的判别规则，选用空间滞后模型和空间误差模型，选择之后的结果见原文中相应表格。

对比空间计量经济模型与传统的 OLS 计量分析结果可以发现，待估参数 B 的符号是一致的，这说明在考虑中国省域之间的空间效应之后，中国省域之间的经济增长与增长的各个源泉的收敛性没有改变。但是从计量结果来看，经济增长指数与各个增长源泉系数 B 的显著性水平明显提高，经济增长指数和物质资本积累的 B 系数分别通过了 10% 和 5% 的显著性水平检验。由此说明在考虑地区间地理空间因素之后，中国地区经济增长在 1978~2009 年表现出了较为显著的全域收敛性，这与较多的研究结果一致（林光平等，2006；吴玉鸣，2006；郝睿，2006；鲁凤等，2007；张晓旭，2008；潘文卿，2010）。从经济增长源泉的分析来看，物质资本存量和效率改善使中国地区经济增长趋同，而人力资本存量和技术进步使中国省域经济增长趋异。

根据模型选择标准，空间滞后计量模型较为适合中国省域经济增长和物质资本存量收敛性检验，而空间误差计量模型较为适合人力资本存量、效率改善与技术进步的收敛性检验。从空间计量模型选择方面的含义来看，选择空间滞后计量模型表明，中国省域经济增长和物质资本积累不仅与本地区初始时期的经济增长水平和物质资本存量有关，还与空间邻近地区的经济增长水平、物质资本存量有关。表3中的数据显示，模型（1）、模型（2）的空间滞后项的系数 Q > 0（空间滞后因子的作用是双向的：可能向前，也可能向后），说明空间邻近地区的经济增长和物质资本积累速度较快，则本地区的经济增长和物质资本积累也会以较快的速度增长。选择空间误差计量模型表明，中国省域经济增长中人力资本存量、效率改善、技术进步速度不仅与本地区资本存量、效率改善、技术进步初期水平有关，同时还与其空间邻近地区的资本存量、效率改善、技术进步随机冲击有关。模型（1）、模型（2）、模型（3）中的空间误差项系数 K > 0，由此说明如果一个地区的空间邻近地区的资本存量、效率改善、技术进步具有扩散效应，也就是说明邻近地区的资本存量、效率改善、技术进步对本地区具有促进作用。

在考察中国经济增长收敛性的空间效应之后，文章进一步分析改革开放以来中国经济增长中各个驱动源泉的收敛机制。

第一，物质资本积累使中国省域经济增长趋同。新古典经济增长理论认为，由于边际收益递减规律的作用，物质资本的逐利性使得经济增长趋于收敛。本文的分析表明，中国改革开放以来的经济增长是资本积累驱动型的。中国的固定资本存量目前呈高速增长之势，在1978~2008年的实物资本存量以年均10%的速度增长，实物资本增长与改革开放以来的经济增长基本保持了同步。改革开放以来，机器设备、建筑物、土地使用权等有形资本不断地被资本化并被重新估值进入了生产函数。20世纪80年代，中国农村土地改革拉开了中国经济改革的序幕，这也是中国经济高速增长过程中资本化的开端。以农村家庭联产承包责任制的形式使土地资源以租赁的方式进行资本化，随着农村经济的快速发展加快了农村资本的进一步投入，从而实现农村资本的快速积累。进入20世纪90年代，土地资本化、股票资本化和FDI流入是中国经济增长过程中资本化的主要特征。随着市场不断发展与完善，股票市场规模不断扩大，FDI的大量流入推动中国资本积累进一步加速。进入21世纪，城市化加速使大量的土地价值被大大提高并重新估算后进入交易领域，土地资本化成为经济增长的又一推手。与此同时，在改革开放过程中，地区之间的资本积累并不是均衡的，国家政策、地理因素和经济基础等多种因素使中国东部发达地区的资本积累快速并大量集聚。因此，根据新古典经济增长模型也就不难理解中国经济增长收敛过程中资本存量的主导地位。

第二，效率改善使中国省域经济增长趋同。20世纪80年代开始的中国农村改革和随后开始的围绕工业部门进行的企业改革极大地提高了劳动效率，这种效率的提高体现在两个方面：一是物质资本的使用效率；二是劳动者积极性的提高。20世纪80年代中期前微观激励机制改革试验起步于中西部地区，继而迅速推广到全国各个省份，并且这种激励机制的改革不依赖于市场发育程度，蔡昉等（2000）称之为以"技术效率"改进为主的阶段。由技术效率改进带来的经济增长，在各个省份没有很大的差距，初始较为贫穷的省份甚至相对获益更多，导致地区间差距的缩小。20世纪80年代中期以后，国家开始实行倾向于东部沿海的非均衡地区发展战略，东部沿海地区陆续建立了特殊政策的经济特区、沿海开放城市和经济开放区。相对地，中西部地区对外开放水平较低，资源配置具有更多传统体制的特征，政府执行更多的不恰当的职能，从而经济效率较低，蔡昉等（2000）称之为以"配置效率"改进为主的阶段。随着效率改善推进，越来越要求更高的市场化水平、产业结构和所有制结构的调整，中西部地区越来越难以从效率改进中获得更高的增长速度，效率改善对于贫穷省份向富裕省份赶超的作用因而逐步减小。20世纪末以来，市场经济的完善与成熟，发达地区"配置效率"的优势逐渐减弱，而中西部地区在国家西部大开发政策的倾斜下获得了这种"配置优势"。因此，改革开放以来不同阶段的效率改善对中国省域经济的趋同也起到了一定作用。

第三，人力资本和技术进步使中国省域经济增长趋异。新经济增长理论认为，技术的外部效应和人力资本规模报酬递增可能会带来宏观经济的规模报酬递增，经济越发达的地区，由于知识和人力资本积累得越多，经济发展也越快；经济越是落后的地区，其经济增长速度越慢。因此，地区经济趋于发散。张学良（2010）对长江三角地区经济增长收敛机制的研究表明，人力资本因素是长江三角地区县域经济趋异的一个重要因素。20世纪末以来，以信息技术为代表的新经济强调了人力资本的作用。事实上，中国东部发达地区利用区域的经济优势、政策优势、技术优势吸引了大批的中西部地区优秀人才，这些优秀人才对东部地区经济的快速发展起到了重要作用。相反，中西部地区因人才的流失而陷入"低技能"状态，从而使得东部地区人力资本存量高于中西部地区。中西部地区的人力资本存量较低，使得对先进技术的知识吸收能力较弱，中西部地区吸收外商直接投资滞后于东部地区。随着时间的推移，中西部省份在引进一项先进技术时往往需要掌握之前的相关技术，这就加大了引进成本，使得扩散效应难以实现，同时这也说明了技术进步使得中国省域经济增长存在发散机制。此外，开放程度也可能限制人力资本对技术转移的促进作用，这也从另一方面说明中国经济增长存在驱动机制。

该文的结论认为，自改革开放以来，特别是进入经济转型阶段后，制度结构的变化在带来地区经济高速增长的同时，地区之间的差距也逐渐增大。地区间差距的扩大，一方面是由地区间初始产出水平差异造成的，另一方面与地区的地理因素、政策制度以及自身的禀赋有关。省域间的这种经济增长差异及其发展趋势一直为人们所关注。该文将经济增长分解为物质资本积累、人力资本、效率改善和技术进步四个部分，并引入空间计量经济模型，深入探讨了1978~2009年中国省域经济增长的空间差异及其收敛机制。研究表明：物质资本存量是中国经济增长的主要源泉，中国的经济增长是资本驱动型的；中国经济增长具有全域 β 绝对收敛现象，物质资本积累和效率改善使得经济增长趋同，人力资本和技术进步使得经济增长趋异。

通过引入空间计量经济模型，文章发现空间依赖性对中国经济增长收敛性具有一定的影响。研究表明，中国经济增长及其分析因素具有显著的空间依赖性与空间自相关的特征。在考虑空间依赖性的情况下，经济增长全域收敛的显著性提高，物质资本积累和效率改善控制了省域经济收敛的方向，同时，省域之间人力资本和技术进步的差异使省域间经济增长趋于发散。

从现实来看，中国经济仍将保持一个高速增长的态势，并且区域差异会长期存在，但是高速增长背后不能以拉大地区差距为代价。要实现中国经济总体快速协调发展，首先要转变经济增长方式，从目前的资本推动型转向依靠全要素生产率的提高，中国经济的现实要求未来经济的发展不宜过度追求资本化推动的高增长模式；其次要进一步加强技术创新，政府应该有合理的政策引导，鼓励企业进行科技创新，并从政策上减小创新风险；最后是加强人力资本投资。文章的分析表明人力资本使得经济增长趋异，如果要实现中国区域经济均衡协调发展，必须实现人力资本积累的区域协调和均衡发展。

三、数量金融
——计量实证与金融特征的进一步融合

币值的量化是其固有属性，因而金融活动对数量分析方法有着天然的亲合与接纳，一旦在金融分析中引入定量的数学工具，必然会迅速扩张渗透直至它们融为一体，由此决定了应用更深入、成效更显著、发展更迅速。金融数学这门新兴的前沿交叉学科，2011 年在中国的应用和发展的相关文献数量众多、涉及面广、程度（相对）深入，特别是在分析宏观货币政策的微观效应、比较不同环境下影响金融活动的深层原因、中国银行业整体改革的路径和效率等方面，有可喜的进步。

1. TFP 增长率与中国的高储蓄率——兼论中美储蓄率差异的原因[①]

【摘要】该文应用新古典增长模型和反事实实验方法对中国高储蓄率的原因进行了研究。作者建立了一个标准的新古典增长模型以模拟中国的储蓄率变动，然后运用反事实实验分别检验了 1992~2007 年人口增长率、资本回报率、折旧率、政府支出在 GDP 中的份额、TFP 增长率对储蓄率的影响，结果发现 TFP 增长率的变化是解释中国储蓄率变动趋势的最重要因素。如果中国面临与美国一样高的资本初始存量和相同的 TFP 增长率，则中国在此期间与美国储蓄率的差异将会大大低于中美储蓄率的实际差异。所以，中美之间的储蓄率差异可能并不需要由中国的各种独特性因素来解释。

根据真实经济周期理论，一个正向的全要素生产率（TFP）冲击将提高资本回报率，增加了单位储蓄带来的回报，因此会激励当事人更多地储蓄。结果，当 TFP 增长率高于（或低于）平均水平时，当事人将会储蓄得更多（或更少）。要得出 TFP 增长率对于储蓄率

---

① 本文作者：杨天宇、贺婷，原文发表于《金融研究》2011 年第 4 期。

的影响，一般采用校准法（Calibration），该方法通过参数的设置生成一些模拟结果（比如变量的周期性和变化幅度），并将模拟结果与真实经济的特征事实相比较。一般地，校准后的模型模拟的结果越好，对实际经济的解释力就越高。一个"好"的校准模型能够解释实际经济所呈现出的大部分特征事实，特别是一些经济增长特征。文章在对储蓄率问题的研究中，对高储蓄率的解释要通过构建新古典增长模型以及求解模型的均衡值来实现。

文章主要应用新古典增长模型对中国高储蓄率的原因进行了研究。作者先是建立了一个标准的新古典增长模型以模拟中国的储蓄率变动，结果表明，该模型可以很好地拟合中国储蓄率变动的长期趋势。然后以 1992 年的资本存量为初始条件，分别引入 1992~2007 年人口增长率、资本回报率、折旧率、政府支出在 GDP 中的份额、TFP 增长率的实际数据，运用反事实实验（Counterfactual Experiments）来分别检验上述因素的实际变动对储蓄率的影响，结果发现在此期间内 TFP 增长率的变化对储蓄率变动趋势具有最强的解释力。模拟研究结果还显示，如果中国面临与美国一样高的资本初始存量和相同的 TFP 增长率，则中国在此期间的平均储蓄率将会大大接近于美国，所以，中美之间的储蓄率差异可能并不需要由中国的独特性因素来解释，这意味着中国的储蓄率与美国、日本一样，可以在一个统一的理论框架内加以研究。从这个研究结果出发，可以得出两个结论：首先，由于中国的 TFP 增长率较高，中国的高储蓄率可能会长期持续；其次，如果在未来的产业结构调整过程中，第三产业占 GDP 的比重不断上升，则 TFP 增长率将出现下降，从而储蓄率也将下降。

在新古典经济增长模型的基础上，作者深入细致地分析了厂商、家庭和政府三个部门的行为，然后对新古典模型求解。文中借鉴 Hayashi 和 Prescott（2002）以及 Chen 等（2006），以 1992 年中国的实际资本—产出比率为起点，使用射门算法来模拟出一条由模型生成的趋向最终稳态点的均衡路径。具体步骤如下：首先，确定经济体的均衡状态，并对变量进行去趋势化处理以得到稳态方程；然后，计算稳态储蓄率 $\tilde{S}$ 和达到稳态之前的储蓄率时间路径 s_t。

文中几个关键的公式为（所用符号与新古典增长模型中的符号相一致）：

一般均衡条件：

$$\frac{C_{j+1}}{N_{t+1}} = \frac{C_j}{N_t}\beta\{1+(1-\tau_{i=1})[\theta A_{t+1}K_{t+1}^{\partial-1}(H_{t+1})^{1+\partial}-\delta_{t+1}]\}$$

$$\bar{C}_t = \frac{\bar{C}_t}{\gamma_t}\beta[1+(1-\tau_{i=1})(\theta X_{t+1}^{\partial-1}\delta_{t+1})]$$

经过去趋势化后的变形：$\bar{k}_{t+1} = \frac{1}{\gamma_t n_t}[(1-\delta_t)-(1-\varphi)X_t^{\theta-1}]\bar{k}_t - \bar{C}_t$

$$1 = \frac{1}{\gamma}\beta[1+(1-\bar{\tau})(\theta X^{\theta-1}-\bar{\delta})]$$

稳态方程为：$k = \frac{1}{\gamma n}[(1-\bar{\delta})+(1-\phi)X^{\theta-1}]k - \tilde{C}$

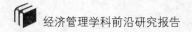

计算实际储蓄率的方程为：$s_1 = \dfrac{Y_1 - G_1 - C_1 - \delta_1 K_1}{Y_1 - \delta_1 K_1}$

从方法（论）角度看，该文的突出特色在于参数校准和模拟比较分析。主要是：固定参数的校准，文章分析考察了四个不随时间变化的参数，它们分别是资本收入份额 θ、主观折现率 β、每周可支配时间 T 以及闲暇在效用函数中的份额 α；又对稳态参数进行了校准，为了计算稳态点，作者设定所有外生变量均等于其 1992~2007 年的平均值，分别为：G/Y = 21.73%，δ = 10.57%，τ = 15%。TFP 增长率为 4%，人口增长率 n 为 1.0082381。假定自 2007 年至稳态点的这段时间内，所有外生变量参数均等于其 1992~2007 年的平均值。

为了更好地对比分析，作者基于模拟方法，利用基准模型估计出的储蓄率时间路径，分析折旧率和资本收入税率对真实储蓄率和长期储蓄率波动特征的影响，用模拟结果说明政府支出/GDP 对真实储蓄率的波动特征影响也很小。最后，在 1992~2007 年间由 "TFP 增长率" 曲线所模拟得到的平均储蓄率为 27.90%，高于 "外生变量平均值" 曲线所模拟出的储蓄率平均值 20.46%，即 TFP 增长率对于储蓄率有正面的作用，大小为 7.44%；由此分析出影响储蓄率的主要因素以及导致中美储蓄率差异的主要原因，并进行了敏感性分析。

在这篇论文中，作者使用新古典增长模型和反事实实验方法，试图找出中国高储蓄率背后的原因。文中建立并求解了一个标准的新古典增长模型，以模拟中国的储蓄率变动，结果表明，该模型可以很好地拟合中国储蓄率变动的长期趋势。利用该模型和所进行的分析，作者得出了以下结论：

（1）以 1992 年的资本存量为初始条件，分别引入 1992~2007 年人口增长率、资本回报率、折旧率、政府支出在 GDP 中的份额、TFP 增长率的实际数据，运用反事实实验来分别检验上述因素的实际变动对储蓄率的影响，结果发现在此期间内 TFP 增长率的变化对储蓄率变动趋势具有最强的解释力。我们的模拟结果还显示，如果中国面临与美国一样高的资本初始存量和相同的 TFP 增长率，则中国在此期间与美国储蓄率的差异将会大大低于中美储蓄率的实际差异。换句话说，中美储蓄率产生差异的主要原因在于中国的 TFP 增长率高于美国，初始资本产出比率低于美国。

（2）研究结果表明，与美国、日本的情况相似，TFP 增长率可以很好地解释中国的储蓄率变动趋势，偏好或者其他属于中国的特定因素对解释中国储蓄率的作用有限。这意味着我们可以在一个统一的理论框架内研究各国之间的储蓄率差异。

（3）根据有关数据可以看出，中国的 TFP 增长率仍然较高，因此中国的高储蓄率仍将持续一段时间。但随着我国产业结构的升级和第三产业占 GDP 的比重不断上升，情况可能会发生变化。国外学者的研究早已指出（Baumol，1967；Wolff，1999），第三产业的 TFP 增长率低于第二产业，我国学者利用中国数据的研究也得出了同样的结论（陈宏伟等，2010）。因此，如果我国第三产业占 GDP 的比重不断上升，则总体的 TFP 增长率将出现下降，从而储蓄率也将下降。

（4）由于 TFP 增长率可以很好地解释中国储蓄率的变动趋势，为了更深刻地理解中国各经济主体的储蓄行为，则需要对中国 TFP 增长率背后的影响因素做进一步研究。目前，国内外针对 TFP 增长率影响因素的研究主要是分区域、分产业来进行的。国外学者（Nadja Wirz，2008）认为技术引进对中国 TFP 增长有决定性的影响，我国学者也有类似的结论（戴平生，2009）。也有学者（金相郁，2007）研究指出工业总产值的规模、专业技术人员对从业人员中的比重和财政自立度是影响我国区域 TFP 增长率差异的重要变量。Heish 和 Klenow（2009）则利用中印制造业数据研究指出资源配置失灵会显著降低全要素生产率。这意味着，除了产业结构升级之外，我们也可以通过调整影响 TFP 增长的因素来降低我国储蓄率，但这还有待进一步的系统研究。

以上结论告诉我们，导致我国储蓄率偏高的原因在于较高的 TFP 增长率，而随着我国产业结构的升级和第三产业占 GDP 的比重不断上升，总体 TFP 增长率将出现下降，内需也将逐步释放出来。给我们的政策启示是，可以从发展壮大我国第三产业入手来降低我国储蓄率。

对此，作者提出如下政策建议：

（1）突破制度约束，积极推进城镇化进程。由于第三产业发展的主要载体在城市而不是农村，因而发展第三产业必须要以城市化进程作为支撑。城市化的严重滞后，妨碍了人民生活水平的提高，抑制了消费，延缓了人口的积聚，最终制约了第三产业的发展。今后要大力发展第三产业，必须积极推进城市化进程。而其中的关键在于改革已严重过时的户籍管理制度和综合割裂的城乡劳动力市场，逐步实现在全国大部分城市取消准入障碍，基本实现人口无障碍的流动就业，促使流动人口在教育、医疗等方面不再受到歧视。

（2）加快发展以金融保险和产业服务业、社会服务业、教育文化、旅游业为主的新型服务业，优化第三产业内部结构。一是运用财政政策，通过投资方向调节税来引导投资方向和促进投资结构优化，从而避免因投资结构不合理而导致经济过大幅度波动的风险。二是充分发挥土地价格的调节作用，除了严格控制土地供给的土地政策以外，应当使地价的高低能够影响不同行业与不同地区的投资成本，发挥对第三产业结构调整的信号作用。三是完善第三产业价格形成机制，充分发挥价格杠杆的作用。要推进收费价格改革，把服务产品的价格从行政事业收费中分离出来，建立合理的价格机制。四是深化国有第三产业部门的改革。加快推进科研、文化、教育、公共服务的改制，让它们从福利性事业单位转变为自主经营、自负盈亏的企业，走上产业化的道路。鼓励第三产业合并、购并，形成多元投资、规模经营、网络化企业的企业组织结构。

（3）鼓励非公有制的中小企业发展，使之成为第三产业的主力。非公有制的中小企业和公有制的企业相比，有两个很突出的优势：一是合理有效的内部治理结构；二是暗含了我国的资源禀赋的比较优势，因而有成本上的竞争力。所以，我们在今后发展第三产业的过程中，一定要注意企业治理结构的有效性，通过将国有企业产权向非公有制企业分散，充分发挥非公有制企业强劲的监督及市场反映作用。今后鼓励第三产业中非公有制的中小企业的发展，关键就是要赋予他们与公有制企业同样的政策待遇，拆除目前森严的行业准入、税收、信贷等方面的"壁垒"。具体来讲，可以通过建立政策性小企业金融机构，进一步完善担保机制，设立小企业贷款担保基金等来拓宽中小第三产业企业融资渠道，切实改善中小第三产业企业的融资环境让中小第三产业企业摆脱融资困境。

该文将实验方法、计量实证和数值模拟方法融为一体，各种方法相互验证校准，且深化了对不同主体的行为的分析，所得结论可信度提高，同时也预示了经济金融问题研究中定量分析方法应用的发展趋势。

2. 工资粘性、经济波动与货币政策模拟——基于 DSGE 模型的分析[①]

【摘要】该文在 BCG 模型的基础上，引入了工资粘性，使之成为综合考虑价格粘性、金融加速器效应以及工资粘性的 DSGE 模型，我们模拟并比较了中国不同货币政策的影响。贝叶斯估计结果验证了中国工资粘性的存在，说明中国劳动力市场的配置尚存在改善的余地。货币政策模拟结果显示，价格型货币政策效应较强但持续期较短，而数量型货币政策效应较为温和但影响相对持久，央行需注重价格型货币政策与数量型货币政策的合理搭配与使用。

DSGE 模型方法是近年来分析评价宏观政策（尤其是货币政策）的一种常用工具，因其在一定程度上实现了宏观与微观的连接。作者在文中采用的是简化的新凯恩斯主义模型（NKM），其核心假定是市场上的厂商存在价格调整成本是对微观主体行为特点的进一步描述。该文的重点贡献是细致地描述和刻画主体行为的变化特点。

（1）家庭行为与工资粘性。假定市场上存在着大量的无差异家庭。家庭需要选择工作时间 h_t、消费 C_t 以及资产组合。资产组合由两部分组成：一是现金头寸 $(M_{t-1} - M_t)/P_t$ 的增减；二是银行存款 D_{t+1} 的变化。家庭受到的资源约束为工资 $W_t h_t$ 减去税收 T_t，加上来自于企业的利润分配 Π_t，以及资产组合的变化。用数理模型表示为：

$$E_t^i \sum_{j=0}^{\infty} \beta'[\ln(C_{t+1}) + \varsigma n(M_{t+1}/P_{t+1}) + \xi \ln(1 - h_{t+1})] \tag{1}$$

β 为主观折现率，约束条件为：

$$C_t = W_t h_t - T_t + \Pi_t + R_t D_t - D_{t+1} + (M_{t-1} - M_t)/P_t \tag{2}$$

其中，$R_t = 1 + i_t$，i_t 为存款利率，P_t 为价格。根据家庭最优化行为的一阶条件可得：

$$\frac{1}{C_t} = E_t\left\{\left[\beta \frac{1}{C_{t+1}}\right] R_{t+1}\right\} \tag{3}$$

$$\frac{W_t}{C_t} = \xi \frac{1}{1 - h_t} \tag{4}$$

$$\frac{M_t}{P_t} = E_t\left\{\xi C_t\left(1 - \frac{1}{R_{t+1}^n}\right)^{-1}\right\} \tag{5}$$

其中，$R_{t+1}^n = R_{t+1} P_{t+1}/P_t$ 为名义利率，R_{t+1} 为实际利率。本文假定不存在存款准备金制，于是 $D_t = B_t$，其中 B_t 为银行贷款。

假设劳动的边际收益等于平均工资，劳动力市场最优化的目标函数和约束如下：

---

① 本文作者：李雪松、王秀丽，原文发表于《数量经济技术经济研究》2011 年第 11 期。

$$\max \quad W_t H_t - \int_0^1 W_{jt} h_{jt} dj$$

$$\text{s.t.} \quad H_t = \left[\int_0^1 h_{jt}^{\frac{1}{k_m}} dj \right]^{2\omega} \tag{6}$$

其中，$1 \leqslant \lambda_\omega < \infty$，$W_t$ 和 W_{jt} 分别表示家庭 j 在 t 期最终劳动和中国劳动的工资。可得劳动力需求函数为：

$$\left(\frac{W_t}{W_{jt}} \right)^{\frac{\lambda\omega}{\lambda\omega-1}} = \frac{h_{jt}}{H_t}) \tag{7}$$

对式（7）积分并将式（6）代入可得工资指数和差别化的工资之间的关系为：

$$W_t = \left[\int_0^1 W_{jt}^{\frac{1}{1-j\omega}} dj \right]^{(1-2\omega)} \tag{8}$$

20 世纪 80 年代之前，人们对工资—价格机制的主要实证特征已取得"一致意见"，认为考虑价格通胀效应的菲利普斯曲线可以用来解释工资形成机制。Calvo(1983)提出了一个用于理论分析的模型，为 DSGE 建模提供了较强的理论依据，本文依据其所使用的方法，假定在 t 期调整工资的概率为 $(1-\xi_w)$，而未调整工资者其工资的设定由以下规则决定：$W_{j,t} = \pi_{t-1} W_{j,t-1}$，其中 π_{t-1} 为上期通胀指数。

假设代表性家庭 j 在 t 期制定最优化工资 $\widetilde{W}_1$，以后没有再收到工资调整信号，其预期效应最大化行为：

$$\max \quad E_i^j \sum_{j=0}^\infty (\xi_\omega \beta)^1 (\lambda_{2,\ t+1} \widetilde{W}_{j,\ t} X_t - Z'(h_{t+1}))$$

其中，$X_{tl} = \prod_{i=1}^t \pi_{t\ i}$，$Z'(h_{t+1}) = \xi \dfrac{1}{1-h_t}$，$\lambda_{2,\ t+1} = 1/C_t$。于是可得关于 $\widetilde{W}_1$ 的一阶条件：

$$E_i^j \sum_{j=0}^\infty (\xi_\omega \beta)^1 h_{j,\ t+1} (\lambda_{2,\ t+1} \widetilde{W}_{j,\ t} X_{2t} - \lambda_\omega Z'(h_{t+1})) = 0 \tag{9}$$

（2）厂商行为与价格粘性。假定生产中间产品的企业是垄断竞争行业，服从 C-D 生产函数，形式如下：

$$Y_{jt} = \begin{cases} A_1 K_{jt}^\alpha L_{jt}^{1-\alpha} - \phi & \text{当 } A_1 K_{jt}^\alpha L_{jt}^{1-\alpha} \geqslant \phi \\ 0 & \text{其他} \end{cases}$$

其中，$0 < a < 1$，L_{jt} 和 K_{jt} 分别表示 t 期生产第 j 个中间产品时所使用的劳动和资本。假设在稳态条件下，各行业的利润趋于均等，超额利润为 0。ϕ 表示稳态条件下超额利润为 0 所对应的阈值。对于垄断竞争厂商而言，假设企业依据成本最小化原则组织生产，即：

$$\min \quad R_t W_t L_{jt} + R_t^k K_{jt}$$

根据一阶条件可得边际成本为：

$$s_t = \left(\frac{1}{1-\alpha}\right)^{1-\alpha}\left(\frac{1}{\alpha}\right)^{\alpha}(R_t^k)^{\alpha}(R_tW_t)^{1-\alpha} \tag{10}$$

零售商出售的最终产品是一个混合品，包括众多的商品，众多商品以不变替代弹性的生产函数确定：

$$Y_t = \left[\int_0^1 Y_{jt}^{\frac{1}{\lambda_j}}dj\right]^{\lambda_j} \tag{11}$$

其中，$1 \leq \lambda_j < \infty$，$Y_j$ 表示 t 期最终产品，Y_{jt} 表示 t 期中间产品 j 的投入数量。P_t 和 P_{jt} 分别表示 t 期最终产品和中间产品 j 的价格。假设产品的边际收益等于平均价格，且零售商面临的商品市场是完全竞争的，其利润最大化行为为 $P_tY_t - \int_0^1 P_{jt}Y_{jt}dj$，约束为式（11）。于是可得中间产品需求函数：

$$\left(\frac{P_t}{P_{jt}}\right)^{\frac{\lambda_f}{\lambda_f-1}} = \frac{Y_{jt}}{Y_t} \tag{12}$$

同时可得到中间产品价格和最终产品价格见式（13）：

$$P_t = \left[\int_0^1 P_{jt}^{\frac{1}{1-\lambda_f}}dj\right]^{(1-\lambda_f)} \tag{13}$$

假定每一期，厂商将其产品名义价格调整为最优价格的概率为 $1 - \xi_p$，而未调整价格的厂商，其价格设定由以下规则决定：$P_{j,t} = \pi_{t-1}P_{j,t-1}$，其中 π_{t-1} 为上期通胀指数。

t 期代表性厂商 j 制定最优价格 $P_{j,t}$ 以最大化其预期利润：

$$\max \quad E_{t-1}\sum_{l=0}^{\infty}(\beta\varepsilon_P)^l\left[\tilde{P}_tX_{tl} - s_{t+l}P_{t+l}\right]Y_{j,t+l}$$

其中，$X_{tl} = \prod_{i=1}^{l}\pi_{t-i}$，据一阶条件可得：

$$E_{t-1}\sum_{l=0}^{\infty}(\beta\varepsilon_P)^l\left[\tilde{P}_tX_{tl} - \lambda_f s_{t+l}P_{t+l}\right]Y_{j,t+l} = 0 \tag{14}$$

对于生产企业而言，假定技术进步 A_t 是一个外生变量，令 $a_t = \ln A_t - \ln A$，其中 A 为稳态时的技术进步水平，假设技术进步冲击的演化路径服从 AR(1) 过程：

$$a_t = \rho_u \cdot a_{t-1} + \varepsilon_t^{\alpha} \tag{15}$$

（3）金融企业行为与金融加速器效应。假定市场上存在大量的金融企业，这里的金融企业特指介于银行与生产企业之间，满足双方资金供求的企业。由于净资产的不同，不同金融企业所面临的融资环境是异质性的。假定每个时期都有（$1 - \gamma$）个企业因盈利能力不足而退出市场。为了分析的便利，这里沿用 BGG 模型的假定，市场上的金融企业总数不变，有多少退出市场的金融企业，就同时会有相同数目的金融企业进入市场。由于市场存在不确定性，对于金融企业 j 而言其盈利服从一个分布函数。金融企业和银行双方需要订立合约以确定在各种情况下双方的责任和义务。

对于净资产为 N_{t+1}^j 的金融企业 j 而言，在 t 期决定购买 K_{t+1}^j 的资本，资本的市场价格为 Q_t，该金融企业需要融资的额度 B_{t+1}^j 由恒等式（16）决定：

$$B_{t+1}^j = Q_t K_{t+1}^j - N_{t+1}^j \tag{16}$$

假定市场的资本回报率为确定性的，银行和金融企业 j 面临的不确定性来自于金融企业的盈利能力。需要区分市场的资本回报率和单个金融企业的市场回报率，假定市场的资本回报率为 P_{t+1}，而金融企业的资本回报率为 $\omega^j P_{t+1}$。ω^j 服从以下两个条件：第一，ω^j 服从均值为 1 的分布函数为 $F(\omega)$，ω^j 和 P_{t+1} 是独立的，即市场的资本回报率和单个金融企业的资本回报率是独立的；第二，$F(\omega)$ 是定义在 $[0, \infty)$ 的分布函数，满足 $\frac{\partial(\omega h(\omega))}{\partial \omega} > 0$，其中 $h(\omega) = \frac{dF(\omega)}{1 - F(\omega)}$。

银行和金融企业达成如下协议，对金融企业设定一个临界值 $\bar{\omega}$，当金融企业的 ω^j 大于或等于 $\bar{\omega}$ 时，在 t 期末，银行所获得利润为 $\bar{\omega}_{t+1}^j R_{t+1}^j Q_t K_{t+1}^j = Z_{t+1}^j B_{t+1}^j$，金融企业所得为 $(\omega_{t+1}^j - \bar{\omega}_{t+1}^j) R_{t+1}^j Q_t K_{t+1}^j$；当金融企业的 ω^j 小于 $\bar{\omega}$ 时，银行获得 $(1-\mu)\omega_{t+1}^j R_{t+1}^j Q_t K_{t+1}^j$，其中 μ 为监管费用系数，$\mu \omega_{t+1}^j R_{t+1}^j Q_t K_{t+1}^j$ 是银行所付出的监管费用，金融企业什么都不得，在当期消费掉其净资产后退出资本市场。

对于处在完全竞争市场上的银行来说，其所获得的收益等于其机会成本，暗含的假定为：

$$[1 - F(\bar{\omega}_{t+1}^j)]Z_{t+1}^j B_{t+1}^j + (1-\mu)\int_0^{\bar{\omega}_{t+1}^j} \omega dF(\omega) R_{t+1}^j Q_t K_{t+1}^j = R_{t+1}^j B_{t+1}^j \tag{17}$$

将式（16）和 $\bar{\omega}_{t+1}^j R_{t+1}^j Q_t K_{t+1}^j = Z_{t+1}^j B_{t+1}^j$ 代入式（17）可得：

$$\left\{ [1 - F(\bar{\omega}_{t+1}^j)]\bar{\omega}_{t+1}^j + (1-\mu)\int_0^{\bar{\omega}_{t+1}^j} \omega dF(\omega) \right\} R_{t+1}^j Q_t K_{t+1}^j = R_{t+1}^j (Q_t K_{t+1}^j - N_{t+1}^j) \tag{18}$$

金融企业的期末回报为：

$$E \left\{ \int_{\bar{\omega}_{t+1}^j}^\infty \omega R_{t+1}^j Q_t K_{t+1}^j dF(\omega) - [1 - F(\bar{\omega}_{t+1}^j)]\bar{\omega}_{t+1}^j R_{t+1}^j Q_t K_{t+1}^j \right\} \tag{19}$$

金融企业在式（18）约束下追求预期回报与机会成本之差最大化：

$$\max \left\{ 1 - \mu \int_0^{\bar{\omega}_{t+1}^j} \omega dF(\omega) \right\} R_{t+1}^j Q_t K_{t+1}^j - R_{t+1} (Q_t K_{t+1}^j - N_{t+1}^j) \tag{20}$$

可得金融加速器表达式为：

$$E\{R_{t+1}^j\} = R_{t+1} s\left(\frac{N_{t+1}^j}{Q_t K_{t+1}^j}\right) \quad s'(\cdot) < 0 \tag{21}$$

式（21）描述了资本预期回报率和存款利率以及金融企业融资条件之间的关系。融资条件用金融企业的净资产负债比来表示，以反映金融企业的偿债能力。

在分析了微观主体的行为特点基础上，然后作者进行了货币政策模拟比较，使用的

DSGE 模型（NEW1 和 NEW2）是在 BGG 模型的基础上通过引入工资粘性，使得模型既可以反映由信贷市场摩擦造成的金融加速器效应，又可反映由劳动力市场摩擦造成的工资粘性，能够较好地模拟我国的经济波动。

根据中国数据贝叶斯估计的结果，中国存在显著的工资粘性，说明中国劳动力市场的工资不能瞬时调整，劳动力市场的配置尚存在改善的余地。为了提高劳动力市场的配置效率，降低工资粘性，使得中国经济更加健康地发展，政策制定者应实施适当的政策，提高工资的透明度，及时发布就业信息，有效促进劳动力市场的流动性。

货币政策模拟结果表明，价格型货币政策和数量型货币政策对经济波动影响的强度和持续期限存在显著差异，价格型货币政策的效应较强但持续期较短，而数量型货币政策效应较为温和但影响相对持久，央行需注重价格型货币政策与数量型货币政策的合理搭配与使用。

3. 哪些因素影响了通货膨胀预期——基于中国居民的经验研究[①]

【摘要】 该文利用中国人民银行城镇储户问卷调查数据，采用时变参数法估算了 1999~2011 年我国居民的预期通货膨胀率，并探讨了影响通胀预期的各类宏观经济因素。经研究发现，真实通胀水平对通胀预期影响最大，要想有效降低通胀预期就必须降低真实通胀。产出缺口反映了经济的周期性波动，对通胀预期也有重要影响。近年来，伴随着房地产价格的快速上涨，房价对通胀预期的影响日益显著。在应用利率工具管理通胀预期时，其效果需要滞后 2~3 个季度，方能体现，表明中国人民银行制定货币政策至少应保持半年以上的前瞻性。名义汇率变动对通胀预期的影响不显著。国际油价代表的输入性通胀虽然影响显著，但贡献度很小。与理论直觉不同，研究发现超额工资增长在一定条件下将会降低通胀预期。

文章分析的背景和提出的所要研究的问题是，21 世纪以来，中国经历过三次通货膨胀周期，通胀预期对真实通胀和资产价格波动的影响越来越明显。最近的一次通胀周期始于 2010 年下半年。据中国人民银行城镇储户问卷调查，反映公众通胀预期的未来物价预期指数在 2010 年第四季度达到 10 年来的最大值 81.7%，进入 2011 年以来仍然处于 70 % 以上的历史较高水平。当前，我国面临着宏观经济增速放缓但通胀高位运行的复杂局面，房地产市场调控仍然不能放松，管理和引导通胀预期变得非常重要。由此引出的问题是：中国居民的预期通货膨胀率是多少？哪些宏观经济因素影响了通胀预期？货币政策工具对于管理通胀预期是否有效、大小如何、是否存在时滞？特别是，房地产价格和通胀预期之间存在怎样的相互影响关系？

作者改进概率法的部分假设，采用时变参数法对通货膨胀预期的度量进行估算，并对比了不同方法的估算结果。不失一般性，文中的研究从每一个被调查者的微观通胀预期开始。定义 π_{it} 代表被调查者 i 从 t－1 期到 t 期实际感受的通货膨胀水平，π_{it}^e 代表被调查者 i 在 t－1

---

① 本文作者：张健、华常黎，原文发表于《金融研究》2011 年第 12 期。

期对 π_{it} 的预期。假设共有 N 个被调查者，$t-1$ 期公众的总体通胀预期 π_t^e 定义为 π_{it}^e 的加权平均，$\pi_t^e = \sum_{i=1}^{N} \omega_i \pi_{it}^e$，$\omega_i$ 为被调查者 i 的权重。一般情况下，取等权重 $\omega_i = 1/N$。

时变参数法的理论基础是概率法，包含了两个基本假定：第一，假定每个被调查者的预期 π_{it}^e 存在一个"无差别区间"（Indifference Interval），定义为 (a_{it}, b_{it})，其中 $a_{it} < 0$，$b_{it} > 0$。当 i 的预期 $\pi_{it}^e > b_{it}$ 时，他/她将报告预期 t 期价格"上升"；当 $\pi_{it}^e < a_{it}$ 时，他/她将报告预期 t 期价格"下降"；如果 $a_{it} < \pi_{it}^e < b_{it}$，则报告"基本不变"。第二，为了简化分析，进一步假定所有被调查者具有一个相同的、典型的无差异区间，即 $a_{it} = a_t$，$b_{it} = b_t$，而 a_t 和 b_t 允许随时间变化而变化。

假定 F_t、N_t、R_t 分别表示 $t-1$ 期调查中认为 t 期物价"下降"、"基本不变"、"上升"的百分比。定义 g(x) 为通胀水平 π_t 的累积概率密度函数，Ω_t 是所有被调查者个体信息集的合集。预期通胀率 $\pi_t^e = E(\pi_t | \Omega_{t-1})$，标准差 $\sigma_t^e = |E([\pi_t - \pi_t^e]^2 | \Omega_{t-1})|^{1/2}$，满足：

$$\text{prob}|\pi_t \leqslant a_t | \Omega_{t-1})| = g(a_t) = F_t$$
$$\text{prob}|\pi_t \geqslant b_t | \Omega_{t-1})| = 1 - g(b_t) = R_t \tag{1}$$

出于简便的考虑，国内外同类文献中一般选择 g(x) 为正态分布、Logistic 分布、Scaled - t 分布等，这里采用正态分布假定。定义 $G^{-1}(x)$ 为标准正态分布累积分布函数 g(x) 的反函数，满足：

$$f_t = G^{-1}(F_t) = (a_t - \pi_t^e)/\sigma_t^e$$
$$r_t = G^{-1}(1 - R_t) = (b_t - \pi_t^e)/\sigma_t^e \tag{2}$$

求解公式（2），可以得到：

$$\pi_t^e = (bf_t - a_t r_t)/(f_t - r_t) \tag{3}$$
$$\sigma_t^e = -(b_t - a_t)/(f_t - r_t) \tag{4}$$

其中，σ_t^e 为 π_t^e 的标准差。因此，只要已知 a_t、b_t，就可以得到 π_t^e 和 σ_t^e。

为了得到 a_t、b_t，Carlson 和 Parkin（1975）进一步假定无差异区间 (a_t, b_t) 不随时间而变化，并且关于 0 对称。国内研究中，肖争艳和陈彦斌（2004）、陈彦斌（2008）等都采用了相同的假设。然而，该假设既不符合经验观察，也会导致低估 π_t^e。实际上，在不同的通胀水平下，人们对于价格变化的敏感性是不同的，一般来说，对价格上升的敏感性往往大于价格下降的敏感性，即 $|b_t| < |a_t|$。同时，在一般情况下 a_t、b_t 往往会随着通胀水平而变化。比如，在高通胀时期，公众的"无差别区间"会扩大，表现为 b_t 会高于低通胀时期。因此，即便是同样的 F_t、N_t、R_t，在高通胀时期应该得到更高的整体通胀预期估计。而在无差异区间 (a_t, b_t) 不随时间而变化的假定下，同样的 F_t、N_t、R_t 会得到同样的 π_t^e 结果。

为了解决上述问题，本文允许不同的时期存在不同的 a_t 和 b_t 并利用 Kalman 滤波估算无差异区间 a_t、b_t 的估计值。这里，首先定义 2×1 的列向量 $\beta[a_t, b_t]'$，分式（3）可以改写为：

$$\pi_t^e = x_t \times \beta_t \tag{5}$$

其中，$x_t = [-r_t/(f_t - r_t) f_t/(f_t - r_t)]$。Cooley 和 Prescott（196）提出，向量 β_t 可以被视为一个包含永久性冲击和随机性冲击的自回归过程：

$$\beta_t = \beta_t^p + u_t'$$
$$\beta_t^p = \beta_{t-1}^p + \upsilon_t \tag{6}$$

其中，β_t^p 表示 β_t 波动中的永久性成分，而误差项 u_t' 则代表随机冲击成分。u_t' 和 v_t 被定义为满足独立同分布的正态分布随机变量，$u_t' \sim N(0, (1-\gamma)\sigma^2 \sum_u)$，$v_t \sim N(0, \gamma\sigma^2 \sum_v)$。变量 $\gamma \in [0, 1]$ 衡量 β_1 对于结构性冲击的调整速度。如果 $\gamma = 0$，那么只有随机冲击效果；如果 $\gamma = 1$，那么永久成分决定了 β_1 的性质。矩阵 $\sum_u$ 和 $\sum_v$ 需要提前估计，Seitz（1988）提出两种设定方法：

$$\sum_u = \sum_v = I \tag{7}$$
$$\sum_u = \sum_v = \sum{}^t \tag{8}$$

其中，在公式（7）中，I 设定为单位阵。在公式（8）中，$\sum{}^t$ 的估计方法为，将真实通胀 π_t 作为被解释变量替代公式（5）中的 π_t'，随后利用 OLS 方法估计该方程，将得到的方差协方差矩阵作为 $\sum{}^t$。Seitz（1988）、Smith 和 McAleer（1995）研究发现，两种方法并无显著性差异。因此，本研究采用公式（7）的设定方法估计 $\sum_u$ 和 $\sum_v$。将公式（6）代入公式（5），可以得到以下状态空间方程：

$$\pi_t^e = x_t \beta_t^p + x_t u_t'$$
$$\beta_t^p = \beta_{t-1}^p + v_t \tag{9}$$

假定通胀预期的无偏性，设 $\pi_t^e = \pi_t - w_t$，w_t 为满足独立同分布的正态分布随机变量。代入公式（9），最终得到以下状态空间方程：

$$\pi_t = x_t \beta_t^p + \varepsilon_t$$
$$\beta_t^p = \beta_{t-1}^p + v_t \tag{10}$$

其中，$\varepsilon_t = x_t u_t' + w_t$。通过估计状态空间方程（10），得到状态变量 β_t^p 的估计量 $\hat{\beta}_t^p$。而 $\hat{\beta}_t = \hat{\beta}_t^p$，代回到公式（5）得到 π_t^e 的估计量，以及相应的 σ_t^e：

$$\pi_t^e = x_t \hat{\beta}_t = (bf_t - \hat{a}_t r_t)/(f_t - r_t) \tag{11}$$
$$\sigma_t^e = -(b_t - \hat{a}_t)/(f_t - r_t) \tag{12}$$

作者对不同方法进行了比较。为了比较不同方法的估算结果，以下对比了时变参数法（简称 TV 法）、差额统计法（简称 BAL 法）和概率法（简称 CP 法）的估算结果。

BAL 法采用 Fluri 和 Spoerndli（1987）提出的计算原理：

$$\pi_t^e = k(R_t - F_t) \tag{13}$$

其中，

$$k = \frac{\sum_{t=1}^{T} \pi_i}{\sum_{t=1}^{T} (R_t - F_t)}$$

CP 法附加了两个假设：第一，无差异区间不随时间而变化，并且关于 0 对称，即$-a_t = b_t = c$；第二，满足预期的无偏性，即实际通货膨胀率的平均值等于预期通货膨胀率的平均值。对公式（3）稍作简化，可以得到公式（14）：

$$\pi_t^e = c(f_t + r_t)/(f_t - r_t) \tag{14}$$

其中，

$$c = \frac{\sum_{t=1}^{T} \pi_t}{\sum_{t=1}^{T} (f_t + r_t)/(f_t - r_t)}$$

原文描绘了用三种方法估算的 $t-1$ 期被调查者的通胀预期 π_t^e 和 t 期实际通胀（以环比 CPI 表示）。该统计指标对比图显示，环比 CPI 和通胀预期的波动都不同程度地包含了季节性因素，但通胀预期比实际通胀要平稳得多。同时，通胀预期与 CPI 基本保持了较好的同步性，较为准确地反映了价格的趋势性变化。对比三种方法，BAL 法和 CP 法的结果走势非常平缓，反映出低估实际通胀预期的潜在可能性；TV 法则波动性较强，明显受到真实通胀的影响，与时变参数法的基本思路相吻合。另外，无论是哪一种方法，都反映出近年来公众的通胀预期出现趋势性上升，$t-1$ 期通胀预期可能超过 t 期的实际通胀水平。笔者认为，该现象反映出一个事实，即公众的通胀预期受到多重因素的影响，以 CPI 指标衡量的通货膨胀水平只是通胀预期的影响因素之一。因此，宏观经济当局在管理通胀预期的时候，有必要考虑各种可能影响预期的宏观经济因素，从而提高政策的针对性和有效性。

由比较结果可知，从相关系数来看，BAL 法、CP 法、TV 法给出的 $t-1$ 期通胀预期值与 t 期 CPI 的相关系数比较接近，都为 0.5 左右。为了比较各种预期通货膨胀率的预测误差，这里引入平均绝对误差 MAE 和均方误差 RMSE。比较显示，TV 法的 MAE 和 RMSE 指标都低于 BAL 法和 CP 法，表明 TV 法的预测精度更高，更好地反映了实际通胀的走势；而 BAL 法和 CP 法可能低估了真实通胀预期水平。

因此，文章的后续研究都建立在 TV 法的估算结果之上。其重点是构建通胀预期决定因素的基本模型并进行相应的分析。按照 Carlsno 和 Pakrin（1975）的观点，通胀预期研究分为三个密切相关的问题：度量通胀预期序列，考察通胀预期的决定因素，分析通胀预期对真实通胀和真实经济的影响。

继此，该文重点研究了第二个问题。现有文献一般偏重讨论通胀预期和真实通胀之间的相互影响，以及通胀预期是否满足理性预期假设等问题（肖争艳和陈彦斌，2004；Fosrells 和 Kenny，2002）。然而，影响通胀预期的因素众多而复杂，真实通胀只是其中之一。同时，既然管理通胀预期是当前和未来我国将持续面临的重要挑战，有必要深入分析宏观经济政策尤其是货币政策对于通胀预期是否产生影响，影响程度多大，以及是否存在时滞。就笔者查阅的文献来看，这一问题目前国内研究少有涉及。

该文将在新凯恩斯菲利普斯曲线模型（简称 NKPC）的框架下研究通胀预期的决定因素。NKPC 模型认为，通货膨胀取决于厂商对未来通胀的预期以及当前生产的真实边际成本，即 $\pi_t = \gamma\pi^e_{t+1} + \lambda mc_t$。Gali 和 Gertler（1999）在 Calvo（1983）交错定价模型的基础上，允许厂商定价时同时存在前视行为和后视行为，用通胀预期、历史通胀水平和真实边际成本共同解释通货膨胀水平，即 $\pi_t = \gamma_b\pi_{t-1} + \gamma_f\pi^e_{t+1} + \lambda mc_t$。将上述模型稍作整理，得到本研究的基本理论模型：

$$\pi^e_t = \sum_i \alpha_i\pi_{t-1} + \sum_i \beta_i mc_{t-i} \tag{15}$$

这里，通胀预期不仅受到当期真实通胀和边际成本的影响，还可能受到历史水平的影响。由于研究对象为公众，因此用产出缺口 gap_t 衡量真实边际成本 mc_i。产出缺口反映了宏观经济的周期性波动。公众通过就业状况、工资收入变化以及媒体报道，对于宏观经济形势产生主观感受，并以此形成对未来通胀水平的预期。对公式（15）稍作改进，得到适用于估算的模型：

$$\pi^e_t = \sum_i \alpha_i\pi_{t-1} + \sum_i \beta_i gap_{t-i} + \varepsilon_t \tag{16}$$

式（16）为本研究待估计的基准模型。更进一步，由于影响公众通胀预期的因素复杂而多变，笔者依据中国的实际情况将可能的影响因素从 ε_t 中分离出来，加入模型中逐一分析。

第一，房地产价格 $house_t$。讨论房价对于通胀预期的影响具有重要意义。一方面，如果房地产价格波动影响了通胀预期，那么中央银行就必须对房地产价格做出响应（Bernanke 和 Gertler，1999）。中国的房地产价格在 2007~2010 年出现过大幅上涨，讨论房价对于通胀预期的影响具有重要现实意义。另一方面，考虑到 2011 年以前我国 CPI 统计方法不能很好地反映房地产价格的变动，有必要单独考察房价的作用。

第二，名义利率 $interest_t$。在高通货膨胀时期，如果提高利率能够同时改变公众的通胀预期，那么对于控制物价继续上涨具有显著作用。相反地，在经济衰退阶段，如果降低利率不能改变公众的通胀预期，那么即使名义利率降到零附近，由于实际利率可能为正，企业不愿增加就业、扩大生产规模，银行不愿意放贷，那么经济仍然难以复苏。这正是美国"金融危机"后面临的困境。因此，探讨利率对于通胀预期的影响非常重要。

第三，名义汇率 fex_t。从长期来看，如果一个国家经济持续快速增长，那么本国实际汇率将出现升值趋势。升值通过两个渠道实现，一个是名义汇率的升值，另一个是国内通货膨胀。如果想缓解通胀压力，就必须允许名义汇率升值。名义汇率升值一方面通过减少出口而减少国外需求，另一方面降低了进口初级产品和最终产品的国内价格，从而对总体价格水平上涨产生抑制作用，进而影响通胀预期；反之则相反。自 2005 年"汇改"以来，我国名义汇率已累计升值超过 20 %，汇率变化是否影响通胀预期有待考察。由于公众直接感受和接触的汇率是名义汇率而非实际汇率，因此，这里考察名义汇率对通胀预期的影响。

第四，国际输入性通胀，以国际石油价格 oil_t 为代表。随着中国外贸依存度的提高，输入性通胀不仅直接提高我国产品的生产成本，还可能影响厂商定价时的预期。尤其是石油等初级能源价格的上升，将提高国内生产运输、销售等各个环节的成本，并最终反映在消费品价格上。因此，输入性通胀是否对我国通胀预期产生影响需要实证检验。

第五，超额工资增长 $wage_t$。从理论上讲，超额工资增长可能导致需求拉动型和成本推动型通货膨胀。对于家庭来说，工资增长一般会增加消费，在供给短期内难以迅速调整的情况下，引发需求拉动型通胀，进而推高通胀预期。对于企业来说，超额工资增长会增加生产成本，提高产品出厂价格，也会进一步影响通胀预期。中国的实际情况是否符合理论，需要实证检验。

将上述五个宏观变量逐一加入公式（16）展开讨论，最后得到包含各类因素的方程：

$$\pi_t^e = \sum_i \alpha_i \pi_{t-1} + \sum_i \beta_i gap_{t-i} + \sum_i \gamma_i house_{t-i} + \sum_i \eta_i interest_{t-i} + \sum_i \theta_i fex_{t-i} + \sum_i \rho_i oil_{t-i} + \sum_i \omega_i wages_{t-i} + \varepsilon_i$$

此外，还有一些宏观经济因素可能影响公众的通胀预期。比如：财政政策、货币供应量、食品价格等。关于财政政策的影响，除了受数据可得性制约之外，笔者认为，该因素虽然可能对通货膨胀产生影响，但考虑到我国的实际情况，财政政策对于公众的通胀预期的影响并不直接。关于货币供应量，由于我国公众日常生活并不直接接触该指标，并且大多数人缺乏相应的经济学知识，因此认为对通胀预期不产生直接影响。食品价格对于通胀预期可能会产生影响，但由于食品 CPI 和整体 CPI 之间存在高度的多重共线性，本研究只讨论整体 CPI 的影响。

总的来讲，该文利用中国人民银行城镇储户问卷调查数据度量了 1999~2011 年我国居民的通货膨胀预期，并探讨了影响通胀预期的宏观经济因素。文章首先采用时变参数法估计了我国居民的通胀预期时序数据。与传统的差额统计法、概率法相比，时变参数法的结果更加合理和精确。

随后，文章在新凯恩斯菲利普斯曲线模型的框架下首次探讨了影响我国居民通胀预期的宏观经济因素，发现真实通胀、产出缺口、房地产价格、名义利率、超额工资增长对于通胀预期存在显著影响，但大小、方向和时滞各不相同。真实通胀水平对通胀预期影响最大，并且具有及时性和持续性，要想有效降低通胀预期必须降低真实通胀水平。产出缺口反映了经济的周期性波动，对通胀预期也有重要影响。利率变动虽然对通胀预期有较大影响，但最快需要滞后 2~3 个季度才能产生效果。因此，为了管理好通胀预期，中国人民银行在应用利率工具时至少应保持半年以上的前瞻性。国际油价代表的输入性通胀虽然影响显著，但贡献度很小。与理论直觉不同，实证结果发现超额工资增长在一定条件下将会降低通胀预期，可能反映出价格存在粘性的情况下，名义工资增长通过增强货币收入的实际购买力而降低通胀预期的效果。名义汇率变动对通胀预期的影响不显著。

研究还发现，通胀预期和房地产价格之间互为 Granger 原因。近年来，伴随着房地产价格的大幅上升，房价对于通胀预期的影响越来越大，而高通胀预期反过来也通过改变居民的投资、储蓄和消费行为，进一步推动房价上涨。因此，此文的观点是支持宏观经济当局对于房地产价格进行适当的干预，避免房地产价格的过快上涨通过改变通胀预期，进而导致"通胀预期—房地产价格"螺旋上涨或者"通胀预期—真实通胀"螺旋上涨的不利局面。

4. 我国 A 股市场与美股、港股的互动关系研究：基于信息溢出视角 ①

【摘要】对证券市场之间互动和传染关系的研究，不仅有助于揭示市场信息的跨国（境）传播机制特别是国际金融风险的传导机制，还可以增进人们对证券市场微观结构与信息效率的认识。该文系统化地提出了洪永森教授新近发展的信息溢出检验体系（简称"Hong 方法"），运用该方法体系详细考察并比较了我国 A 股市场与美股、港股在次贷危机前后的互动关系，揭示了三者联动结构与信息传递的全景图，包括互动的方式、方向、相对强度、当期影响与多期滞后关系以及时变性。研究结果表明：①在三者的关系中，美股处于主导地位，并且对港股、A 股市场具有金融传染效应。②A 股市场不再是"独立市"，A 股不仅能够反映美股、港股等外围市场的重要信息，而且已具有影响外围市场的能力。③A 股与美股、港股之间的互动关系体现在均值溢出、波动率溢出、极端风险溢出等多个层面，既有线性关系也有非线性关联方式。

作者基于的背景和关注的问题是，我国证券市场与国际股市的互动关系如何？对国际金融震荡是否具有"免疫能力"抑或也不可避免受到"金融传染"的影响？随着我国证券市场开放度与规模的大幅提高，我国股市是否也具有影响他国金融市场的能力？国内外金融市场间的信息传播内容具体体现在哪些层面？国内的研究成果针对部分问题给出了初步的分析（朱宏泉，2001；韩非，2005；石建勋，2008；李晓广，2008；骆振心，2008；陈玮，2008）。基本的结论如下：早期（2005 年之前）的研究（如：朱宏泉，2001；韩非，2005）表明我国 A 股市场与外围股市（主要是美股市场、中国香港市场）基本没有相关性或相关性很弱，也就是说我国 A 股市场基本不受国际股市波动的影响；利用最近几年数据样本的研究结果则表明 A 股市场与国际股市的关联度有提升的趋势（李晓广，2008），特别是在次贷危机期间 A 股受美国股市的影响较大（陈玮，2008），也有研究表明股权分置改革实施后，A 股市场与国际股市的联动性增强了（骆振心，2008；石建勋，2008）。

值得深入探讨的是，在考察我国 A 股市场与国际股市互动关系时国内文献基本上都是采用基于回归的研究方法，比如向量自回归 VAR 方法、多元 GARCH 方法、协整与误差修正模型 ECM 与基于回归的线性 Granger 因果检验等，研究重点也多局限在收益率层面。回归建模检验方法及其简化形式的检验具有一定的检验效果，而且由于与建模一体，可以得到序列间的量化关系，因此得到广泛的应用。不过这种方法也存在许多局限性，比如只能考虑有限阶滞后影响及线性影响，在出现一些复杂的因果关系时，此类模型很难捕

---

① 本文作者：李红权、洪永森、汪寿阳，原文发表于《经济研究》2011 年第 8 期。

捉到；由于回归模型常受到序列自相关性、非平稳性、异方差、共线性等影响，常会得到伪结论；最重要的是，基于回归方法的研究大都只是检验线性 Granger 因果关系，即均值意义上的信息溢出（也有部分研究波动率溢出），但不能揭示国际金融市场在更复杂层面的互动关系如极端风险溢出（Hong 等，2009）以及不确定滞后期的因果关系。其中，Hong 等（2009）提出的极端风险溢出概念与检验方法对于金融监管与金融稳定有着重要的意义，因为它能够揭示在国际金融市场大幅震荡特别是金融危机发生期间，国内外证券市场间的风险传递与金融传染关系，这正是投资者与监管层关注的焦点，也是该文的研究重点。基于交叉相关函数（Cross Correlation Function，CCF）的信息溢出检验方法克服了传统回归方法的不足，能够满足以上研究目的。该方法最初由 Haugh（1976）提出，后经 Koch 和 Yang（1986）、Cheung 和 Ng（1996）、Hong（1996，2001）、Hong 等（2009）……的发展渐成体系，不仅能够检验多种形式（包括均值、波动率、极端风险 VaR 意义上）的信息溢出，揭示互动的方向与信息传递的具体层面，检验效率也比传统的回归方法要高，是考察金融市场互动关系的一种更全面、更有效的方法。

文章首先介绍了广义 Granger 因果关系与信息溢出检验方法，给出单向信息溢出检验量记为 Q_1：

$$Q_1 = \left\{ T \sum_{j=1}^{T-1} k^2(j/M)\hat{\rho}^2(j) - C_{1t}(k) \right\} / \{2D_{1t}(k)\}^{1/2}$$

双向信息溢出（含瞬时信息溢出）检验量记为 Q_2：

$$Q_2 = \left\{ T \sum_{j=1-T}^{T-1} k^2(j/M)\hat{\rho}^2(j) - C_{2t}(k) \right\} / \{2D_{2t}(k)\}^{1/2}$$

其中，$k(\cdot)$ 为核函数（Hong 的研究表明 Daniel 核函数的检验功效最强，即 $k(x) = ain(\pi x)/(\pi x)$），M 为平滑参数：函数 C( ) 和 D( ) 可视为标准化因子：

$$C_{1t}(k) = \sum_{j=1}^{T-1} (1-j/T)k^2(j/M), \quad D_{1t}(k) = \sum_{j=1}^{T-1} (1-j/T)\{1-(j+1)/T)\}k^4(j/M);$$

$$C_{2t}(k) = \sum_{j=1}^{T-1} (1-|j|/T)k^2(j/M) \cdot D_{2t}(k) = \sum_{j=1-T}^{T-1} (1-|j|/T)\{1-(|j|+1)/T)\}k^4(j/M)$$

其次，重点探讨信息溢出的检验结果基于标准化残差收益率序列构建 CCF，运用 Hong（2001）、Hong 等（2009）提出的检验统计量，作者详细考察了我国 A 股市场与美股、港股间的信息溢出结构。

作者列表分别反映了"次贷危机"前后中美股市之间的互动关系。在次贷危机前的表中，统计量 Q_{-1} 反映的是我国 A 股市场波动对美国股市的信息溢出效应，Q_{-1} 在均值、波动率与 5% 下跌风险三个层次上都是显著的（不论参数 M 取值如何，只要有一个 M 值下 Q 是显著的即可确认信息溢出已经发生）。显著的均值信息溢出效应说明 A 股指数的变动能够显著地影响美股指数的变动，同时考察残差收益率的交叉相关系数得到只有一阶滞后是显著的（$\rho(-1) = 0.17$），表明信息传递的速度是比较快的，基本在当天已经完成，也就是说 A 股当日的涨跌幅信息在当夜开盘的美股市场已经被充分吸收；不仅如此，中国 A 股市场对美股还存在波动率意义上的信息溢出，即：如果外部信息引起 A 股市场的波动率发生变化，美股波动率也将随后发生同向的变化，信息传递也是在当日完成 ($\rho(-1) = 0.25$)；特别地，如果 A 股市场有一个大的负面信息冲击（5% VaR 所定义的极端下跌市场情形），那么美国股市也将发生类似的市场大幅下跌情形，但两者的相关性存在时间间隔（滞后 4 个交易日）、相关系数为 0.13（即 $\rho(-4) = 0.13$）。与 Q_1 比较显著相比，统计量 Q_1 均不显著，这说明在次贷危机前的这一时间段内美股对中国 A 股市场没有信息溢出效应，换句话讲，中国股市不受美国股市波动的影响。由于只存在 A 股对美股的单向信息溢出，所以双向信息溢出检验统计量 Q_2 的值明显低于相应的 Q_{-1} 值，甚至在某些 M 值下 Q_{-1} 显著而 Q_2 却不显著，这暗示着中美股市间还可能不存在瞬时信息溢出效应，作者对交叉相关系数 $\rho(0)$ 的考察也证实了这一点。

再次，次贷危机后中美股市之间的互动关系发生了明显变化。在均值、波动率和 5% 上涨风险溢出三个层面上，Q_{-1} 均不显著，说明我国 A 股市场不再具有对美股的信息溢出效应；同时 Q_1 也不显著，说明美股对 A 股也不存在信息的滞后溢出效应（除了在均值层面对 A 股有微弱的滞后溢出效应）；然而双向检验统计量 Q_2 却非常显著，说明次贷危机后中美股市存在显著的"瞬时信息溢出效应"，也即隔夜美股市场波动对次日的 A 股市场有显著影响，对 $\rho(0)$ 的考察也证实了这一结果（相关系数分别为：0.24，0.12，0.15）。这一结论与"次贷危机"发生后美股动向对全球股市的举足轻重地位相符，同时也说明了我国股市不再独立于世界股市之外，对外来的信息特别是像美股波动这样重要的信息有较高的反应速度，这是令人鼓舞的，因为这是 A 股市场有效性提升的一个重要例证。对于 5% 下跌风险溢出检验而言，Q_1 与 Q_2 不显著，只有 Q_{-1} 是显著的，这有两层含义：第一，美股对 A 股不具有下跌风险溢出效应，这表明了我国 A 股市场倾向于接受美股走强的"利好消息"而忽略美股走弱的"利空消息"，这种非对称的信息吸收方式可能与我国实体经济受美国"次贷危机"影响较弱以及政府巨额的财政刺激计划所带来的中国经济能够迅速复苏的市场预期有关；第二，统计量 Q_{-1} 的显著性表明我国 A 股市场对美股仍然具有"下跌风险溢出效应"，即如果 A 股大幅下挫，美股也会发生类似恐慌，这似乎意味着我国 A 股市场"国际影响力"的提升抑或国际投资者开始认同 A 股市场所承载的经济面信息？不论是何种原因，这至少反映了我国股市已经开始融入并影响国际股市。

最后，从 Q_{-1} 的值还可以发现，这种影响存在着较长的时间延迟，滞后期大概在 10~20 之间（Q_{-1} 在 M 取 10 时并不显著，M 取 20 时才显著）。

从相应表格中看出，次贷危机前后 A 股和港股互动关系的检验结果。在均值、波动率、5% 上涨风险溢出三个层面，相对于统计量 Q_1 和 Q_{-1} 普遍不显著的情形，统计量 Q_2 却是非常显著，特别是在次贷危机后 Q_2 的值明显加大，这一方面说明 A 股和港股的互动关系主要表现为"瞬时信息溢出"，也就是说 A 股、港股主要是在当日相互影响；另一方面说明两地市场间的关联关系在"次贷危机"后加强了，两者之间的交叉相关系数也说明了这一点（在次贷危机前标准残差收益率的相关系数为 0.23，而次贷危机后上升为 0.47）。

这与市场基本面情况的分析结论一致。一方面，由于中国香港地区的股市具有特殊的"窗口效应"与"比价效应"，所以相对于美股，港股对 A 股市场的影响更为直接，在"次贷金融危机"期间港股的"窗口效应"更加凸显。另一方面，由于内地（中国大陆）与中国香港地区在经济与金融层面的深度合作，港股的"内地因素"在不断增强，一个不可忽视的因素是在港股市值中的中资股（红筹股 + H 股）的占比已达到 50% 以上（2007 年以后），业界形象地称港股行情为"朝看美股，午看 A 股"，这是香港市场"内地因素 + 美国情结"的具体体现，该文对"A 股—港股"、"港股—美股"互动关系的研究也支持这一论点。除了 A 股和港股在当日的高度相互影响之外，在某些侧面也存在程度比较微弱但统计上显著的滞后影响，如 A 股在均值、波动率层面对港股的滞后影响以及次贷危机期间港股对 A 股的均值溢出滞后影响，这可能与投资者对信息的滞后反应（或称信息的非线性吸收方式）有关。

最后，作者给出港股—美股互动关系的考察结论。不同于"A 股—美股"互动关系在次贷危机前后的剧烈改变，"港股—美股"的互动关系一直比较显著，当然次贷危机后两者的关联关系更强了（残差收益率的交叉相关系数从 0.40 显著地上升为 0.54，Q_2 的值也显著增大）。这一研究结论与中国香港股市的"美国情结"以及作为国际成熟股市的特质相符。具体而言，两者的互动关系表现为：首先，在均值、波动率、5% 上涨风险溢出三个层面上，隔夜美股对于次日的港股波动具有显著的影响，这是互动关系的核心内容。其次，港股也会影响次日美股市场波动，不仅表现在均值溢出层面，还表现在次贷危机期间港股对美股具有显著的 5% 上涨风险溢出，这反映了中国香港地区作为国际金融中心的全球影响力；在 5% 下跌风险溢出层面，次贷危机前表现为港股到美股的下跌溢出，次贷危机发生后风险溢出方向则表现为美股到港股，这与全球金融危机期间美股的地位相符。

基于以上分析，作者总结 A 股与美股、港股之间关联和互动关系的主要内容如下：

（1）在三者的关系中，美股处于主导地位，并且对港股、A 股市场具有金融传染效应。隔夜美股的波动对次日开盘的港股、A 股市场均具有显著的正向影响，这种信息溢出效应体现在均值、波动率和 5% 上涨风险三个层面；特别是在次贷危机发生以后，美股与港股、A 股的关联关系显著提升，具体体现在隔夜美股市场的收益率与次日港股收益率的相关系数显著增大，美股对 A 股的隔夜收益率相关系数更由不显著（次贷危机前）变成显著为正（次贷危机后），这符合 Forbes（2001）以及世界银行主页上给出的（狭义）金融传染定义，即跨市场的相关性在危机期间显著地增强，这说明美股对港股、A 股具有金融传染效应。即使在考虑我国 A 股市场股权分置改革的条件下，美股对 A 股具有"传染效应"的结论也是稳健的，因为样本 I（次贷危机前）和样本 II（次贷危机后）均在股权分置改革（2005 年 4 月开始试点）发生以后，基本上消除了这一特殊因素的潜在影响。

（2）A 股市场不再是"独立市"，A 股不仅能够反映美股、港股等外围市场的重要信息，而且具有影响外围市场的能力。早期的研究结果（如：朱宏泉，2001；韩非，2005）发现 A 股与外围国际股市几乎没有相关性，这与 2005 年之前我国 A 股市场总是呈现独立行情的现实观察结果一致；作者的研究样本是基于 2005 年 7 月之后的数据，研究结果明确地表明中国股市不再是"独立市",与美股、港股之间有显著的双向互动,这不仅表明A股市场的信息有效性在提升,同时也反映了A股市场在国际股市中的地位也在上升,应该来讲这是一个非常令人振奋的结果,反映了我国A股市场在制度性变革(股权分置改革)方面所取得的成绩,也说明我国和世界的经济与金融联系在进一步加强。这一研究结果与骆振心(2008)、石建勋(2008)等利用回归方法得到的结论类似,不同之处在于我们的研究能够揭示互动关系的全景图。

(3)A股与美股、港股之间的互动关系既包括线性关系又包括非线性关联方式。A股与美股、港股之间的互动关系是多层次的,不仅包括均值层面的线性影响,还包括在波动率、极端风险层面的信息溢出,既有当日或隔夜的瞬时互动关系,又有较长滞后期的潜在影响,还有对利空信息与利好信息的非对称反应,这可能与投资人的非理性或有限理性行为有关。此外,与"港股—美股"相对比较稳定的互动关系而言,"A股—美股"的互动关系具有明显的时变性或不确定性,互动的强度也相对较弱(虽然在统计上是显著的),这可能与A股仍属于"新兴市场"有关。

我国证券市场与国际股市之间的关系到底如何?作者的研究结论认为,特别是在极端市场条件下如国际金融动荡期间信息传递的方式、方向与影响程度如何?这一直是投资者与监管层非常关注但又倍感迷惑的问题。不同于国内文献常用的基于回归的研究方法,该文系统化地提出并应用了Hong(2001)、Hong等(2009)发展的信息溢出检验体系,Hong方法相对于以往的回归方法具有以下三个特点:①直接性,信息溢出方法是基于对交叉相关系数的检验,对判定市场间的互动关系而言更为直接;②全面性,该方法能揭示在多个层面存在的复杂互动关系包括极端风险溢出与不确定滞后期的影响;③检验效率高,结论更稳健。运用该方法,本文详细考察并对比了我国A股市场与美股、港股在次贷危机前后的互动关系,揭示了三者联动结构与信息传递的全景图,包括互动的方式、方向、相对强度、当期影响与多期滞后关系以及时变性。

作者的研究结果表明,在三者的互动关系中,美股处于核心地位,具有较强的信息溢出效应,即美国股市发生信息冲击不仅会使美股大幅波动,还会影响到港股、A股市场的波动,不仅如此,研究还进一步证实美国"次贷金融危机"对港股、A股具有传染效应;对于A股市场而言,研究表明A股市场不再是"独立市",A股不仅能够反映美股、港股等外围市场的重要信息,而且具有影响外围市场的能力,这是A股信息效率提升与制度改革取得成效的有力证据;A股与美股、港股之间的互动关系是复杂的,存在线性关系也包括非线性关联方式,既有当日或隔夜的瞬时互动关系,也有较长滞后期的潜在影响。

值得指出的是,对于股市互动关系的研究具有重要意义。该文的研究对于投资者与监管层理解信息的跨国(境)传播机制特别是国际金融风险的传导机制以及金融监管有着重要的价值。同时,对于互动关系的深入研究还有助于增进人们对证券市场微观结构与信息效率的认识。

5. 中国银行业的改革与效率：1995~2008[①]

【摘要】该文运用单阶段随机前沿模型，评估了中国银行业的成本效率和利润效率，并对所有制效应、治理结构变化的选择效应和动态效应进行了实证分析。研究发现，不良资产对成本效率有着很强的膨胀效应，因此利润效率指标能更好地反映中国银行业的绩效。同时，股份制商业银行和城市商业银行的利润效率优于国有商业银行；较强的选择效应（即："选摘樱桃"效应）反映了外国投资者选择了利润效率好的银行进行投资。从长期来看，外资参股对银行利润效率具有负面的影响；银行首次发行新股虽然在短期内改善了银行的获利能力，但从长期来看对利润效率也有负面影响。上述发现对中国银行业的未来改革具有重要的启示。

作者的基本观点是，实施民营化战略的主要目标是优化银行的治理结构和硬化银行的预算约束，以便更好地解决代理问题和道德风险问题。改革的最终目的是通过提高银行效率，增强银行系统的稳定性、适应性和风险抵御能力。文章通过实证分析来评估银行的绩效并检验民营化战略对绩效的具体影响，为深化银行业改革提供有用信息。

文章的重点是研究方法、模型设定和数据分析。目前流行的估计技术是 Aigner 等（1977）开发的随机前沿模型分析技术（SFA）。SFA 预先假定一个函数形式，然后将误差项分解成随机误差（v_i）和无效率项（u_i）。它假设无效率项（u_i）服从一个非对称的半正态分布，随机误差项（v_i）服从对称的标准正态分布。SFA 在函数设定和分布假设上受到批评，然而，它可以将随机误差项和无效率项分离，加之测量误差和不确定性经济环境的问题更可能发生在转型经济国家和发展中国家，所以它比非参数方法更适于研究转型经济国家和发展中国家的效率问题（Fries 和 Taci，2005）。

研究人员通常采用两阶段方法来估计成本或利润前沿，第一阶段获得无效率项，第二阶段用此无效率项对一些可能的影响因素进行回归。这种两阶段的方法存在着重要缺陷：无效率在第一阶段被假定为同分布但在第二阶段又假设它同一系列变量具有某种函数关系（Kumbhakar 和 Lovell，2000）。单阶段估计方法克服了上述问题。文中采用 Battese 和 Coelli（1995）提出的单阶段随机前沿模型分析技术。Battese 和 Coelli（1995）模型假定非负的成本无效率是与特定企业相关的一系列变量的函数，服从截尾正态分布且独立分布，具有常方差，但均值是观察变量的线性函数。

一个广义的 Ballese 和 Coelli（1995）模型由三个方程表示，式（1）表示的是成本前沿模型。

$$\ln y_{it} = \beta_o + \beta_t t + \beta x_{it} + L n v_{it} + \ln u_{it} \quad i = 1, \cdots, N; \ t = 1, \cdots, T \tag{1}$$

其中，i 和 t 是企业和时间；$\ln y_{it}$ 是第 i 个企业生产成本的对数形式；x_{it} 是第 i 个企业投入价格和产出的对数形式，为 k 维向量；v_{it} 是随机变量，假定它服从独立同分布的正态分布 $N(0, \sigma_v^2)$ 并且独立于 u_{it}；u_{it} 是非负的成本无效率，它服从独立的、零处截尾的正态

---

① 本文作者：姚树洁、姜春霞、冯根福，原文发表于《经济研究》2011 年第 8 期。

分布 $N(m_{it}, \sigma_v^2)$；β 是一个待估计的系数向量。

式（2）给出了无效率效应模型：

$$m_{it} = \delta_0 + \delta_1 t + \delta z_{it} + W_{it} \tag{2}$$

其中，z_{it} 是与生产成本无效率相关的解释变量组成的一个向量；W_{it} 是一个随机变量，服从截尾正态分布，均值为 0，方差为 σ；δ 是待估计的系数向量。

式（3）界定了 t 时点 i 银行的成本效率：

$$CE_{it} = \exp(u_{it}) = \exp(z_{it}\delta + W_{it}) \tag{3}$$

式（4）是超越对数函数形式表示的成本前沿的实证设定：

$$
\begin{aligned}
\ln(TC/\omega_2 z_2) = {} & \alpha + \sum_{i=1}^{3}\beta_i \ln(Y_i/z_2) + \sum_{k=1}\psi_k \ln(W_k/w_2) + \sum_{r=1}\varphi_r \ln(Z_r/z_2) + \tau_1 T \\
& + \frac{1}{2}\sum_{i=1}^{3}\sum_{j=1}^{3}\beta_{ij}\ln(Y_i/z_2)\ln(Y_j/z_2) + \frac{1}{2}\sum_{k=1}\sum_{m=1}\psi_{km}\ln(W_k/w_2)\ln(W_m/w_2) \\
& + \frac{1}{2}\sum_{r=1}\sum_{s=1}\varphi_{rs}\ln(Z_r/z_2)\ln(Z_s/z_2) + \frac{1}{2}\tau_{11}T^2 \\
& + \sum_{i=1}^{3}\sum_{k=1}\bar\omega_{ik}\ln(Y_i/z_2)\ln(W_k/w_2) + \sum_{i=1}^{3}\sum_{r=1}\kappa_{ir}\ln(Y_i/z_2)\ln(Z_r/z_2) \\
& + \sum_{k=1}\sum_{r=1}\sigma_{kr}\ln(W_k/w_2)\ln(Z_r/z_2) + \ln v_{it} + \ln u_{it}
\end{aligned}
\tag{4}
$$

其中，TC 是总成本；Y_i 是产出；W_k 是投入价格；Z_r 是净投入；T 是时间趋势；v_{it} 是独立同分布的随机误差项，独立于 u_{it}；u_{it} 是非负无效率项；X_n 是对产出取对数后的调整值，目的是使它们落入区间 $[0.1\times2\pi, 0.9\times2\pi]$，$\alpha$，$\beta$，$\psi$，$\varphi$，$\tau$，$\bar\omega$，$\kappa$，$\sigma$ 是待估参数。

利用一个任选的投入要素价格（文中选用资金价格）将成本（利润）和其他要素价格标准化，从而设定投入价格的线性齐次性限制。利用总资产对总成本、利润、产出变量和净产出进行标准化，以控制规模偏差和异方差。假定银行在决定产出价格上具有一定程度的市场影响力量，通过估计一个利润前沿方程从而获得利润效率（Berger 和 Mester，1997）。这个利润函数设定与成本前沿方程相同，区别在于将被解释变量总成本替换为利润，而且无效率项变为 $-\ln u_{it}$。

无效率效应模型如方程（5）所示：

$$u_{it} = \delta_0 + \sum_{a=1}^{10}\delta_a CG_{it} + \delta_{11}t^2 + \delta_{12}GDP + \varepsilon_{it} \tag{5}$$

其中，t 是时间趋势，CG_{it} 是所有制和治理结构效应向量，GDP 是宏观环境的代理变量。

采用修正过的中介法（Sealey 和 Lindley，1977），文中定义了三种产出：总贷款、其他盈利资产和存款；两种投入：资金成本和劳动力成本；一种净投入：权益。数据来源于 BankScope、《中国金融年鉴》（1996~2008）和《中国统计年鉴》（1995~2008）。该文主要关注内资商业银行，并将其分为三类：国有商业银行、股份制商业银行、城市商业银行，样本含 428 个观测值。

理论上，劳动力价格和实物资本价格应该分开测度，但由于缺少独立的劳动力数据（如：人员费用），文章按照 Hasan 和 Marton（2003）的方法，将劳动力和实物资本的价格定义为非利息支出占总资产的比例。劳动力和实物资本市场按照银行的类型界定。劳动力和实物资本的平均价格是同类型银行价格（该银行自身价格除外）未加权的平均值（Koetter，2005）。资金价格定义为总利息支出与总生息资金的比值，市场平均价格是除该银行之外的同类型银行价格未加权的平均值。无效率效应模型包含 10 个所有制和治理结构指标，表 1 给出了这些指标的定义。前三个是静态所有制效应指标——CCB、JSCB 和 SOCB，分别代表城市商业银行、股份制银行和国有商业银行。在样本期间，哑变量为 1 代表某一特定类型的银行，为 0 代表其他类型。上市银行变量为 1 代表该银行为上市银行，为 0 代表未上市银行。两个选择效应指标包括"外资参股"和"IPOs"，用以判断绩效好的银行是否选择改变其治理结构。为 1 代表是，0 代表否。动态效应指标用来比较治理结构变化前后的银行绩效，从而检验治理结构变化的效应。两个短期的动态效应指标是"经历了外资参股（ST）"和"进行了 IPO（ST）"，用来检测治理结构变化的时机效应。哑变量为 0 表示变化之前，为 1 表示变化之后。两个长期的动态效应指标是"经历了外资参股（LT）"和"进行了 IPO（LT）"，用来估测治理结构变化的年数对效率的影响。哑变量为 0 表示在银行治理结构变化之前，此后，哑变量取值为变化后的累计年数。无效率效应模型还包括时间趋势变量和宏观经济环境的代理变量。

表 1　无效率影响指标

静态效应指标	
CCBs	为 1 代表其是城市商业银行，0 为否
JSCBs	为 1 代表其是股份制商业银行，0 为否
SOCBs	为 1 代表其是国有商业银行，0 为否
上市银行	为 1 代表其是上市银行，0 为
选择效应指标	
外资参股	为 1 代表在样本期间经历了外资参股，0 为否
IPO	为 1 代表在样本期间进行了 IPO，0 为否
动态效应指标	
经历了外资参股（ST）	为 1 代表在外资参股之后，0 为之前
进行了 IP0（ST）	为 1 代表在 IPO 后，0 为之前
经历了外资参股（LT）	取值为外资参股后的年数，0 表示参股之前和其他银行
进行了 IPO（LT）	取值为 IPO 后年数，0 表示 IPO 之前和其他银行

注：估计时，第一指标——CCBa 被排除为了便于比较。

该文检验了 1995~2008 年中国 42 家商业银行的成本效率和利润效率，并在同一个框架中同时检验了静态所有制效应、治理结构变化的选择效应和动态效应。文章在估计成本效率和利润效率时采用了市场平均投入要素价格，提高了估计结果的质量，增强了研究结论的可靠性。中国银行业效率在样本期内得到了提高，利润效率改善的速度比成本效率快，估计的行业平均利润效率和成本效率分别是 70% 和 72%。文章发现不良资产对成本效率有膨胀作用，当不良资产数额较大，在银行间分布不均又不能准确地将其从贷款总额中分开的情况下，利润效率是优于成本效率的绩效评价指标。

作者发现所有制对银行效率有显著的影响，城市商业银行是获利能力最强的银行，股份制银行次之，国有商业银行最差，这为国有银行民营化改革提供了实证支持。该文还发现了较强的"选摘樱桃"效应，即：国外战略投资者趋于选择获利能力强的银行进行参股投资。从治理结构变化的动态效应来看，尽管国外战略投资者最初选取了获利能力强的银行进行参股，但从长期来看，外资参股降低了银行的利润效率。实施 IPO 战略在短期内会提高银行的利润效率，但在较长时期却降低银行利润效率。作者认为短期收益主要来自于上市前的一次性改革，而不是银行治理结构变化的影响。

尽管研究发现外资参股与 IPO 战略并不如预想中的那样有效，甚至降低了银行效率，但它们是中国银行体系成功实现现代化必不可少的过程。中国政府已经做出巨大的努力来吸引外国战略投资者参股中国的主要银行，并鼓励银行上市，使其在自由的市场环境里增强竞争力。这些长远战略措施的效果需要较长的时间才能看到。

四、博弈实验及其他
——直面复杂经济金融活动

为了保持本系列研究报告在体系上的一致性，以及与其他内容的衔接，本部分仍主要是博弈论、实验经济学和两者的融合，以及与数量经济学相关的其他前沿分支的进展状况，以便在现实日趋复杂这一大背景下，更好地去认知、领会和把握当代经济金融活动特点和理论发展趋势，为更好地分析解决国内经济改革发展与社会生活中的重大现实问题开辟新的理论途径，提供更有力的技术支持及理论创新。

1. 人们关注的是分配动机还是分配结果？——最后通牒实验视角下两种公平观的考察[①]

【摘要】该文通过设计一组最后通牒实验考察了分配动机的公平和分配结果的公平对人的行为决策的影响，并分别从浙江和北京两地获取了相关实验数据。采用角色随机分配的简化最后通牒实验，通过提议者不同可选分配方案向响应者发送的信号，考察对提议者的"动机是否公平"从而响应者是否有相应的不同拒绝率。实验结果表明，响应者对提议者"分配动机的公平"有显著不同的反应，说明基于动机的互惠偏好确实在人们的行为决策中扮演重要角色。同时通过一组修正型的最后通牒实验从分配结果公平的角度考察了其影响机制，发现分别在保证博弈实验中 38% 的被试拒绝行为，以及免惩罚博弈中 89% 的被试拒绝行为，不能被差异厌恶偏好理论进行解释。实验的结果在于说明分配动机的公平

---

① 本文作者：陈叶烽、周业安、宋紫峰，原文发表于《经济研究》2011 年第 6 期。

比分配结果的公平更会影响人们的决策行为，其暗含的政策含义即分配过程的公平比分配结果的公平更为重要。

作者的理论基点是，动机公平和结果公平是两个重要的公平观，前者认为动机对人的行为决策有重要影响，而后者认为人们往往倾向于结果上的公平比较。行为经济学家相应地把它们归为互惠偏好和差异厌恶偏好，并通常用最后通牒实验（Güth 等，1982）来分析人们的公平行为。对于最后通牒实验中响应者为何拒绝一个正的分配行为，行为和实验经济学家通常有两种解释。第一种解释是响应者具备差异厌恶偏好，对于一个不公平的分配结果感到厌恶因此选择拒绝；第二种解释是响应者通过拒绝一个正的分配额从而实现对提议者"恶意动机"的惩罚。差异厌恶偏好和互惠偏好均可以对其进行解释。

文中试图从行为经济学的角度运用实验经济学的方法对这一论题重新进行考察。

为此，作者做出了相应的实验设计。由于最后通牒实验是一个用来分析人们公平行为的经典实验，因此该文中的所有实验类型除了标准的最后通牒实验之外均为最后通牒实验的扩展或者修正，主要由以下两个部分组成。

第一部分是从动机公平即互惠偏好对行为人决策影响的机制设计，作者采用了 Falk 等（2003）的实验设计并相应调整了禀赋额，具体来说这个实验由四个迷你型的最后通牒实验组成，迷你型的最后通牒实验与标准的最后通牒实验非常相近，但是限制了提议者可供选择的分配方案，即每次博弈中提议者可供选择的分配方案限于两种：分配方案 A 和分配方案 B，其中分配方案 A 恒定为（16，4），而方案 B 在不同的实验中依次表现为（10，10）、（4，16）、（16，4）和（20，0）中的一种，即每次博弈中提议者可以选择（16，4）的方案也可以选择该次博弈相应出现的比如（10，10）、（4，16）和（20，0）这样的备选方案。该实验的主要目的是分析在不同的备选方案情形下，响应者对于同样的（16，4）的方案会如何做出反应。我们的实验与 Falk 等（2003）的一个区别在于被试角色的选取问题，Falk 等（2003）的实验设计中被试事先被选定为某一角色之后在四种情形中均保持这个角色不变，我们认为这种设置对被试来说极容易形成学习效应，为了在一个更严格的条件下来论证互惠偏好对实验行为的影响，我们的实验设计中每一轮被试的角色是随机选取的，即在每轮中他的角色的选择是随机的而不是固定的，同时我们也试图来分析和比较角色随机选取和固定选取对实验结果的影响。

第二部分实验作者从结果公平即差异厌恶偏好对行为人决策影响的角度进行分析，这部分的实验参考了 Garrod（2009）的实验设计，即采用一个由标准最后通牒实验，免惩罚实验及保证博弈实验组成的"三合一"实验来检验差异厌恶理论对人的行为决策影响。免惩罚博弈实验及保证博弈实验都是标准最后通牒实验的修正型实验，免惩罚博弈实验在最后通牒实验的基础上扩大了提议者的权利，即响应者拒绝提议者的方案后提议者仍然可以获得分配方案中他的所得收益，而保证博弈实验扩大了响应者的权利，即响应者拒绝提议者的方案后仍然可以获得分配方案中他的所得收益。该部分实验的主要目的是分析和比较响应者在处于收益优势或劣势等不同情形下基于结果的差异厌恶偏好是否影响了其拒绝行为。

作者对实验流程做了专门说明。当实验对象进入实验室时首先需要抽取一份实验说明，该实验说明上面标有计算机编号，抽到号码后将相应入座对应的计算机，实验对象同时会拿到一张草稿纸和铅笔以进行实验过程中的收益运算。在实验对象阅读完实验说明后，实验员会结合软件操作说明把整个实验说明再宣读一遍。实验者还给予实验对象一定时间私下提问，解答其在阅读实验说明中的疑惑，等所有实验对象对实验说明确认无疑，实验才正式开始。在实验说明中，要求实验对象在实验过程中禁止和别的实验对象有任何形式的沟通。如果实验对象有任何问题，只需举手示意即可，实验员会马上私下解答他提出的问题。在正式实验开始之前，他还被告知整个实验过程中实验对象的匿名性，即他在实验操作过程中是完全匿名的，实验中他的个人信息和决策信息将会严格保密，整个实验过程不会要求记录他的名字或学号信息。在实验完成后其获取实验现金报酬时，会私下得到一份装有实验收益现金的信封，其他实验对象无法知道他获得多少实验收益。

该实验总共分为五个部分：

第一部分是个体信息问卷调查，该问卷调查包括了实验对象 16 个个体信息问卷内容，包括：实验对象的年龄、性别、民族、年级、城乡、专业、身份、父母教育水平、家庭收入、兼职状况和风险厌恶程度等。

第二部分是实验控制问题测试，在正式的实验开始前实验对象均需参与 10 道实验问题测试，主要是为了实验对象更好地理解实验中收益支付的计算以便他在实验中更好地决策，只有通过测试实验的对象才能参加正式的四个实验。

第三部分是正式的四个实验任务。在这部分内容中，实验对象将连续进行四个双人游戏实验，即：实验 1、实验 2、实验 3 和实验 4，相应地完成四个实验任务。具体实验任务如下：

实验 1 进行的是标准最后通牒实验。在该实验中实验对象和另外一方随机地组成一组，双方会随机地扮演提议者角色和响应者两种角色，我们给提议者 20 个筹码。提议者的任务是对这 20 个筹码在他与响应者之间进行分配，比如分配给响应者 X 个筹码，响应者如果接受提议者的分配方案，此时提议者会得到（20-X）个筹码，响应者得到 X 个筹码；如果响应者拒绝这种分配方案，则双方收益均为 0 个筹码。

实验 2 进行的是保证博弈实验，该实验与最后通牒实验非常相近，但是保证了响应者在拒绝提议者的分配方案时仍能获得自己相应的收益，具体描述如下：在该实验中实验对象和另外一方随机地组成一组，双方会随机地扮演提议者角色和响应者两种角色，我们给提议者 20 个筹码。提议者对这 20 个筹码进行分配，比如分配给响应者 X 个筹码，响应者如果接受提议者的分配方案，此时提议者会得到（20-X）个筹码，响应者得到 X 个筹码；如果响应者拒绝这种分配方案，则响应者仍然得到 X 个筹码，但提议者的收益为 0 个筹码。

实验 3 进行的是免惩罚博弈实验，该实验也与最后通牒实验非常相近，但是保证了提议者在其选择的方案遭到响应者拒绝时仍能获得自己相应的收益，具体描述如下：在该实验中实验对象和另外一方随机地组成一组，双方会随机地扮演提议者角色和响应者两种角色，我们给提议者 20 个筹码。提议者对这 20 个筹码进行分配，比如分配给响应者 X 个筹码，响应者如果接受提议者的分配方案，此时提议者会得到（20-X）个筹码，响应者得到 X 个筹码；如果响应者拒绝这种分配方案，则此时响应者得到 0 个筹码，但是提议者仍然会得到（20-X）个筹码。

在上述三个实验中当游戏者 B 决定接受还是拒绝游戏者 A 提出的分配方案时，实验者均会让游戏者 B 同时输入一个"你认为在这个实验中游戏者 A 分配给你多少个以上的筹码你才能接受"的数额，即最小接受额（Minimum Acceptable Offer, MAO）。

实验 4 进行的是简化的最后通牒博弈实验，该实验也与最后通牒实验非常相近，但是限制了提议者可供选择的分配方案，即提议者可供选择的分配方案限于两种即分配方案 A 和分配方案 B，具体描述如下：在该实验中实验对象和另外一方随机地组成一组，双方会随机地扮演提议者和响应者两种角色，我们给双方共 20 个筹码，其中由提议者对这 20 个筹码在两者之间进行分配，但是提议者只有两种可供选择的分配方案即方案 A 和方案 B，如果提议者选择的分配方案被响应者接受，则双方按照该方案获得相应的筹码，如果提议者选择的分配方案被响应者拒绝，则双方均将获得 0 个筹码。

第四部分是支付规则问卷调查。在这部分内容中作者设置了一个实验收益的支付规则问卷，我们通过调查问卷的形式测度了被试对实验收益如何分配的三种公平规则，即功利主义规则，最大最小化规则和平均主义规则。具体来说，第一种规则是无论是谁，最后大家的收益就按照实验中所得的结果进行分配；第二种是由于实验所得肯定存在最高者（可能多个）和最低者（可能多个），我们从实验所得最高者那里拿 10% 的收益无偿转移给收入最低者，其他人员按照实验所得进行分配；第三种是为了避免大家的实验所得结果存在差异，无论是谁，我们把大家的收益全部平均化再进行分配。

第五部分是实验对象获取所得现金。实验对象完成以上全部内容后，计算机屏幕会显示整个实验的收益所得总现金。实验者会私下根据其实验所得给其一个装有实验收益现金的信封，其在获取实验所得现金并把实验说明，草稿纸及铅笔交还给我们后即离开实验室，整个实验结束。

如何设置实验参数，是决定实验有效的关键环节和因素。第一，为了便于实验数据进行分析和比较，实验者在四个实验任务中设置的实验对象的初始禀赋均为 20 个筹码，相应地在简化的最后通牒博弈实验中设置的方案 A 为（16，4），方案 B 依次为（10，10）、（4，16）、（16，4）和（20，0）。第二，我们设置的标准最后通牒实验，免惩罚博弈实验及保证博弈实验轮次均为 2 轮，主要目的是为了在被试内实验设计方法下同时获取行为人扮演提议者和响应者角色时的行为数据。同时简化的最后通牒实验中实际上有四种不同备选方案的最后通牒实验，每种实验也设置为 2 轮，因此该简化的最后通牒实验总轮次为 8 轮。第三，为了剔除重复博弈导致声誉机制对实验行为的影响，所有的实验都设置为双人匿名且完全陌生搭配，以 8 轮的简化最后通牒博弈实验为例，由于双方完全匿名且每一轮的搭配均是新的双人组合，这就相当于 8 次的"一次性"博弈实验，即双方无法在重复博弈中建立声誉。第四，在全部的四个实验任务中，实验者给予每个筹码 0.1 元的比例进行兑换，如果实验对象在全部实验中获得了 200 个筹码即可相应获得 20 元人民币，另外我们给予每个实验对象 5 元钱的出场费以保证他有激励来参与并认真完成实验。最后，为了控制实验的顺序效应（Order Effect），实验者对 204 个实验样本进行的 9 场实验采用了不同的实验顺序，详细情况见表 2。

表 2 实验情况

实验场次	实验时间	实验地点	实验人数（名）	有无经验	实验顺序
一	2009 年 11 月 22 日 18：30~19：30	浙江大学计算中心	30	有	1, 2, 3, 4
二	2009 年 11 月 29 日 18：30~19：30	同上	28	有	4, 1, 2, 3
三	2009 年 12 月 6 日 18：00~19：30	同上	26	有	2, 3, 1, 4
四	2010 年 3 月 13 日 10：00~11：00	中国人民大学经济组织与经济行为实验室	20	有	1, 3, 2, 4
五	2010 年 3 月 13 日 14：00~15：00	同上	20	有	4, 1, 3, 2
六	2010 年 3 月 13 日 16：00~17：00	同上	20	无	3, 2, 1, 4
七	2010 年 3 月 14 日 10：00~11：00	同上	20	有	4, 3, 2, 1
八	2010 年 3 月 14 日 14：00~15：00	同上	20	无	4, 2, 3, 1,
九	2010 年 3 月 14 日 16：00~17：00	同上	20	有	1, 4, 3, 2

作者于 2009 年 11 月、2009 年 12 月和 2010 年 3 月分别从浙江大学紫金港校区和中国人民大学招募了总共 204 名本科生并分成 9 批安排参与了实验。他们全部是自愿报名并且在他们空闲的时间段参与实验，实验地点分别为浙江大学计算中心和中国人民大学经济组织与经济行为实验室。具体采用了 Z-tree 软件程序（Fischbacher，2007），整个实验过程全部在计算机上操作完成，每场实验耗时约 60 分钟，实验后平均每人的实验收益所得为 16.7 元。具体的实验时间、地点和被试人数、实验顺序见表 2。该实验研究的结果主要考察了：各实验行为均值的总体分布；浙江、北京两地以及实验经验数据之间的差异性检验；基于结果的差异厌恶偏好对实验行为的影响；结果公平对实验行为影响的进一步分析和基于动机的互惠偏好对实验行为的影响。

综上所述，该项研究在 Falk 等（2003）和 Garrod（2009）的实验基础之上，在一个被试内的实验设计方案下同时考察了互惠偏好和差异厌恶偏好对个体行为决策的影响，弥补了 Falk 等（2003）和 Garrod（2009）的单一方面的研究不足。通过一个角色随机分配的简化最后通牒实验中提议者可供选择分配方案向响应者发送的动机是否公平的信号，我们发现响应者对于不同可供选择分配方案下的同一个分配的拒绝率显著不同，这说明基于动机的互惠偏好理论确实在人的决策影响中扮演着重要角色。同时我们通过一组修正型的最后通牒实验从分配结果公平的角度考察了其影响机制，发现分别在保证博弈实验中 38% 的被试拒绝行为，以及免惩罚博弈中 89% 的被试拒绝行为，不能被差异厌恶偏好理论进行解释。

该研究具有理论和实践的双重意义。从理论上来说，作者证实了在最后通牒博弈的框架中，差异厌恶理论并不能够很好地解释响应者的拒绝行为，这说明 Fehr 和 Schmidt (1999) 提出的这个理论模型虽然简洁明了，而且因为具备较强的可操作性得到了广泛的应用，但是由于它忽视了对人们行为动机因素的刻画，因此并不是一个对效用函数的完美表达。从现实意义角度来说，该文的研究结论在于说明分配动机的公平比分配结果的公平更会影响人们的决策行为，其暗含的政策含义即分配过程的公平比分配结果的公平更为重要，这对当前我国正在进行的收入分配改革有一定的政策借鉴意义。

2. 个人所得税改革的灵敏度分析：基于微观模拟途径[①]

【摘要】该文应用微观模拟方法，基于收入分配的视角对个人所得税扣除标准的设置进行了研究。以区域经济为对象，文中构建了一个带有行为反应的微观模拟模型，对个人所得税改革的政策效应进行了灵敏度分析，结果表明：中国个人所得税的扣除标准具有局部优化解，过高的扣除标准将加大收入差距并破坏税收的公平性原则，4000 元/月以下的设置则较好地体现了收入再分配特性。

作者认为，税收制度的收入分配效应和财政效应评价一直是微观模拟最主要的研究领域，主要原因在于模型所使用的静态微观模拟方法比较成熟且政策分析的区间较短，模拟的结果准确性较高，如 Atkinson 等 (1998) 以法国家庭样本为微观数据，分析了应用英国税收/津贴系统替代法国税收/津贴系统所产生的经济影响，实现了政策的跨国比较；Bourguignon (2000) 应用微观模拟模型 (Eur3) 比较分析了法国、意大利和英国税收制度的收入分配效应，这为欧盟一体化模型 (Euromod) 的研制提供了实验基础；Creedy 和 Duncan (2002) 应用行为微观模拟模型分析了微观个体对税收制度改革的劳动供给行为反应；Oliver 和 Spadaro (2004) 应用校准的行为微观模拟模型以"最优逆向途径 (Optimum Inverse)"分析了如何将 1999 年西班牙所得税改革解释成为社会不平等参数发生变化的必然结果；Labeaga 等 (2008) 以离散的劳动供给行为为对象，建立了税收—津贴微观模拟模型，由此分析税收制度改革的经济效应和收入分配效应等。

文中探讨的重点是构建微观模拟模型。在微观模拟模型中，宏观经济由大量微观个体组成，通过将宏观政策施加于微观个体（或家庭），模拟出政策变动对微观个体状态和行为产生的影响，而微观个体状态和行为的变动又会自然累积成宏观经济运行态势的变动，最后应用经济与统计方法提炼政策的作用效果。基于研究的具体情况与目的，文中将模型细分为：微观数据处理、静态时化、政策实施、微观行为反应和政策效应分析 5 个模块。图 1 给出了建模流程，而各个模块分别由虚线划定的①~⑤ 5 个区间标识，区间※为模拟目标的系统分析机制，是模型的理论基础和现实抽象。通过这些模块的依次执行，就可以评价个税制度的具体作用效果。

---

① 本文作者：万相昱，原文发表于《世界经济》2011 年第 1 期。

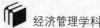
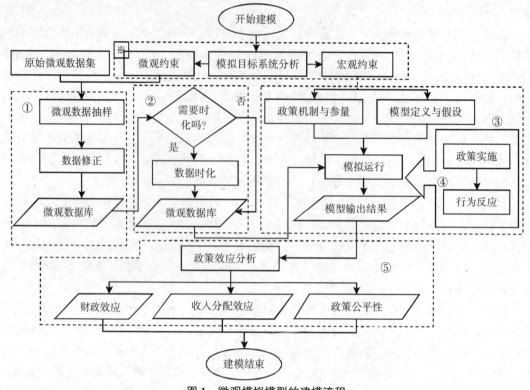

图1　微观模拟模型的建模流程

（1）数据处理模块。该文的宏观数据来自《吉林省统计年鉴》，微观数据来自吉林省统计局发布的 2006 年劳动力调查数据和 2005 年 1%人口调查数据。数据处理模块通过对这些数据库的操作为模拟提供有效的微观数据基础，它主要包括微观数据的抽样和修正两个部分。根据具体情况和研究目的，文中对数据进行了如下处理：第一，应用分层抽样技术对 2006 年劳动力调查数据进行再抽样以作为模拟对象数据，应用精确匹配技术从 2005 年人口调查数据中获取并补充对象数据中缺失的家庭信息；第二，由于公共政策评价需要微观个体的劳动收入数据，而统计调查得到的是微观个体的净收入数据，因此根据社会保险条例以及微观个体具体的参保情况，将微观个体的净收入数据还原为劳动收入数据；第三，由于在统计调查过程中微观个体存在低报收入的现象，需要依据调查数据中微观个体所在行业的平均工薪额与宏观统计年鉴中该行业平均工资额的差异，对微观个体的劳动收入进行修订，以确保微观数据对宏观现实的代表性；第四，对于调查中未提供的非劳动收入数据，需要通过宏观经济数据和相应政策法规以及微观个体的人口特征，应用蒙特卡罗方法加以计算获得。通过该模块的运行，为微观模拟提供可靠而充分的微观数据库。

（2）静态时化模块。微观数据的调查成本以及可行性等现实条件决定了调查数据与目标数据存在间隔，目标数据不可直接获得，这就需要引入"时化"（Aging）技术。时化技术应用重新加权（Reweighting）和等级提升（Uprating）的方法将基础期数据更新为目标期数据，解决了数据"投影"问题。我们的基础数据来自 2006 年统计调查，这显然无法满足对公共政策的即时评价，时化技术成为必要工具。该文政策分析的基本点是收入分配研究，因此关键是对微观个体收入数据的时化，这也是现实中时化技术最主要的应用。这里作者采用结构回归模型，将就业结构的影响内生到收入回归方程中，其具体形式为：

$$\ln y = C + \alpha_1 Sex + \alpha_2 Edu + \alpha_3 Exp + \alpha_4 Exp^2 + \alpha_5 Stat + \varepsilon \tag{1}$$

$$\alpha_i = c_i + \beta_i \ln(Y_{IND}) + \gamma_i LN(Y_{OCC}) \tag{2}$$

其中，C 和 c_i 为常数项，Sex 为样本性别的虚拟变量，Edu 为受教育的年限，Exp 和 Exp^2 分别为样本工龄和工龄的平方，Stat 为劳动者就业身份，式（1）中 α_i 为系数参量，它具体形式由式（2）给出，YIND 和 YOCC 分别为样本所在行业和职业的总体平均收入，β 和 γ 为待估系数参量。应用 2006 年微观数据我们计算得出了模型的参量估计值，估计的结果体现了较好的显著性和预测优度，其可决系数 R^2 为 0.4，而 F 统计量下的检验概率小于 0.01。最后根据微观个体人口属性及其目标年的行业和职业平均收入，就可以对目标期个体的收入做出预期，从而实现了微观数据向目标期的投影。

（3）政策实施模块。政策实施模块是模型的一个主体部分，它将具体的宏观政策实施到微观单位上，从而模拟现实的经济系统。从构成原理上该模块可以分为：①微观决策单位。它是政策实施的目标对象，也是政策响应的决策单位。该部件的具体数据来自于以上两个模块的输出结果，在此基础上提供与政策有关的筛选机制，以便将微观单位有针对地划分为个人、家庭或者居民户，以及不同特征分组的居民群体。②外生政策参量及其响应机制。这是模拟的重要输入与评价部分，它由现实宏观政策的具体规则决定，真实反映施政机制，进而可以通过调节政策参数选项（文中为个税扣除标准），实现对不同政策的模拟分析。③模拟的基本定义。主要包括：对重要经济指标的定义，如：经济人口、失业率等；度量单位的定义，如无特殊说明则将收入分配的基本分析单位定义为居民户，并应用人均等价规模（居民户人均收入）作为收入分配的度量单位，而将劳动供给的分析单位定义为个人，以符合统计口径。另外，作者还将输出的结果按可支配收入进行了十等分分组，以获取公共政策对于不同收入群体的作用效果；评价标准的定义，如采用摩根公式对微观数据计算基尼系数，以此度量收入不平等性等，以增强评价结果的有效性。④模拟的基本假设。模型中最重要的假设为微观个体的经济行为会根据经济和政策的环境改变而自发调整，但人口统计特征保持不变，这是静态行为微观模拟模型的本质假设；另一个重要的假设是，在缺失有效信息的条件下，宏观政策的实施将严格按照制度规定的标准，使微观个体"理论化"地成为政策的权力与义务主体，如暂不研究逃税现象等。此外还要对某些缺失变量做出假设，如以住房或财产总额等信息估算居民财产性收入。

（4）行为反应模块。公共政策的改革往往不可避免地对经济主体的行为产生影响，当改革幅度较大或政策本身旨在对特定经济行为进行调节时这种现象尤为明显，它可以理解为在微观主体单方面调整行为时政策改革的短期作用效果。因此将行为反应纳入微观模拟模型既是新的进展也是必要的阶段。行为反应模块本质上就是一个通过公共政策对净收入的影响而激励行为供给方的局部均衡模型，一般采用结构化的模型设计和估计异质偏好的经济计量方法，尽管这不可避免地破坏了微观的完美异质特征，但不失为一种较为精确而有效的行为求解方法。带有劳动供给反应的税收/津贴模型是行为微观模型的典型实例，多数相关研究都主要基于劳动供给变化的短期经济效应。遵循国外先进的研究经验和中国的具体国情，文中对该模块进行了设计和建模，接下来重点针对其构建原理加以细述。

作者首先以个人的劳动供给为例，基于效用最大化假设，对主体的劳动供给函数进行求解和应用。这里以 Y 和 L 分别表示收入与闲暇，那么个体在 L* 处的效用可以表示为：

$$U_{L^*} = U(Y_\mu, \ L^*; \ X) + \varepsilon$$

$$\text{s.t.} \ Y_{H^*} \leqslant y_0 + wH^* + NT(w, \ H^*, \ y_0; \ Z; \ \gamma) \tag{3}$$

其中，H 表示个体的劳动时间，在数值上等于总的可用时间与闲暇的差（H = T − L），X 为个体属性向量，公式后半部为相应的预算约束，y_0 为非劳动收入，w 为工资率，NT.（·）…表示再分配系统，它取决于个体初次分配的收入、属性 Z 和再分配系统的政策参数 γ。传统上劳动供给模型根据劳动供给时间的取值域可分为"连续时间模型"和"离散选择模型"（Bourguignon 和 Spadaro，2006）：前者假设劳动供给量是小于最大可能时间的任意非负实数。然而在现实中劳动供给几乎不可能是连续的变量，并且预算约束的复杂性和非线性也给连续模型的估计带来了巨大困难。而后者将行为选择离散化，以具有代表性的时间点值替代邻近区间的阈值，用对这些离散点的优化来求解最大效用的劳动供给行为，也使预算约束集的计算实质上转化为在所有不同决策下对可支配收入的模拟。该文借鉴国外学者的经验，选用更为有效的离散选择模型进行分析（Redmond 等，1998；van Soest，1995；Keane 和 Moffitt，1998），其基本构架仍然是效用最大化的结构模型，对 H*（L*）的离散选择可以设置为：

$$H^* = \begin{cases} H_1 & \text{当 } H \leqslant h_t \\ H_2 & \text{当 } h_t < H \leqslant h_t \\ \vdots \\ H_{J-1} & \text{当 } H_{j-2} < H \leqslant h_{j-1} \\ H_J & \text{当 } h > h_j \end{cases}$$

这样，劳动供给时间将在离散集 H* ∈ {H₁, H₂, …H_J} 中取值，基于 T 值就可获得闲暇的离散选择集 L* ∈ {L₁, L₂, …L_J}，两者表达了相同的 J 个备选方案。假定当 U_j 为最大化效用时个体选择方案 j，那么 j 的概率可以表示为：

$$P_r[U_j > U_k, \ k \neq j] \tag{4}$$

根据 McFadden 条件逻辑模型（Mcfadden，1973；Spadaro，2005），假定 ε 服从类型 I 极值分布，则：

$$P_r[U_j > U_k, \ k \neq j] = P_r[U(j) + \varepsilon_j > U(k) + \varepsilon_k]$$

$$= epx(U(Y_j, \ L_j; \ X))/\sum_{k-1}^{J} \exp(U(Y_k, \ L_k; \ X)) \tag{5}$$

经验分析时作者将式中的 U 规范为二次效用函数：

$$U(Y, \ L) = \alpha_{YY}Y^2 + \alpha_{LL}L^2 + \alpha_{YL}YL + \beta_Y Y + \beta_L L + d_{non-p}C \tag{6}$$

该二次效用函数的经济学意义十分显著。其中，d_{non-p} 当个体非劳动参与时为 1，否则为 0，因此常量 C 反映了非参与对于效用的直接影响，可能是正向的（理解为对劳动的消极态度）也可能是负向的（理解为对非劳动的羞耻），它不仅能够反映主体的劳动欲望，更能量化参与和非参与之间的落差。而对于观测样本的异质性 X 可以通过参数 β_Y 和 β_L 引入，具体为：

$$\begin{cases} \beta_Y = \beta_Y^0 + \beta_Y^1 X \\ \beta_L = \beta_L^0 + \beta_L^1 X \end{cases} \tag{7}$$

结合效用函数的具体形式，可以应用极大似然法对模型做出估计，其对数似然函数如下：

$$\ln L = \sum_{i-1}^{M} \sum_{J-1}^{J} d_j \ln Pr[L^* - L_j]$$

$$= \sum_{i-1}^{M} \sum_{J-1}^{J} d_j \ln(\exp(U(Y_j, \ L_j; \ X))/\sum_{k=1}^{J} \exp(U(Y_k, \ L_k; \ X))) \tag{8}$$

其中，d_j 当主体选择方案 j 时为 1，否则为 0。通过对似然函数最大化的途径，作者可求解模型参数的估计量，这样也就有效地获得了主体的效用函数规范，为模型的行为模拟提供了条件。

当然，在现实经济生活中家庭往往是行为选择的决策单位，即个体根据其家庭的总体效用做出联合的行为反应。因此实际建模中作者以家庭为效用最大化单位，对家庭主要成员（夫妻）的劳动供给函数进行求解和应用，形成家庭劳动供给的离散选择模型。以 Y 表示家庭净收入，L_h 和 L_w 分别表示夫妻各自的闲暇时间，$L_h, L_w, L^* \in \{L_1, L_2, \cdots L_J\}$，则家庭的效用函数为：

$$\overline{U}_{ij} = U(Y_{ij}, \ L_i, \ L_j; \ X) + \varepsilon_{ij}, \ (i, \ j = 1, \ 2, \ \cdots J)$$

$$s.t. \ Y_{ij} \leq \omega_k(T - L_i) + \omega_w(T - L_\gamma) + \gamma_0 + NT(\gamma_0, \ \omega_h, \ L_i, \ \omega_w^w, \ L_j; \ Z; \ \gamma) \tag{9}$$

假设 ε_{ij} 服从类型 I 极值分布，那么夫妻分别选择方案 i 和 j 的概率为：

$$Pr(L_h = L_i, \ L_w = L_j) = Pr[U_{ij} > U_{kl}, \ k \neq i, \ l \neq j]$$

$$= \exp(U(Y_{ij}, \ L_i, \ L_j; \ X))/\sum_{l=1}^{J} \sum_{k=1}^{J} \exp(U(Y_{kl}, \ L_k, \ L_l; \ X)) \tag{10}$$

仍然使用二次效用函数来规范该结构模型：

$$U(Y, \ L_h, \ L_w) = \alpha_{YY}Y^2 + \alpha_{L_h L_h}L_h^2 + \alpha_{L_w L_w}L_w^2 + \alpha_{YL_h}YL_h + \alpha_{YL_h}YL_w +$$

$$\alpha_{L_h L_w} L_h L_w + \beta_Y Y + \beta_{L_h} L_h + \beta_{L_w} L_w + d_h C_h + d_w C_w \tag{11}$$

其中，d_h 当丈夫选择非劳动参与时为 1，否则为 0，d_w 同理。常量 C_h 和 C_w 分别反映了夫妻非参与的情形对于效用的直接影响。而对于观测样本的异质性 X 同样可以通过参数 β_Y、β_{L_h} 和 β_{L_w} 引入，形式与个人模型类似。下面给出该结构模型的对数似然函数，应用参量的极大似然估计值，可以获得家庭的效用函数形式，从而为夫妻联合劳动供给提供模拟方案：

$$\ln L = \sum_{i=1}^{M} \sum_{j=1}^{J} d_{ij} \ln(\exp(U(Y_{ij}, L_i, L_j; X)) / \sum_{l=1}^{J} \sum_{k=1}^{J} \exp(u(Y_{kl}, L_k, L_l; X))) \tag{12}$$

（5）效应分析模块。这是模型最终的输出端。该模块基于模拟输出结果（包括微观数据和累积形成的宏观总量），对实际的政策研究目标进行提炼和分析，最终给出模拟评价结果。主要包括：①政策改革的效应分析，对比政策改革前后的作用效果；②政策的动态研究与预测，研究具体政策的历史发展进程，并对现行政策的施政效果做出预期；③政策设计，设计并调整政策参数，实现对虚拟政策的评价和政策参数的灵敏度分析。

作者在计算机上应用 C ++语言和数据库语言编程实现了该模型，整个模拟均基于吉林省城镇居民微观数据库操作。应用带有劳动供给反应的微观模拟模型，作者针对具体的公共政策问题进行了模型实验。

文章还基于微观模拟方法对个人所得税制度的改革进行了灵敏度分析。作者认为个人所得税扣除标准不宜调到过高的水平。结合 2010 年的收入分配结构，4000 元/月左右应该是一个课征的界限。过度地调整扣除标准（尤其是 5000 元/月以上的设计），在增加财政损失的同时，并不能给广大的劳动者带来实质上的收益，同时还会破坏"罗宾汉"税种的公平性原则，个人所得税将丧失再分配意义。针对于个人所得税的进一步改革，作者建议对税收的累进区间进行简化设计，因为模拟研究过程中发现，过于繁琐的阈值设计很少能发挥实际的作用。同时，主张在适当的时机考虑引入负所得税，以及根据家庭经济收入水平（或夫妻联合课税）征缴所得税的方式，都能够在现实的应用中取得更为有益的效果，而仅仅局限于扣除标准的调整显然无法带来更为积极的政策效果。最后，我们更要强调的是，抛开研究分析目标不谈，该文的微观模拟模型为政策灵敏度分析提供了实用工具，而这种分析正是作者发现政策运行趋势、综合评价政策效果，从而制定有效政策参数的科学途径。

3. 中国的民工荒与农村剩余劳动力 [①]

【摘要】该文研究了中国的剩余劳动力问题，以判断刘易斯模型的第二个阶段在中国是否已经到达。有关刘易斯转折点是否来临的判断对经济发展和收入分配具有深远的影响，但已有研究对此并没有得到一致的结论。文中利用中国居民收入分配课题组 2002 年和 2007 年的全国住户调查数据，考察了农民工的工资结构，分析了农民工流动的决定因素，并研究了潜在的农民工的规模和性质。同时，基于 2005 年 1%人口抽样调查数据，预

---

① 本文作者：约翰·奈特、邓曲恒、李实，原文发表于《管理世界》2011 年第 11 期。

测了到 2020 年为止农村和城市的劳动力数量以及农民工数量。研究表明，由于制度约束的存在，民工荒和农村剩余劳动力并存的现象，在现阶段以及未来的一段时期内仍有可能持续。

对于评价发展中国家的经济业绩并解释经济发展成果的分享方式而言，著名的刘易斯模型（Lewis，1954）无疑提供了一个很好的框架。在一个竞争性的市场经济国家中，只有当经济从存在剩余劳动力的古典阶段也即第一发展阶段进入到劳动力稀缺的新古典阶段也即第二发展阶段时，实际劳动收入才会普遍上升。在这一转折点到达之前，经济增长的成效体现为对剩余劳动力的吸收，而不是劳动收入的普遍上升。在越过这一转折点之后，劳动力稀缺可以成为缓解劳动收入分配的不均等的重要因素。日本（20 世纪 50 年代或 60 年代）和韩国（20 世纪 60 年代或 70 年代）的经验，很好地诠释了从古典发展阶段向新古典发展阶段的转变过程。毫无疑问，中国在改革初期是一个典型的劳动力剩余型经济体，农村（表现为公社内部的不充分就业）和城市（表现为国有企业内部的不充分就业）都存在剩余劳动力。改革开放以来，中国经济得到了快速发展，1978~2008 年 30 年间的年平均增长率超过 9%。然而，劳动力人数在同一时期增长了 3.8 亿，从相对量看则增长了 90%，相当于年均增长率为 2.3%。一个饶有兴趣的问题便是，剩余劳动力是否已经被快速发展的经济有效地吸收？

作者认为，一些学者依据某些地区农民工工资上升的报告或数据，认为中国已经到达了刘易斯转折点（Cai 等，2007；Park 等，2007；王德文，2008）。但有学者认为，农民工工资几乎没有增长（Du 和 Pan，2009；Meng 和 Bai，2008）。还有学者认为，有证据表明中国农村地区还存在着较大规模的剩余劳动力（Kwan，2009；Minami 和 Ma，2009）。刘易斯转折点也成为出现在媒体上的一个热点话题。例如：国务院的一位参事指出，中国在未来 40 年内的劳动力资源都是充足的（Xin 和 Shan，2010）。对剩余劳动力问题出现了两种截然不同的判断，这种状况部分地反映了数据的匮乏，导致难以对这两种假说进行检验。然而，这两种判断有可能都包含着正确的成分。但问题在于如何将表面上相互冲突的论据予以整合，因此，该文试图提供解决这一难题的可行途径。具体而言，试图分析农民工的工资决定机制，判断农民工工资是否出现了增长的趋势，并考察工资变动的原因。文中也估计了农村劳动力外出的概率模型，分析未外出人员选择留在农村的原因，并估算农村地区潜在的可供转移的农民工数量。由于劳动力市场处于快速变动之中，因此该文也对未来十年间的劳动力供求状况进行了预测，以描绘剩余劳动力规模的变动趋势并判断劳动力市场转折到来的大致时间。

从方法（论）意义上说，该文基于微观调查数据进行分析，有明显的现场实验（Field Experiment）研究方法的特色。在简要介绍刘易斯模型和梳理相关文献的基础上，该文使用的数据来自中国居民收入分配课题组（CHIP）的 2002 年和 2007 年住户调查。调查包括三种类型的住户：城镇家庭、农村家庭和农民工家庭。这三种类型的住户调查是分开进行的，其中城镇家庭和农村家庭的样本是国家统计局大样本中的一部分。

2002 年的农村住户调查覆盖 22 个省（市、自治区），在选择调查省（市、自治区）

时充分考虑了代表性问题。其中北京代表直辖市，河北、辽宁、江苏、浙江、山东和广东代表沿海地区，山西、吉林、安徽、江西、河南、湖北和湖南代表中部地区，四川、重庆、贵州、云南、广西、陕西、新疆和甘肃代表西部地区。样本户在 22 个省（市、自治区）的分布大致等同于这些省（市、自治区）的人口数的相对比例。各省（市、自治区）统计局根据收入分层抽取样本县和样本户，每个样本县中至少有 50 个调查户。在 2002 年的农村住户调查中，总计有 120 个调查县、9200 个样本户、37969 个人。2002 年的城镇家庭住户调查只包含上述 22 个省（市、自治区）中的 12 个：北京、山西、辽宁、江苏、安徽、河南、湖北、广东、重庆、四川、云南和甘肃，总计有 70 个城市、6835 个样本户和 20632 个人。调查问卷由课题组成员设计。为了精确估计家庭可支配收入，调查问卷包括详尽的收入信息。调查户被要求回答每一就业人员的工资性收入与其他收入以及家庭经营收入等。农村调查户还回答了在本乡以及本乡之外工作时间的有关信息。有关收入的问题包括每个家庭成员的工资性收入和其他收入，也包括家庭经营收入。

2002 年的农民工调查则包括了 2000 个调查户，其中沿海和中部的每个省（市、自治区）都抽取了 200 户，西部每个省（市、自治区）则抽取了 150 个家庭。农民工被定义为在城镇居住了 6 个月以上的农村户籍人员。对农民工调查而言，每个省（市、自治区）的省会城市抽取 100 个调查户，而中等城市抽取 50 个调查户。在每个城市中，农民工家庭都是通过社区进行入户调查的，因此居住在建筑工地和工厂的农民工并没有包括在调查中。农民工调查的问卷包括工资、经营性收入、消费、家庭成员的就业特征等问题。

2007 年的农村、城市和农民工调查在 9 个相同的省（市、自治区）进行：上海、江苏、浙江、安徽、河南、湖北、广东、重庆和四川。城镇家庭和暂住户调查覆盖 15 个城市，而农村住户调查覆盖 80 个县的 800 个村庄。样本包括 8000 个农村住户、5000 个城市住户和 5000 个流动人口住户。与 2002 年的调查相类似，2007 年的农村住户和城市住户样本是从国家统计局大样本中提取的子样本，而流动人口调查则是单独实施的。为确保两年调查样本的可比性，作者将分析样本限定在两年调查都覆盖的省（市、自治区）。

2007 年的调查问卷尽可能多地保留了 2002 年调查所询问的问题。此外，2007 年调查新增加了关于流动人口身份和行为的一些信息。2002 年和 2007 年的农民工调查在抽样方法上存在差异。在 2007 年调查中，流动人口家庭是从他们的工作地点抽取的，而在 2002 年调查中流动人口家庭则是从居住社区抽取的。因此，从事自我经营的流动人口在 2002 年调查中的比例较高。相比于居住在其他地方的流动人口而言，居住在社区的流动人口具有更高的收入，因此 2002 年数据中的农民工工资要系统性地高于 2007 年数据中的农民工工资。为了纠正这一偏差，我们在 2007 年的农民工调查中，只选取了居住条件与 2002 年相仿的流动人口。

进而，基于 CHIP 数据，文章重点分析了农民工工资的变动情况。CHIP 住户调查数据是农民工工资的极具价值的信息来源。我们的分析分为两部分：第一，作者利用 2007 年的调查数据，分析农民工工资的影响因素，这有助于考察市场力量在农民工工资决定机制中所起的作用。第二，将 2002 年和 2007 年的数据进行合并，以研究农民工的工资在

2002 年和 2007 年之间的变化，从而判断农民工的实际工资是否有所上升，并探寻农民工工资变化的原因。

2007 年的农民工问卷和城镇住户问卷都询问了月工资收入以及自我经营的净收入。调查者利用 Brandt 和 Holz（2006）的处理方法，根据省级层面上的购买力平价计算了物价指数，从而使得收入在时间和空间上都具有可比性。由于农村调查和农民工调查是分别进行的，无法将农民工与农村居民进行匹配，因而无法纠正劳动力流动方面的自选择性偏差。

估计各城市内部城镇户口劳动力的收入对农民工工资收入的影响，在技术上是可以实现的。文中的做法是分别估计每一城市城镇居民的收入函数，然后根据农民工的特征以及农民工所在城市的城镇居民收入函数的估计系数计算农民工的预测收入。农民工的预测收入可以成为特定城市对农民工的需求的代理变量。如果农民工的供给曲线在每个城市都是具备完全弹性的，而城市内部又存在劳动力市场的分割，那么城镇居民的工资对农民工的市场出清工资应该没有影响。然而，如果农民工工资受到了城镇职工工资的影响，那么就可能说明农民工和城镇职工之间在就业方面存在着竞争关系（即：劳动力市场的分割是不完全的），或者制度化的工资决定过程也适用于部分农民工。数据还提供了农民工户籍所在村的非技术工人的日工资水平以及如果农民工留在老家可以得到的月收入等信息。这些变量可以作为农民工供给价格的代理变量。

农民工劳动供给和需求的代理变量有助于解释农民工工资的变化。考虑一个简单的需求和供给模型，而农民工和城镇职工是不完全替代的（Knight 和 Yueh，2009）。由于信息滞后、惯性和交易成本的存在，需求曲线的右移在短期内会导致供给方面的较小幅度的反应。我们预期农民工工资会因此而上升，少量的农民工则可以享有工资租金。在长期意义上，供给会做出相应变化，边际租金会消失，均衡状态的工资则由供给和需求曲线的弹性决定。如果农民工供给曲线是完全弹性的，那么均衡的工资将回到初始水平；如果劳动供给曲线不是完全弹性的，那么农民工需求的代理变量的系数无论在短期还是长期都为正。如果市场的冲击来自供给曲线的上移（或左移），而且在短期内如果农民工的供给反应滞后，那么农民工的工资上升幅度将很小，实际上可能会出现负的边际租金。随着时间的推移，均衡工资将会进一步提升。如果农民工供给曲线是完全弹性的，农民工工资的增长幅度将达到最大。在这一情形中，农民工需求的代理变量不会影响到均衡工资。

供给和需求的代理变量的相对重要性，揭示了市场力量是如何影响农民工工资的。如果农民工劳动需求的代理变量有着更高的系数，那么就说明需求是决定工资水平和工资增长的重要因素。如果农民工供给价格的代理变量有更高的系数，那么供给条件在农民工工资的形成机制中有着更为重要的作用。需要指出的是，作者在本文中使用的是截面数据，因此无法处理滞后效应，也无法在均衡和非均衡状态之间做出区分。

2007 年农民工工资（对数）和自我经营收入（对数）的影响因素表报告了 2007 年农民工工资收入方程和自我经营收入方程的 OLS 估计结果，其中收入变量都进行了对数化处理。农民工劳动供给价格这一变量的系数显著为正：机会成本的系数为 0.161，而农村非技术工人的工资的系数为 0.046。由于这些变量之间可能存在着共线性，我们又从方程中剔除了非技术工人的工资这一变量，以重新估计机会成本的系数（表中最后一行），结果发现机会成本的系数的估计值为 0.165，与包括非技术工人的工资的情形相比只是略微有所提高。如果收入变量不进行对数化处理（这里未报告估计结果），那么估计结果表明机会成本每上升 100 元，农民工工资会显著增加 33 元。自我经营收入方程的估计结果表明，劳动供给价格的作用更大（机会成本的系数为 0.197，而农村非技术工人工资的系数为 0.173，两者都在统计上显著）。当估计方程不包括非技术工人工资这一变量时，机会成本的估计结果显示，如果农村劳动力的供给价格提高 100 元，农民工在城市的自我经营收入将提高 73 元。这一证据表明，机会成本更高的农民工在城市中的收入也更高。因此，农村劳动供给价格的上升将导致农民工工资的增长。预测的农民工工资是城市劳动需求的一个合适的代理变量，其系数估计值显著为正（0.086）。然而，这一变量可能反映了需求以外的因素的作用。由于农民工大多分布在城市工资分布的底端，因而农民工工资可能也反映了制度性因素尤其是最低工资制度的影响。因此不难理解，预测收入在自我经营者样本中的估计系数显著为负且不显著（-0.006）。针对农民工的城镇需求的代理变量，作者进行了多个稳健性检验。由于农民工在城镇地区的预测工资/收入可能与教育等其他变量正相关，作者将预测的工资/收入变量去掉，重新估计了该表中的第 3 列和第 4 列。

然而，去掉预测的工资/收入变量之后，教育变量以及其他变量的估计结果并没有发生太大变化。作者也尝试了将预测的工资/收入变量替换为其他两个代理变量。一个代理变量为初中文化程度及其以下城镇居民在各个城市的平均工资/收入；另一个代理变量为城镇居民的加权平均工资/收入。这一变量的生成方法是利用每一城市的农民工职业分布对城镇居民进行重新加权，以使得城镇居民的职业分布与农民工的职业分布相一致，进而得到城镇居民的加权平均工资/收入。估计结果表明，对自我雇用的农民工而言，无论使用何种代理变量，预测收入的系数在数值上都很小而且并不显著。

然而，对从事工资性就业的农民工而言，第二个代理变量的系数估计值为 0.148，而第一个代理变量的系数估计值则为 0.300，两者都在 0.01 的水平上统计显著。因此，所得到的结果并不是简单划一的。根据所选择的代理变量的不同，农民工需求方面因素的影响（系数在 0.086~0.300 之间变动）可能高于也有可能低于供给方面的影响（系数的变动范围为 0.046 和 0.165）。

农民工的收入方程中也包括了其他控制变量。文中简单地讨论系数估计值显著并且具有较强经济意义的一些变量。对工资性就业者而言，教育回报率显著为正，但数值较低（年均 2%），而学习成绩对工资没有显著影响。这些估计结果可能反映出农民工通常从事着低技能的工作。对自我经营者而言，教育变量在所有收入方程中的系数都不显著。然而，接受过培训对工资性就业者和自我经营者都有着正的回报。类似地，对工资性就业者和自我经营者而言，在城镇地区的工作经验（外出打工的年数）和收入的关系也都呈现出惯常的倒 U 形。男性和建筑工人的工资性收入与自我经营性收入高于女性或其他部门（主要是销售和其他服务）的工资性收入和自我经营性收入，这说明农民工从事的一些工作较为繁重或者并不令人愉悦；对自我经营者而言，这意味着从事某些特定经营活动则存在着技术或资本方面的障碍。

2002~2007年农民工工资和自我经营收入的变化的影响因素表将2007年和2002年的农民工样本进行了合并，以考察对数工资在这两个调查年份之间的变化。前已述及，2002年和2007年调查的抽样方式有所不同。2002年的样本是从居住社区抽取的，而2007年的样本则是从农民工的工作地点抽取的。由于一些农民工住在雇主提供的宿舍或工作场所，因此2007年数据的覆盖面更广。为了使得这两年的数据具有可比性，2007年的样本只包括居住在自己的房子或出租房的农民工。我们仍然采用Brandt和Holz（2006）的方法，根据购买力平价得到的物价指数来调整城市物价水平及其变动。

此表中的模型设定不同于上一个表，该表中的关键变量是年份虚拟变量，2007年为1，2002年为0。第1列和第5列都只包括年份虚拟变量和截距项，以度量农民工实际工资的毛增长。估计结果表明，工资性就业者和自我经营者的收入的年均增长率分别为13.7%和17.8%。第2列和第6列则在年份虚拟变量之外还加入了个人特征变量。值得注意的是，在加入个人特征变量之后，工资性收入和自我经营收入的年均增长率只是略微下降，两者分别为12.5%和16.7%。这说明了技术水平极低的农民工的工资增长幅度。我们也在第3列和第7列中进一步控制了预测的城市工资，结果发现收入增长率进一步下降，工资性收入和自我经营收入的增长率分别为11.2%和15.9%。农民工留在农村可以获得的收入是农村劳动供给价格的最好指标，当在第4列和第8列控制该变量后，工资性收入和自我经营收入的增长率进一步分别下降为7.0%和10.6%。尽管如此，还有很大一部分工资性收入和自我经营收入的增长，无法由我们所选取的变量进行解释。

对不同特征农民工的需求和供给的相对改变可能会改变农民工的工资结构。特别地，如果青年农民工和受过较好教育的农民工的稀缺程度日趋严重，那么这些农民工的工资增长幅度会更大。作者接下来考察了这一可能性，将样本分为青年农民工（35岁及以下）和年长农民工（35岁以上）、高文化程度农民工（初中及以上文化程度）和低文化程度农民工（初中文化程度以下）。作者重新估计了2002~2007年农民工工资和自我经营收入的变化的影响因素。表中第2列到第4列的工资方程，将原有方程的教育变量分别替换为青年农民工的虚拟变量及其与2007年的交叉项、高文化程度农民工的虚拟变量及其与2007年的交叉项。需要检验的假说是这些交叉项的估计系数都是正的。估计结果表明，青年农民工与2007年的交叉项在第2列到第4列的估计系数都显著为正，系数值在0.08~0.11之间变动。相比之下，高文化程度与2007年的交叉项并不显著为正。相反，这一变量在两个估计方程中出现了系数显著为负的情形。

这表明，相对年长的农民工而言，青年农民工的处境更好，这说明了青年农民工日趋严重的相对稀缺性或者最低工资标准的增加。而农民工教育的溢价在这5年期间有所下降。随着时间的推移，农民工的受教育程度将越来越高，在城市的工作时间会更长，而教育和工作经验等生产性特征将得到市场的回报。一个更加直接的方法是通过分解分析来度量特征变化对农民工工资增长的贡献。表5报告了2002~2007年期间农民工平均工资变化的分解结果。可以看到，平均对数工资的增长（0.649）中的一小部分（不超过30%）可以归因于两个工资方程之间的系数差异，而工资增长的大部分则是由于特征均值的变化导致的。然而，农民工文化程度的提高所引致的工资增长只占了工资增长总量的不到5%，而城市工作时间的增加对工资增长则没有影响。工资增长的主要来源是城市劳动力需求价格（32%或42%，取决于所使用的权数）和农村劳动力供给价格（32%或35%）的上升。因此，劳动力市场方面的因素确实是工资增长的主要原因。如2002~2007年农民工实际工资增长的分解（部分结果）表所显示的，自我经营性收入增长的分解结果与工资性收入增长的分解结果类似。

简要归纳一下工资方程的回归结果。在2007年农民工工资（对数）和自我经营收入（对数）的影响因素表中，农村劳动供给的代理变量（农村机会成本）和城市劳动需求的代理变量（雇主对农民工的估价）与农民工工资都有着正向关系。农村劳动供给的代理变量与自我经营性收入也存在正向关系，但城市劳动需求的代理变量对自我经营性收入没有影响。教育的回报很低，这也许反映了大多数农民工从事的是体力活。从农民工工资和自我经营收入的变化的影响因素表中可以看到，无论是否控制农民工的特征，工资性收入和自我经营性收入在2002~2007年的增长都很迅猛。2002~2007年农民工实际工资增长的分解（部分结果）表显示，农村劳动力供给价格的代理变量和城镇劳动力需求价格的代理变量，能够解释农民工实际工资增长的大约2/3。因此，供给和需求因素都在影响着农民工的工资及其增长，农民工工资的上升并不能简单地归因为剩余劳动力的减少乃至消失。

CHIP调查数据所提供的证据表明，农民工劳动力市场在空间上正在变得更加一体化。工资离散度表报告了3个样本的农民工平均工资的离散度（Dispersion）。这3个样本分别为两年调查中相同的7个城市、两年调查中相同7个省份中的23个城市、所有的被调查城市。在第一个样本中，平均工资的基尼系数从0.167下降到0.067，对数工资的标准差从0.323下降到0.129。但平均工资的标准差则呈现出上升的态势。在其他两个样本中以及当分析对象为自我经营性收入时，作者也得到了类似的结果。这些结果意味着最低工资标准变得更为规范和具有效力，或者农民工在不同地区之间的流动性日益增强迫使市场力量做出响应，而后一种情形出现的可能性更大。

基于前述分析，文章还估计了潜在外出人口的规模和特点。综合各方面的情况所提供的证据表明，农村地区存在着剩余劳动力，而与此同时城镇地区的农民工工资正在上升。这两种现象的并存似乎与刘易斯模型的假说不相一致，但它们在中国确实同时存在。作者对这一难题的解释是劳动力市场存在着分割，城乡劳动力流动的制度性约束导致了这一结果的出现（Knight和Song，1999，2005；Lee和Meng，2010）。制度性约束为农民工在城镇地区的生活（例如：体面和稳定的工作、住房、公共服务的享有）制造了困难，也阻碍或阻止了农民工的举家流动。这也使得许多农民工不愿离开农村，至少不愿意离开农村太长时间。

尽管有证据表明，农民工所在的劳动力市场正在变得更加一体化，但农村的剩余劳动力与农民工工资的上升这两种现象在未来几年仍将同时存在。对中国这样的大国且存在较强管制的国家而言，并不一定会存在明确的刘易斯转折点。Ranis和Fei（1961）对刘易斯模型进行了修正，正式地引入了转折阶段的概念，以描述农村劳动力边际产品的逐渐提高这一过程。考虑到农村部门的异质性和中国劳动力市场的制度性约束，作者预期中国的转折阶段会更长。

文章的分析表明，农民工的实际工资水平在近几年的确有所提高，而且农民工的工资与城市劳动力市场的状况以及农村劳动力的供给价格有着非常紧密的关系。农村收入的提高能够解释相当大一部分的农民工工资增长。但是无法区分农村收入的外生增长部分（如：取消农业税和教育费附加）和因外出务工导致的内生增长部分。作者本来预期农民工工资的增长部分地来源于农民工的文化程度和城市工作经验等人力资本的改善，但这些因素至少在 2002~2007 年期间对农民工工资增长的作用出奇的小。

通过对 2002 年和 2007 年 CHIP 农村住户调查数据的分析，作者发现农村存在着大量外出概率很高的未外出人员。没有外出在很大程度是基于年龄太大、需要照顾家人、担心在外面找不到工作这三个原因。随着农民工工作机会的增加以及劳动力市场政策的内生性调整，这三个原因对农民工外出务工的影响将逐渐减小。

对劳动力供需趋势的预测表明，农民工的数量将迅速增加，而留在农村的人口将迅速减少。到 2020 年，农民工将占到城镇总就业人数的 2/3（约数），农村剩余劳动力将比 2005 年减少大约 1/3。然而，在 2020 年之前市场和政府都可能会进行内生性的调整。在劳动力市场中，由市场竞争所决定的非技术工人的工资可能会普遍上升。而政府的调整可能会涉及对退休政策、计划生育政策和城市化政策的调整。可供政府调整的一个政策变量是正常退休年龄。由于以前的预期寿命较低，中国人通常在较为年轻时就退休了。2002 年的 CHIP 数据提供了城镇居民退休时的年龄信息。数据显示，男性退休年龄的中位数是 59，而 90%的男性在 61 岁的时候已经退休；女性退休年龄的中位数是 51，而 92%的女性在 56 岁的时候已经退休。考虑到预期寿命目前已经大为提高而且存在继续提高的趋势，政府可以适当提高退休年龄。而劳动力市场的压力可能会加快这一政策的调整。劳动力稀缺的行将到来和出生率的大幅下降可能促使政府放宽计划生育政策。然而，计划生育政策的调整只能在滞后大约 18 年以后才能影响到新进入劳动力市场的人数。

如果此处的预测大致正确，那么劳动力市场的发展趋势可能会鼓励农民工定居城市并促进户口制度的弱化。随着更多技术性职位的空缺，农民工的职业分布将会有所改善，而随之引致的收入增长为农民工提供了定居城市的经济基础。技能以及相关的培训成本增强了对就业稳定性的需求。而中国候鸟式的人口流动将变得越来越缺乏经济效率。在许多国家，对这一问题的解决方案是雇主尽力通过提高长期服务的回报来稳定他们的劳动力队伍。如果长期服务在经济上变得更为有效率，那么政府就会有动力允许并鼓励这一行为，雇主也会有激励提高长期服务的回报，而农民工则会有激励选择长期服务。长期服务反过来会鼓励农民工举家迁移到城市。在城市长期生活会使得农民工认同城市居民的价值观，而农民工的社会基准组则会从农村转移到城市（Knight 和 Gunatilaka，2010）。这一过程可能会使得农民工的相对剥夺感增强。随着越来越多的农民从农民工转变成为产业工人，中央和地方政府将在平等对待农村流动劳动力和城市居民方面承受越来越大的压力，而依附在户口上的特权很可能会消失。

劳动力市场的变化还具有其他深远的影响。改革开放以来，中国的收入不均等程度不断扩大，而非熟练工人的普遍稀缺将可能成为减轻收入不平等的最为强大的市场力量。非熟练工人的普遍稀缺也可能会成为缩小城乡收入差距的主要市场机制。快速提高非熟练工人的收入，也需要发展战略向技能密集型和技术密集型经济转型，而这需要长期的规划和人力资本投资。除了 1998 年以来的高校扩招，目前几乎没有证据表明，中国的经济进行了上述调整。然而，由于城镇就业的持续快速增长和人口模式的迅速转变，我们很可能在未来 10 年观察到这些变化。

4. 从微观行为视角探索经济金融的复杂性——数量经济学一个新的学科生长点[①]

【摘要】现实经济金融活动的日益复杂性促使人们在微观层面纵深地剖析主体行为。该文概括复杂经济现象典型特征和实质，借鉴博弈论和复杂性科学等从个量角度揭示总体复杂性的观点和方法，着重研究个体行为的异质性与主体之间交互性等主要表现形式，以及它们的互动关系，并指出主体行为的非经典特性是根本上造就经济复杂性的微观成因，需要超越经典计量模型方法，内生化地建立行为模型并进行动态模拟，这是数量经济学学科发展一个新的着力点和生长点；作者最后给出基于中国股市真实投资行为的模拟实例分析。

作者的基本观点是，经济是人类与自然界的交互，资源配置（乃至一切经济活动）是受自身利益驱动的各类主体之间、主体与外部世界之间相互作用的复杂行为过程和结果。现有理论方法不足以揭示现实经济金融活动的复杂之谜，而且仅靠局部的修补改进可能还会使理论与现实的差距更远。面对当今越来越复杂的社会经济活动，多样化的行为在其中的主导作用日益增强，尤其是接连不断发生并逐步加剧的市场动荡、金融海啸、能源短缺和生态恶化等全球性危机，仅用类似于理性人的单一行为假设，远不能满足更好地解释现实和促进理论发展的需要。作者主要从主观复杂性视角考察人类行为属性，分析复杂经济典型现象的特征和实质，在微观层面展开分析个体行为异质性、主体之间交互性以及系统模拟计算的实现途径等，明确提出经济复杂性研究的核心问题；试图跳出原有经济计量等实证方法的分析框架和套路，推广基于个体理性的基本决策行为模型，着重探讨导致经济金融活动复杂性的微观成因、集成建模流程、动态模拟等，寻求分析解决非常态经济的理论基础和基本方法；并尝试性地建立内生化的行为模型，结合对中国股市给予模拟实证，由此说明应用可行性。

文章在简要分析经济金融活动的非常态典型现象与复杂本质的基础上，指出经济复杂性的根源是对经典基本行为假设的偏离，真实行为特征的数量化表现应该是构建数学中的多值函数（价值取向多元化、效用函数非单值化等），在物理意义上要考虑不同质（或量纲）的事物的加总与集聚，与社会学的行为主义交换理论密切相关；从复杂科学角度看，在个体与群体、局部与整体、前因与后果之间，既不是必然的确定关系，也不是或然的随

---

① 本文作者：王国成，原文发表于《数量经济研究》2011 年第 1 期。

机关系，而是复杂的涌现（Emergence）或积聚（Clustering）"关系"……。从个体行为与集体行为之间的数量关系来看：一般层次上是代数和方式的简单加总或随机函数等；从系统整体层次看，总量可能大于或小于性质相同的个量之和；再深入到复杂性层面，就要考虑不同质的事物在量上的聚变，还要注意到甚至可能会出现整体性质与个体性质截然相反的情况。经典计量方法研究具有随机或统计规律的经济现象和因素之间的关系，而研究复杂经济更多的是着眼于非常态和表面上不规律的经济现象，需要非经典的计量方法和建模分析，经济复杂性研究的主要目的就是试图揭示现象背后的复杂关系。而且就经济学本意来讲，更应该研究主观复杂性，当然要借鉴客观复杂性研究方法，但并不意味着就能将主观复杂性转变为客观复杂性，也不适合仅将客观复杂性研究方法直接用来处理主观复杂性问题。

该文探讨了如何分析和刻画不同环境和交互网络中异质行为的特质。经济行为多样化和目标函数价值取向多元化的趋势，使得深入细分个体行为的偏好形态、理性程度、与外界的交互适应性、个人策略行为与社会结构、规则和习俗的关系（Young，1998）、社会性偏好以及对他人的判断等方面的差异性……可从中清楚地看出多重行为属性的不同表现形式和所能产生的影响。而用经济计量理论和方法进行实证分析时，主要是基于对微观主体的同质理性人假设和一定的理论结构，利用随机数学、统计方法和经验数据对系统整体和个量的平均特征进行实证分析（Heiner，1983）。然而，这种做法无论是在初始禀赋、理性程度和分析计算与信息处理技能，还是在相互关系、行为规则、制度环境等各个方面，均忽略了微观个体行为特征的差异性，并且仅靠改进模型和分布设定、参数估计和检验方法等技术性的局部修正是不足以解释微观主体差异对宏观经济现象产生的显著影响。当然，行为特征的刻画与度量是极其困难的事情，但一般说来，只要属性、程度上存有差异，行为就可以测度和量化，由此可在一定程度上弥补传统定量实证方法在行为处理上的不足。因为行为过程和转化是程度的演变，如在学习中不断提高理性程度、偏好的逐渐改变等。

当理性行为假设不能满足人们对经济学所寄予的厚望时，考察异质化的经济行为就成为一种必然的选择。真实的经济世界中大量存在着异常现象或非理性行为（包括有限理性），其本质就是异质行为，相当于来自不同总体中的样本特征。而且这些异常行为都难以用常规的抽象方法和同一总体中的统计平均特征来替代。从统计意义上讲，设 θ 为描述某类个体行为特征的参数，$\bar{\theta}$ 为该行为参数的均值，$\hat{\theta}$ 为基于真实行为的估计值，$E(\hat{\theta}-\bar{\theta})\neq 0$ 为有偏估计，表明 θ 所代表的行为属于异质行为。这些异质行为，是导致非正态、非平稳、异方差和非参数分布等的个体行为因素，所得到的时间序列往往是有色噪声而非白噪声。$\hat{\theta}$ 与 $\bar{\theta}$ 之差是源于个体行为异质性的系统偏差，而并非是用经典理论和统计方法就能处理和消除的随机误差。尤其在中国，大量、普遍存在着用现有理论难以解释的异常行为，而且正是这些异常行为，演变成为复杂突变宏观经济现象和问题的关键因素。

设 S_b 为考虑微观主体因素或自适应性主体（Self-adaptive Agent）的行为特征集：$S_b = \{$自利理性，利他动机，合作愿望，公平倾向，互利意愿，社会偏好，反应模式和类型……$\}$，记经典的经济数学模型为：$Y = f(X)$；将考虑行为因素的模型表示为 $Y_b = f_b(X，\lambda)$，即在原有模型中引入行为参数 λ（$\in S_b$）；运用可控实验等方法能够观察和测取行为参数值并计算出 Y_b。提出基本假设 $H_0 : Y - Y_b = 0$，给定显著性水平，如果未通过对行为的基本假设检验，则表明不同环境条件下的行为特征存在系统偏差，具有异质性，微观主体行为的变化对宏观整体结果影响的差异性就不可忽略。只有在通过基本行为假设检验后，才能将主体行为看成是同质的，以保证理论在一定置信水平上的科学可行性和所得结论的可信度。

与产品异质性相类似，经济行为异质性的表现也是多方面的：有行为目标、偏好、信念和期望、行为习惯和方式的异质性；有消费、生产、投资、交换和分配行为的异质性；还有组织行为、政府行为和社会行为的异质性以及市场行为的异质性等。如：关于"冲动性"（Impulsiveness）实验的研究证实（Mischel，1983；Rabin，1998），不同的行为主体对时间的偏好和自我控制行为能力具有显著性差异。由此联想到对个体行为禀性的认识，同一行为主体对财富禀赋、风险的偏好和得失权衡等方面都可能存在显著性差异。考察经济行为的异质性，必须面对来自微观主体行为测度理论标准和实际数据获取等方面的困难（王国成，2008，2010）；传统理论与方法侧重观测经济运行中作为行为结果的因素和变量及相互关系，试图避免行为分析带来的麻烦。然而，早期的 Cournot（1838）的寡头产量竞争、Bertrand（1883）的价格决策、Edgeworth（1897）的契约曲线和 Stackelberg（1934）动态决策等经典博弈模型，较好地用数理方法刻画不同类型的、更加复杂的策略行为，源于此发展起来的博弈论等，为进一步量化分析经济行为提供了良好的理论和方法基础。如：由于现实世界中信息分布的不完全、不对称，行为主体对外界所形成的判断是因人而异的，而信息类型及对每一主体的实际影响也是不同的，也不可能是一成不变的；每一主体不可能具有完全相同的信息处理能力，不是都服从（VNM）期望效用决策原理和贝叶斯决策准则，并且判断和处理信息的能力也是在不断修正和提高的；因而应该考虑行为主体在信息处理方面的异质性。

应将不同经济环境中行为主体的异质性看成是不同总体中样本的差异性给予足够的重视，尤其是在中国的环境和经济活动中，诱发异质行为的因素很多，有内源性的，也有外源性的。内源性的，如：理论假设（基本行为特征）和认知的偏差，不同的结构类型和异化，虽然它们可能会有表面相同的数字特征；外源性的，如：非经济因素（体制、行政干预和传统文化差异），代表性样本选择（行为、目标价值导向）的数据采集方面的，等等。然而，试图绕开迂回主体行为的异质性，把现实世界中多样化的经济行为封装在理性人"黑箱"中，不可能从根本上更有针对性地认识经济系统的复杂特征和运行规律。

基于行为的异质性和交互性，作者提出构建主体行为的自利性与社会性相结合、个量和总量双重约束条件下的一种新的基本行为模型。假设一经济系统 ε 具有 n 个行为主体（消费者、生产者、银行和政府等类别）和 m 种商品，可用实验方法测定行为特征参数以表现主体 i 的差异性，记为 $\lambda_i \in$ 主体的行为特征集 $S_b = \{$自利理性，利他动机，合作愿望，公平倾向，互利意愿，社会偏好，反应模式和类型等多行为属性$\}$；记 i 的效用函数为 $u_i = U_i(x_1, x_2, \cdots, x_n; \lambda_i)$，$x_i = (x_{i1}, x_{i2}, \cdots, x_{im})$ 是一个 m 维商品组合向量；就消费行为而言，仍可沿用 x_{ij} 表示消费者 i 购买商品 j 的数量，X_j 和 P_j 分别表示市场上商品 j 的总量和价格，I_i 为消费者 i 的可支配收入，于是，可构建多主体联合决策的基本行为模型（MA-JDBM：Multi-Agent Joint Decision Behavioral Model）如下：[①]

在这一模型中，行为目标是建立在策略行为基础上的，既包含自身的行为选择，也考虑他人行为的影响，而且是具有个体行为差异的多主体同时选择决策。

$$(Max)u_i = U_i(x_1, x_2, \cdots, x_n; \lambda_i)$$

$$s.t. \sum_{i=1}^{n} x_{ij} \leq X_j \tag{S-1}$$

$$\sum_{j=1}^{m} P_j x_{ij} \leq I_i \tag{S-2}$$

$$i = 1, 2, \cdots, n; \ j = 1, 2, \cdots, m.$$

（S-1）是总量或相互关系约束，（S-2）是个量约束，n 个行为主体都是在个人预算和外部环境的双重约束条件下进行效用最大化决策，既注重个体理性，也考虑到集体理性，有望使一般均衡与纳什均衡同时实现。在实际决策时，每一个主体面临两个约束条件中约束性较强的一个，或者同时满足（S-1）和（S-2）；而现代经济学中单一主体的效用最大化标准模型只是在上述模型中只注重个人选择行为的效用，也不考虑总量或交互性约束（S-1）时的特例，此时该模型简化或退化为经典的个体决策行为模型：

$$Max \ u_i = U_i(x)$$

$$s.t. \sum_{j=1}^{m} P_j x_{ij} \leq I_i$$

$$i = 1, 2, \cdots, n; \ j = 1, 2, \cdots, m.$$

其中，$x = (x^1, x^2, \cdots, x^m)$ 为 m 种商品的组合。

选择不同的微观基础和基本假设，就会得出不同的理论结论，对现实经济问题就会有不同的解释。相比而言，MAJDBM 有一些新特点：主体是异质的和交互的，行为特征是内生的和演变的，同时考虑个体理性和社会理性，是多主体联合决策等。面对此类模型，借助计算模拟手段，有望更合理、更深入地解释和展现复杂经济的微观成因、内在联系和演变过程。

作者将如此建模的流程方法特征与传统方法相比较。复杂机理主要体现为：异质个体的交互作用，经过演化过程、积聚和分层涌现，形成和决定着整体复杂形态和运行规律；这些"宏观"特性又会影响到个体决策行为和规则发生变化，如此往复。复杂经济问题的非经典计量建模的关键点之一是在微观层面对主体行为特征进行非经典刻画和度量，以此为分析基础和起点，以真实行为过程和结果为依据，以高性能计算为实现手段。系统仿真是基于相似性原理的模型研究，是在原型系统与计算机实现之间的必然连接，毫无疑问也是一种计量分析。因为数学不仅研究数，也研究形（存在状态、结构联系和演变路径等）。

[①] 在该模型中，有意对 Max 加括弧，表示最大化目标并非是一定能达到的，因为更一般情况下的主体可能有最大化目标的愿望，但未必有最优化的能力；而且还可用 $\lambda_i(t)$ 来考察行为参数的动态性。

考察主体的行为状态、规则和相互之间的关系，类似于从形的角度研究经济的复杂性，因而也是用数学和现代科技手段研究经济问题的另一重要方面。

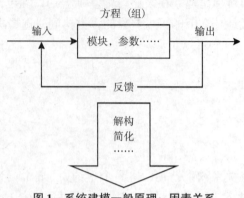

图1　系统建模一般原理：因素关系

与真实的经济社会的构成和运作相应，不同的主体、外部环境、相互关系和运行机制等，表现出来各种各样的问题，需要用不同的理论、模型和方法对应地分析研究，而基于主体行为的微观分析建模是将各类模型综合集成研究整体复杂现象的基础和关键环节，既有别于一般系统建模分析，也不同于对自然的或物理的复杂系统的分析。基于还原论的解析思维方式方法，是从复杂到简单，将比较复杂的事物逐层、逐步分解成若干相对简单的事物之和；基于整体论的综合思维方式方法，是从简单到复杂，侧重研究若干简单事物如何生成相对复杂的总体，逐步逼近真实情况。探讨如何实现两者的结合，并考虑连接两个层面的表现过程和动态演变等中间状态（Meso：中观），该文从分析框架和流程角度给出不同类型系统建模的示意图，以便进行比较和区分。

图1是由复杂到简单，经过简化、抽象、假设，演绎推理，依据因果关系建模，进行定量分析和实证检验的方法，在社会化大生产的工业化时代得以极大地推动和发展；图2是由简单到复杂，是基于主体自下而上的建模的发展，与从上到下的宏观建模的结合，实现宏观—中观—微观一体化；图2(a)和（b）分别对应同质规范的自然系统与异质交变的人文系统；由此能从定性研究系统着眼，通过量的模拟，再反映出质的差异和变化，有望更好地解释经济系统整体复杂现象和微观成因。

而如今现实中的行为主体，往往是一开始从根源上就显著偏离个体独立的、具有相同的价值取向和行为模式等原有的理论假设与决策模型，博弈论和行为（实验）经济学研究等，以大量的理论分析和实例有力地论证和支持这一点。该文主要从主观复杂性、从异质性主体的交互作用及与整体形态的相互关系角度，针对社会经济系统特有的复杂性所做的模型推广，能在一定程度上体现基于微观主体行为的建模，异质性、交互性、内生化和一体化的融合兼顾，是自然地把个体行为与群体行为以及中间过程的表现和演变，微观、中观与宏观联系在一起的一体化模型，其中：对于每一个体所处环境和面临的约束条件不同，自身条件与行为方式等会有（显著）差异，因而需要异质化；考虑多主体的策略行

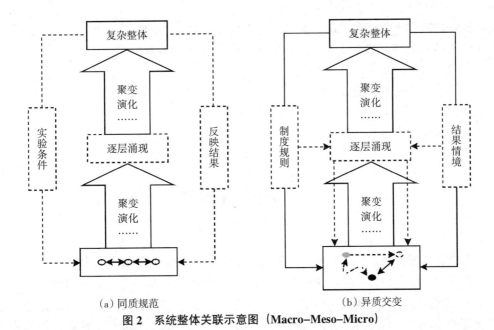

（a）同质规范　　　　　　　　　　（b）异质交变

图2　系统整体关联示意图（Macro–Meso–Micro）

为，就是交互性和社会性；总量约束体现出对个体行为及规则的影响与改变，是内生化方式的，内生化加剧了复杂性，也是解开复杂性的切入点和有效实现途径；总体目标函数是多主体联立的结构性方程；以这类异质化模型为基础，再通过计算模拟将经济行为内生化，并结合实证分析进行检验改进，如此勾勒出实现经济复杂性研究的步骤和线路图；既为应用动态系统模拟等先进的科技手段奠定了理论基础，也能充分体现计算模拟工具和方法的优越性。经典的个体决策基本行为模型与扩展模型的转换关系如图3所示。

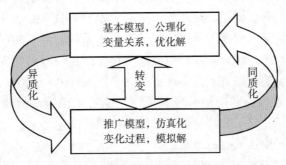

图3　基本行为模型拓展关系

在经过对中国股市非常态典型化事实的模拟和验证之后，作者给出了全文的评述性结论。简单与复杂、规律与混乱，不仅有其客观实在性，还有人类主体的主观能动性，是相对于人类的认知层次和行为能力而言的。在大量的、个体（或局部）的、可变的、异质和交互的行为反复作用下形成的各种异常现象，作为复杂经济系统某种形式的涌现，它们的发生表面看来是个案的、特殊的和偶然的，但它们的共同点是：非常态经济主要是由于具有主观能动性的行为主体造成的，复杂性主要源于个体行为的异质性和交互性；异质性使交互作用的结果更加复杂多变，交互性使异质性的表现更加多样化，或许这正是非常态经济复杂本质的特色之所在。从主观复杂性角度和微观异质行为入手，构建宏观、中观和微观一体化的模型并进行动态模拟，与经典的经济计量等方法互补共进，无疑是更加全面、深刻地认识和分析复杂经济现象的新颖视角和可值得尝试的探索手段，如此有望更有力地推动数量经济学的发展和应用。

五、代表性论著

学术专著（或教材）与文章相比，论证一个或几个主题能够相对成体系、覆盖面广和充分，能够将论题说得更清楚、更深透，也可以是对某个（些）专业问题探讨的全面总结与汇集，如此便于读者系统地了解和掌握相关理论知识，也可多样化地、灵活地适合更广泛的读者的口味和程度。本研究报告选录了 2011 年度数量经济学专业及其相关的 5 部专著或教材。

1. 计量经济学模型方法论①

该书是由清华大学李子奈教授主持的国家社会科学基金重点项目"计量经济学模型方法论基础研究"和"211 工程"重点学科建设项目"数量经济学理论创新、模型系统研制与数据中心建设"的研究成果，其中部分内容已在《中国社会科学》、《经济研究》、《数量经济技术经济研究》、《统计研究》和《清华大学学报》等学术刊物上发表。这本关于计量经济学模型方法论的研究专著，从经济学、统计学和数学以及哲学的基本原理出发，对计量经济学模型的经济学基础、模型设定理论与方法、模型对数据的依赖性、模型应用的功能与局限，以及计量经济学课程建设等重大问题进行了系统、深入的讨论。理论分析与实际应用紧密结合，特别是结合研究者在计量经济学模型应用中容易发生的问题和常见错误展开剖析，采用通俗易懂的表述方式，是该书的一个显著特色。《计量经济学模型方法论》既适用于从事计量经济学理论与应用研究的读者，又可以作为计量经济学课程的教学参考书。这本书高屋建瓴地介绍了方法学，对计量经济学的理论基础，以及和经济学本身的关系给予了清楚、深刻、相互关联的思索。

该书包括的主要内容为：

第一章 绪论

第一节 我国计量经济学发展的三个阶段与现阶段的三项任务

一、引言

二、我国计量经济学迅速发展的原因分析

---

① 本书作者：李子奈等，由清华大学出版社于 2011 年 6 月出版。

作者在该书中结合计量经济学模型的数据依赖性、总体设定、变量设定、假设检验、随机扰动项以及应用局限性，从经济学、数学和统计学以及逻辑学角度，对这一分支学科的方法论基础进行了探讨。就计量经济学模型方法的科学性而言，作者认为，任何科学研究，不管是自然科学还是社会科学，甚至人文科学，都遵循以下过程：首先是观察，观察偶然的、个别的、特殊的现象。其次是提出假说，从偶然的、个别的、特殊的现象的观察中，提出假说，或者是理论，或者是模型，这些假说是关于必然、一般、普遍现象而言的。然后需要对假说进行检验，检验方法一般包括实验的方法、预测的方法和回归的方法。最后是发现，发现关于必然、一般、普遍的规律。

在经济研究中，如果假说（理论或者模型）完全依赖于观察而提出，不附加任何价值判断，然后对理论或者模型进行检验，这一研究过程被称为实证研究（Positive Analysis）。实证研究包括理论实证（Theoretical Analysis）和经验实证（Empirical Analysis）。在经济研究的检验阶段，经验实证分析是科学和便捷的。经济问题无法进行实验，人们不可能构建一个与偶然的、个别的、特殊的现象发生时完全相同的实验平台，进行重复的实验，以检验现象发生的必然和普遍性。根据假说对未来进行预测，然后与真实的"未来"进行比较，以检验假说的正确性，当然是可行的，但并不便捷。对已经发生的经济活动进行"回归分析"（Regression Analysis），发现其中的规律，并用以检验假说，是最可行的方法。所以说，回归分析在经济研究中是不可缺少的。而计量经济学，说到底可以简明地概括为回归分析在经济学中的应用。

显然，计量实证模型的设定对数据有很强的依赖性，作者注意到，人们从事经验实证研究的实践中，都清楚地感受到，正确地提出可供证实或证伪的假说，即计量经济学理论模型，是十分重要的。对该理论模型进行检验的依据是表征已经发生的经济活动的数据，那么相对于不同类型的数据，应该设定不同类型的理论模型，该理论模型是可以通过经验数据获得证实或证伪的，即模型类型设定对数据存在依赖性。否则，经验检验的数学基础、统计学基础和逻辑学基础将被破坏。

在论述到经典计量模型总体设定的先验理论导向时，作者指出，当模型类型以数据为基础被决定后，首先需要进行模型总体设定。以单方程计量经济学模型为例，给定任何被解释变量，要对其进行完全的解释，需考虑所有对其有直接影响的因素集。按照与被解释变量关联关系的恒常性和显著性两个维度，可以分解为显著的恒常性因素集、显著的偶然性因素集和无数单独影响可以忽略的非显著因素集。这里的"恒常性"，或者覆盖所有的截面个体，或者覆盖时间序列的所有时点。

计量经济学模型的任务是找到被解释变量与恒常的显著性因素之间的关联关系——所谓的经济规律。对于显著的偶然因素，通过数据诊断发现存在这些因素的"奇异点"，然后通过技术手段消除其影响。但对于非显著因素，无论是恒常性还是偶然性的，尽管它们的单独影响可以忽略不计，却不能简单忽略掉无数非显著因素的影响。W.H.Greene（2000）指出，没有什么模型可以期望处理经济现实的无数偶然因素，因此在经验模型中纳入随机要素是必须的，被解释变量的观察值不仅要归于已经清楚了解的变量，也要考虑来自人们并不清楚了解的偶然性和无数微弱因素的影响。

作者还预见了计量经济学未来发展中的关系论导向，对模型变量设定的相对性、模型随机扰动项的源生性、假设检验的不对称性等方面的问题，结合计量模型分析的应用功能，指明了计量经济学模型应用的适用性和局限性。

2. 高级计量经济学[①]

市场经济充满不确定性和风险。现代经济学旨在研究充满不确定性的市场条件下如何对有限资源进行优化配置的问题。作为分析不确定性事件的一个通用工具，概率论与统计学在经济学、金融学研究中起着重要的作用。由洪永淼教授编著的《高级计量经济学》比较系统地介绍了现代计量经济学的基本理论和方法，它可作为经济学、金融学、统计学、应用数学、管理学以及相关学科博士研究生的高级计量经济学课程教材，也可作为从事计量经济学教学和研究的教师与学者的参考书。

该书试图用一个统一的分析框架，比较系统地介绍现代计量经济学的基本理论与方法。首先，作者详细介绍了经典线性回归模型的有限样本理论；其次，逐一放宽经典回归模型的假设限制，采用大样本分析方法，将线性回归模型推广到独立同分布随机样本与时间序列随机样本，介绍了回归扰动项存在条件异方差、自相关以及解释变量存在内生性等各种情形下的线性回归模型理论；最后，介绍了涵盖线性与非线性回归模型及各种条件矩模型的广义矩方法，以及条件概率模型的最大似然估计法与拟最大似然估计法。这本高级的计量经济学教材，强调计量经济学理论与方法的直观解释，以帮助读者更加深刻地理解

---

① 本书作者：洪永淼，由高等教育出版社于 2011 年 7 月出版。

计量经济学的理论实质；同时，每章还提供了经济学、金融学的典型启发性例子，说明相关计量经济学理论与方法的重要作用及用途。书中每章的习题也是紧扣主要内容，这些习题有助于消化、理解各章所介绍的计量经济学理论与方法。此外，书中在介绍计量经济学理论时融会了大样本分析的基本训练，以帮助读者培养从事计量经济学理论研究的能力。

作为计量经济学高级水平的专业读本，该书包括的主要内容为：

第一章　计量经济学导论

　　　第一节　引言

　　　第二节　现代经济学的定量分析特征

　　　第三节　数学建模

　　　第四节　经验验证

　　　第五节　说明性实例

　　　第六节　计量经济学的局限性

　　　第七节　小结

　　　练习题一

第二章　一般回归分析和模型设定

　　　第一节　条件概率分布

　　　第二节　条件均值与回归分析

　　　第三节　线性回归建模

　　　第四节　条件均值的模型设定

　　　第五节　小结

　　　练习题二

第三章　经典线性回归模型

　　　第一节　假设

　　　第二节　普通最小二乘估计

　　　第三节　拟合优度和模型选择准则

　　　第四节　OLS 估计量的无偏性和有效性

　　　第五节　OLS 估计量的抽样分布

　　　第六节　OLS 估计量的方差—协方差矩阵的估计

　　　第七节　参数假设检验

　　　第八节　应用及重要特例

　　　第九节　广义最小二乘估计

　　　第十节　小结

　　　练习题三

第四章　独立同分布随机样本的线性回归模型

　　　第一节　渐近理论导论

　　　第二节　线性回归模型假设

这本书有相对清晰的理论体系，有助于读者掌握学科框架；大部分的论证解说较为通俗易懂，很多公式推导及关键点也说得比较清楚直观；重要的结论大都有较为详细的推导说明；但该书的起点和要求比较高，需要在较好地学习掌握初级计量经济学、线性代数、概率论与数理统计等预修课程的基础上，才能逐步进入该书预定层次的学习。

3. 计量经济学基础（第5版）（上、下册）①

根据该书的观点，计量经济学是经济理论、数理经济、经济统计与数理统计结合而成，其值得作为一门独立的学科来研究，理由如下：

经济理论所做的陈述或假说大多数是定性的。例如：微观经济理论声称，在其他条件不变的情况下，一种商品的价格下降可望增加对该商品的需求量，即经济理论设想商品价格与其需求量之间存在一种负向或逆向关系。但此理论并没有对两者的关系提供任何数值度量，也就是说，它没有说出随着商品价格的某一变化，需求量将会增加或减少多少。计量经济学家的工作就是要提供这一数值估计。换言之，计量经济学对大多数的经济理论赋予经验内容。

数理经济学的主要问题，是要用数学形式（方程式）来表述经济理论，而不管该理论是否可以量化或是否能够得到实证支持。计量经济学的主要兴趣在于经济理论的经验论证。人们会看到，计量经济学家常常使用数理经济学家所提供的数学方程式，但要把这些方程式改造成适合于经验检验的形式。这种从数学方程到计量经济方程的转换需要有创造性和许多的实际技巧。

经济统计学的问题，主要是收集、加工并通过图表的形式来展现经济数据。这正是经济统计学家的工作。他们是收集国民生产总值（GNP）、就业、失业、价格等数据的主要负责人。这些数据从此构成了计量经济工作的原始资料。经济统计学家的工作到此为止，他们不考虑怎样利用所收集来的数据去检验经济理论。如果他们考虑的话，他们就变成计量经济学家了。

《计量经济学基础（第5版）（上、下册）》是一本经典的计量经济学基础教材，第一版问世至今已有30年。对于初涉计量经济学而又没有太多数学背景的读者来说，《计量经济学基础（第5版）（上、下册）》可以帮助你在短时间内了解计量经济学的脉络。由于对读者的定位和作者关于计量经济学的基本观点，这本教材的主要特点是：①读者不需要高深的数学知识，只要具备基本的数学知识就可以阅读；②运用大量的经济计量模型实例，特别是图形进行分析，易于读者的理解；③书中突出强调了计量经济学对经济和金融数据的应用分析，一些模型的引用对相关专业的读者解决实际问题很有指导意义。该书除引言和附录等，共包括4篇22章的内容。

引言

第1篇　单方程回归模型

　　第1章　回归分析的性质

　　第2章　双变量回归分析：一些基本思想

　　第3章　双变量回归模型：估计问题

---

① 本书作者：古扎拉蒂和波特，由费剑平翻译，由中国人民大学出版社于2011年6月出版，作为经济科学译丛和"十一五"国家重点图书出版规划项目。

4. 中国产业结构的动态投入产出模型分析 [①]

自列昂惕夫（Leontief）的投入产出表及分析方法于 1936 年问世以来，由于其能对经济各组成部分进行关联性分析而备受青睐，并且人们一直在探索和推动由静态模型方法向动态模型分析的提升。动态投入产出模型，就是要分析研究多个关联时期再生产过程中多部门之间的相互联系，其内生变量要受多个时期的因素的影响。动态投入产出模型现已被

[①] 本书作者：范德成、王晓辉，由科学出版社于 2011 年 6 月出版。

较为广泛地应用于经济理论研究和实践中，是对列昂惕夫离散型动态投入产出模型的解及其灵敏度等问题进行系统分析，在基年的总产出向量和各期的最终净需求向量发生变动时，给出其对计划期内国民经济各部门总产出可能产生的影响的计算公式，揭示动态投入产出系统初始条件和外生变量对国民经济各部门总产出的传递效应。动态投入产出模型的种类很多，主要有列昂惕夫动态投入产出模型、快车道动态模型、半动态投入产出模型等。

经济增长同产业结构变动关系密切，产业结构的合理化能够带来结构效应进而促进区域的经济增长。产业结构的合理和产业的协调发展是经济持续、快速、健康发展的基本前提和重要保障。随着经济的发展，产业结构将发生相应的变化，而且这种变化表现出有序的阶段性，即经济发展的过程也就是产业结构演进的过程。要实现产业结构的战略性转变，必须研究各产业部门的关联，充分考虑具体的发展环境和条件，确定产业结构调整的目标，采取强有力的促进产业结构目标实现的对策。产业结构的发展目标和发展过程的调节与控制是通过投资倾向、消费倾向、投资结构、消费结构等经济参数的调节与控制来实现的。产业结构分析必须以准确的数量分析为基础。《中国产业结构的动态投入产出模型分析》一书将宏观经济学中的收入决定理论引入列昂惕夫静态投入产出模型中，建立变结构控制动态投入产出模型，把产业结构、投资结构、投资倾向、消费倾向联系起来，动态描述产业结构的变化。该书作者收集我国 17 个产业部门的数据，估计模型参数，给出变结构控制动态投入产出模型的具体形式，运用变结构控制动态投入产出模型分析投资倾向、消费倾向、投资结构对我国产业结构的影响，对我国未来产业结构的发展趋势和发展过程进行预测；根据分析结果，有针对性地提出我国产业结构调整的目标和对策。该书可作为经济、管理领域的研究者和实践工作者的参考资料，也可供高等院校相关专业的教师和本科生、研究生参考使用。

《中国产业结构的动态投入产出模型分析》共包含了 6 章内容，主要探讨动态投入产出模型方法在我国产业结构变动和控制中的应用。

　　书中主要研究的产业投资结构，就是指一定时期内投资在各个产业部门之间的分配数量及其比例关系，它通过影响产业结构而对经济的持续稳定发展起着重要的作用。作者比较深入地对我国的产业投资结构现状进行研究，找出其存在的问题，合理实施并优化我国产业投资结构。在运用动态投入产出分析的基础上，得出：拓宽融资渠道，增加投资总量；加快发展产业投资基金；三次产业投资结构的优化和加大对以信息技术为主导的高新技术产业投资等优化产业投资结构的对策建议。

　　5. 中国对外贸易的环境成本：基于能耗视角的分析[①]

　　该书是中国社会科学院重大/重点项目系列成果之一，还荣获了第十七届"安子介国际贸易研究奖"。

　　改革开放以来，中国的贸易增长十分迅速，为中国的经济增长做出了巨大贡献，但同时中国也成为"世界工厂"，并为此付出了巨大的资源和环境成本。张友国的《中国对外贸易的环境成本：基于能耗视角的分析》着重分析了贸易影响中国生态环境的途径，实证分析了1987~2007年中国总的贸易污量，在此基础上分析了中国的环境贸易条件；分析了行业出口的能源环境影响；评价了中国与OECD国家货物贸易的能源环境影响；并与其他相关研究的结果进行了相关的比较分析，对中国对外贸易中的环境成本做出科学、定量的评价，并提出相关的政策建议。

　　但是，通过私人行为来解决外部性的科斯理论也受到了挑战，因为存在不完全信息。经济学家总是宣称没有"免费的午餐"，但又总是假定每个人都能得到免费的完备的信息。

---

　　① 本书作者：张友国，由中国社会科学出版社于2011年5月出版。

这显然自相矛盾，因为信息显然是有成本的。缺乏信息会使市场运转不完善。在所有的市场失灵中，信息不对称可能是最普遍的。环境问题听起来似乎很简单，似乎无非是工业污染、水土流失或是大坝淤积等。而深究起来，环境问题其实是相当复杂的，它不仅涉及人与人之间的关系，还涉及人与自然之间的关系。因此，只有获得大量的信息后，才能把某一具体的环境问题了解清楚，所以，仅通过明确产权后的私人行为来解决环境问题也就没有想象中那样吸引人了。

这就提出了政府干预的必要性问题。政府要制定环境政策，即通过各种法律、法规、标准以及经济手段来对产生外部性的行为进行干预，使得外部性问题内部化到采取外部性行为的经济主体的成本和效益中，从而解决市场在资源有效配置方面的失灵问题。为了给一个环境问题定性并制定相应的解决措施，政策制定者不仅需要技术和生态方面的知识和技能，还需要社会学、经济学以及有关产权方面的政治和法律知识。

然而，在大多数情况下，政策的主要设计者难以获得污染、破坏环境以及减排的成本方面的充分可靠数据，因此他们制定的环境政策很难既是有效率的又是公平的。这就是由信息不对称造成的政策失灵。而产权又是受到政策影响的，尽管这个过程比较缓慢，但最后的结果却不可忽视（Sterner，2003）。在不同的经济体系中，产权、政策工具与政治之间的联系方式是不一样的，信息所扮演的角色也大相径庭。意识到信息不对称不但有助于人们在设计政策时考虑监控的难题，还有助于人们思考一些深层次的两难问题：如何既能促进社会目标（如：平等）的实现，又不妨碍效率。

在这样的背景下，作者围绕展开探讨论述如何平衡环境保护与提高效率的关系这一中心议题及相关问题展开，全书共分为七章，主要内容包括：

前言
第一章　中国的对外开放与贸易发展回顾
　　一　改革开放的政治经济逻辑
　　二　中国对外开放的不断深化
　　　　（一）对外贸易发展中的重要体制改革
　　　　（二）积极发展出口加工业
　　三　中国对外贸易战略和政策的定位——出口导向模式
　　　　（一）中国对外贸易采取出口导向模式的原因
　　　　（二）出口导向模式所体现的贸易发展指导思想
　　四　中国对外贸易战略和政策的影响
　　　　（一）积极影响
　　　　（二）消极影响
第二章　贸易影响中国生态环境的途径
　　一　贸易对环境产生影响的经济学分析
　　　　（一）环境问题的产生与发展
　　　　（二）导致环境问题发生的经济原因

附录B 行业出口的能源环境影响

附录C 历年各类最终使用产品或服务的生态效率

参考文献

作者在该书中阐述的观点是：气候变化是全球共同面临的环境问题，而归根结底它又是一个发展问题。作为全球最大的发展中国家，近年来中国在努力发展经济的同时也一直通过多种方式致力于保护全球环境，并于2009年底决定加快转变发展方式，使2020年中国的单位国内生产总值二氧化碳排放（即GDP碳排放强度）比2005年下降40%~45%，而且还准备将之作为约束性指标纳入国民经济和社会发展中长期规划。那么中国的经济发展方式应当如何转变才能使GDP碳排放强度显著降低呢？全书围绕这一核心问题寻求答案，有助于人们深入理解和分析经济发展方式与碳排放强度变化之间的内在联系，作者将相应的分析建立在系统、科学的研究方法基础上，具体通过投入产出模型这类方法实现。

该书的研究结论表明，1987~2007年随着经济发展方式的变化，中国的GDP碳排放强度显著下降，总降幅达到66.02%。在经济发展方式变化的各构成因素中，生产部门能源强度的降低是导致中国碳排放强度下降的最主要因素，其影响为-90.65%。直接能源消费率的下降也对碳排放强度产生了明显的抑制作用，其影响为-13.04%。此外，随着电力对原煤的替代，终端能源消费结构的变化也使碳排放强度略有下降。

然而，经济发展方式变化中也有不少不利于降低碳排放强度的因素。最不利于降低碳排放强度的是中间投入结构的变化，它导致碳排放强度在整个研究时期内升高了27.63%。其次，出口迅速扩张带来的需求分配结构变化使碳排放强度升高了4.61%。以需求衡量的三次产业间、三次产业内和制造业内的结构变化以及进口率的变化也都使碳排放强度有所上升。此外值得注意的是，尽管影响不大，发电和发热技术变化所决定的碳排放系数变化也是不利于降低碳排放强度的。

据此，作者给出的政策建议是：首先，当前我国积极扩大内需尤其是刺激居民消费的政策不仅有利于形成经济长期稳定增长的机制，同时也是有利于降低碳排放强度的。不过要注意的是，随着居民消费结构的升级，家电、汽车等耗能消费品逐渐普及的时代已经到来，这一结构变化可能不利于降低碳排放强度。虽然这一趋势是难以避免的，但政府可以通过各种政策措施鼓励居民节约使用这些产品，以尽量削弱上述不利影响。另外，尽管出口的碳排放强度较高，但扩大内需并不意味着要限制出口这一中国经济增长的重要源泉。正确的做法应是通过适当的政策逐步优化出口的产品结构。

其次，大力发展第三产业和扶持高新技术产业、限制高耗能产业发展的产业政策、投资政策、贸易政策等政策措施有利于优化产业结构并降低碳排放强度。研究结果显示，通信设备、计算机及其他电子设备制造业、批发、零售贸易、住宿和餐饮业、非物质生产部门（包括金融保险业、信息传输、计算机服务和软件业、房地产业、租赁和商务服务业、科学研究事业、综合技术服务业、居民服务和其他服务业、教育以及文化、体育和娱乐业等）具有较低的碳排放强度，应鼓励这些部门的发展。而对于一些碳密集型产业，如：各类采掘业部门及与之相关的矿物制品业（石油加工、炼焦、核燃料及煤气加工业、非金属矿物制品业、化学工业及金属制品业等）则应限制其盲目扩张。

最后，当前我国大力推进的各项工程和技术节能措施实际也是降低碳排放强度最直接的、最有力的政策措施。应进一步加大投入，通过引进、消化和吸收国际先进技术、国际合作开发和自主创新等方式提高整个生产部门的能源利用技术。尤其是一些碳排放强度较高而暂时又不可或缺的基础性生产部门，如上面提到的各类采掘业部门及与之相关的矿物制品业，更需要通过技术进步降低其碳排放强度。此外，通过提升清洁能源比重以优化能源结构对于降低碳排放强度而言也具有巨大的潜力。

第三章　国外研究动态

从世界上权威的经济学类期刊来看，经济研究中几乎都要用到定量分析方法，只是研究领域、侧重点和程度上有所不同。面对突如其来且势头凶猛的金融危机，世界各国纷纷采取应对措施和实施不同程度的刺激政策，在后续几年中逐步显效，凸显这一时期现实需求的特色；这自然要求学术界对刺激的对象、方式、强度及规模等寻求理论依据，因而，危机背景下政策刺激的作用机理和效果评价等顺理成章地成为特定时期学术理论研究的热点和重点。由于国内外学科划分和学术习惯的差异，我们对国外文献不再按子学科划分归类，只是按形式分为论文类和著作类，以便读者更好地领会和把握定量分析方法在经济研究中的应用。

一、论文精选及简评

1. Can Government Purchases Stimulate the Economy?

【摘要】This essay briefly reviews the state of knowledge about the government spending multiplier. Drawing on theoretical work, aggregate empirical estimates from the United States, as well as cross-locality estimates, I assess the likely range of multiplier values for the experiment most relevant to the stimulus package debate: a temporary, deficit-financed increase in government purchases. I conclude that the multiplier for this type of spending is probably between 0.8 and 1.5.

Valerie A. Ramey 的文章 "政府支出能刺激经济增长吗？"（Can Government Purchases Stimulate the Economy?）于 2011 年 9 月发表在《经济文献杂志》（*The Journal of Economic Literature*）第 49 卷第 3 期上，主要研究了政府支出乘数的估计问题，由此探讨政府支出对经济的刺激作用。

作者在文中带着读者简要地回顾了与政府支出乘数相关的知识并介绍了其研究状况。基于对之前有关政府支出乘数研究文献的总结，根据理论模型等工具，文章搜集了美国的乘数总体经验估计以及跨区域美国各州乘数的估计结果，估算出美国政府经济刺激计划中由财政赤字支撑的短期政府购买支出的增加，其乘数范围大约在 0.8~1.5。关于政府支出的增加对经济的刺激作用以及政府支出乘数的取值范围问题，已经有很多专家学者做过深入的研究。一些学者认为在最近发生的经济危机当中，政府支出以及税收的变化给经济的复苏带来了积极的影响，在 2008 年经济危机爆发之前，理论界一致认为财政政策相较于货币政策，其作用效果明显偏低，因为执行财政政策有明显的滞后期，在抵抗经济衰退的过程中需要很长时间才能起到效果。然而，当 2008 年经济危机爆发后，美联储达到了可怕的"零下限"利率，面对经济萧条问题，美国政府采用怎样的经济刺激计划以及如何实施经济刺激计划成了学者们关注的问题。因此，不少学者投入大量精力研究财政政策中政府支出的增加对经济的刺激作用，考虑到此类研究数量庞大，学者们根据不同的理论和模型估计出的政府支出乘数的范围不一，那么这些学者所估算的乘数范围是否准确稳定？为何他们的估算结果会有差异？能够给政策制定者以有参考价值的乘数值估计范围大概是多少？对这一系列问题的回答都需要有学者们进行专门研究。

对于政府支出乘数的估计问题以及政府支出对经济是否有刺激作用的问题已有可观的研究文献。Robert J. Barron 和 Robert G. King（1984），Marianne Baxter 和 King（1993），S. Rao Aiyagari，Lawrence J. Christiano 和 Martin Eichenbaum（1992），他们认为在新古典主义模型中，在不包含扭曲性税收的前提假设条件下，财政政策影响私人经济的主要方式是财富效应，跨时期替代效应（利率效应）。根据 Aiyagari，Christiano 和 Eichenbaum（1992）的研究，标准的贝尔曼方程式可以用于研究政府支出对经济产生的动态效果和静态效果，在方程式：$v(k,\ g^{p},\ g^{T}) = \max\limits_{k' \le f(k,N)-g} \{W(k,\ k'+g) + E(\beta v(k',\ g^{p'},\ g^{T'})|g^{p})\}$，此时，$W(k,\ k'+g) = \max\limits_{c,n \in |0 \le n \le N;0 \le c \le f(k,n)-(g+k')} u(c,\ n)$，由于存在效用最大化的唯一解，得到最优劳动供给函数为：$n = h(k,\ k'+g)$ 和消费函数为：$c = q(k,\ k'+g)$，其中 g 代表消极的财富效应，函数 $h(k,\ k'+g)$ 是关于 g 的严格递增函数，而函数 $q(k,\ k'+g)$ 是关于 g 的严格递减函数。之后 Aiyagari，Christiano 和 Eichenbaum（1992）为了研究政府支出对劳动时间供给的影响，将函数 $h(k,\ k'+g)$ 关于 g 进行一阶求导，最终得出结论：长期的政府支出的增加会促进劳动供给的增加。然而，其他学者的研究成果显示，当政府支出的增加来自于扭曲性税收的话，新古典主义模型下的研究将得到不同的结果，例如：增加劳动者个人所得税将会降低劳动供给，减少总产出。Baxter 和 King（1993）通过设立一个校正过的标准动态一般均衡模型研究得出政府支出乘数的一般取值范围，他们发现，①政府支出的增加是短期的，②政府在提高扭曲性税收的同时保持着财政预算平衡；在这两个前提下，政府支出乘数低至-2.5；如果短期的政府支出的增加是由财政赤字支撑的话，其乘数值可能会稍高，但仍低于 1；由当前税收或者未来定额税支撑的长期政府支出的增加，其乘数值会大一些，因为较大的负财富效应会增加劳动供给和稳定的资金，从而导致投资的增加，拉动经济的增长。所以，短期政府支出增加，其乘数一般低于 1，而长期的政府支出增加，其乘数在 1.2 左右。Craig Burnside，Eichenbaum 和 Jonas D. M. Fisher（2004）通过研究第二次世界大战后的数据，结果发现，通常情况下，政府支出的大幅增加会使扭曲性税收出现驼峰形增长。他们在研究中并没有直接讨论乘数的问题，但是在模型分析结果的图表上可以分析出由扭曲性税收支撑的政府支出的增加相较于由定额税支撑的短期政府支

出的增长，其乘数值更高，乘数更高的原因是由于出现了跨时期替代效应（利率效应）：人们知道未来的税收将会增加，所以他们会选择在税收较低的这一时期提供更多的劳动力。也有许多其他学者从凯恩斯主义模型出发研究政府支出乘数的问题。根据凯恩斯的理论，如果保持利率不变的话，那么政府支出乘数的计算公式为 $\frac{1}{1-\text{mpc}}$，税收乘数为

$\frac{-\text{mpc}}{1-\text{mpc}}$，其中 mpc 代表边际消费倾向。如果在开放的经济环境下，一旦利率上升，乘数将会减小，乘数的大小与边际消费倾向密切相关。Jordi Galí，J. David López-Salido，Javier Vallés（2007）和 John F. Cogan 等（2010）设立新凯恩斯主义模型研究得出的乘数非常小。Cogan 等（2010）利用 Smets-Wouters 模型预测的乘数大小也一般低于或者等于1。然而 Galí，López-Salido 和 Vallés（2007）研究乘数时设立了两个前提假设：①至少有50%的消费者是按照以往的消费习惯来进行消费的，这样边际消费倾向就会更大；②工人们根据市场需求提供劳动，这样工人们总会愿意向市场提供市场所需的劳动。根据这两个假设，他们所估计的乘数值高达 2.0。还有些学者搜集时间序列数据进行实证研究，Evans（1969）通过 1948~1962 年的季度数据，估算出政府支出乘数大概为 2.0；Ramey，Shapiro（1998），Edelberg，Eichenbaum 和 Fisher（1999），Eichenbaum 和 Fisher（2005），Cavallo（2005）通过 1947~2000 年的季度数据，基于 VARs 模型估算出政府支出乘数范围在 0.6~1.29。

文章以文献综述的方式研究了政府支出对经济的刺激作用，作者列举了大量的文献，给出了不同学者在这一问题上的研究结果，从理论研究到实证分析，作者逐一介绍了各个时期学者对政府支出乘数的估计，并分析所列学者在研究方法上的利弊，基于大量的文献中方法和模型的学习，作者认为许多学者尽管在研究和测量的方法上、样本数据的选择上都有很多的不同，但大多数研究的乘数估计大约在 0.6~1.8。作者不断优化估计乘数范围的方法，根据美国的乘数总体经验估计以及跨区域美国各州乘数的估计结果，利用美国的时间序列数据最终估算出美国政府经济刺激计划中由财政赤字支撑的短期政府购买支出的增加，其乘数范围大约在 0.8~1.5。文章的具体研究如下：

首先，介绍了政府支出对经济影响的相关理论，指出影响政府支出乘数大小的几个因素，综述了新古典主义模型研究中学者们的研究结果，其结论是：在不包含扭曲性税收的新古典主义模型中，长期增加政府支出会增加劳动的供给，促进经济的增长；使用新古典主义模型预测的政府支出乘数可正可负，其正负值取决于扭曲性税收征收的时期和征收的幅度。许多学者在新古典主义模型中引入不同的合理参数，根据研究的实验设计不同，实验所得的政府支出乘数既可以高达 1.2，也可以低至−2.5。其次，介绍了凯恩斯主义学者们的研究方法和理论，总结出他们的结论是：乘数与居民的边际消费倾向有着密切关系，在经济陷入"零下限"通缩漩涡时，新凯恩斯主义模型下的财政政策，增加财政赤字支撑政府支出会带来通货预期值的增加，当名义利率保持不变时，实际利率就会下降，从而刺激经济。Christiano，Eichenbaum 和 Rebelo 测算出，如果利率连续保持 12 个季度不变，而

政府支出一直增加，那么乘数的峰值达到2.3。通过对前人文献的总结，作者归结他们研究方法上的共同点，发现有关政府支出的理论研究，许多研究结果显示了乘数的取值取决于研究者所选定的模型类型、货币政策的实施、政府支出的方式、政府支出增加的持久性以及政府支出的资金来源等。进而作者提出搜集美国的相关数据进行时间序列分析，总体估计出美国的政府支出乘数的取值范围，文中的第三、第四章，大量列举了有关美国总体经验估计，跨区域美国各州乘数估计的实证研究，对不同时期、不同经济状况下以及不同的研究方法进行总结归纳，作者修正了因税收增加、利率等因素对乘数估计值的影响，最后得出结论：基于大量文献的总结以及对研究所得乘数估计值可用性的筛选，由财政赤字支撑的短期政府支出的增加，其乘数合理取值范围为0.8~1.5。文章在总结部分指出自2008年经济危机爆发到2009年初这一期间许多学者研究得出了更多的乘数的估计值，这些研究为经济政策制定者如何采用财政政策来刺激经济提供了更多的参考依据，但是我们要警惕这些研究结果的可靠性，我们需要花费更多的时间来验证这些结果。政府支出乘数的估计揭示了短期政府支出的增加对经济的刺激作用，对于这一问题的研究，需要后来的学者做出更多的努力。

以上是该书的大致研究内容，其研究的视角和思路清晰明了，书中介绍了大量有关乘数的理论，列举了大量学者的研究成果，综合了不同时期、不同模型、不同研究方法的研究结论并逐一做出比较，引用实证分析研究结果论证了一系列的问题，不拘泥于已有的研究成果，既善于挖掘前人的研究结果又敢于质疑前人的观点，作为一个文献综述型的论文，对于后来深入研究这方面问题的学者而言，其借鉴意义十分重大。尽管如此，文章还是有一些不足的。文中几乎罗列了这一研究领域的所有权威的文献，然而过多的引述不能很好地体现作者自己的研究方法，所得出的结论也并非是实证研究所得到的，属于作者自己的研究视角和研究方法未能很好地得到体现。

2. A Macroprudential Approach to Financial Regulation

【摘要】Many observers have argued that the regulatory framework in place prior to the global financial crisis was deficient because it was largely "microprudential" in nature. A microprudential approach is one in which regulation is partial equilibrium in its conception and aimed at preventing the costly failure of individual financial institutions. By contrast, a "macroprudential" approach recognizes the importance of general equilibrium effects, and seeks to safeguard the financial system as a whole. In the aftermath of the crisis, there seems to be agreement among both academics and policymakers that financial regulation needs to move in a macroprudential direction. In this paper, we offer a detailed vision for how a macroprudential regime might be designed. Our prescriptions follow from a specific theory of how modern financial crises unfold and why both an unregulated financial system, as well as one based on capital rules that only apply to traditional banks, is likely to be fragile. We begin by identifying the key market failures at work: why individual financial firms, acting in their own interests, deviate from what a social planner would have them do. Next, we discuss a number of concrete steps to remedy these market failures. We conclude the paper by comparing our proposals to recent regulatory reforms in the United States and to proposed global banking reforms.

由 Samuel G. Hanson，Anil K. Kashyap 和 Jeremy C. Stein 合作完成的文章"金融监管的宏观审慎方法"（A Macroprudential Approach to Financial Regulation），于 2011 年 2 月发表在《经济展望杂志》（*The Journal of Economic Perspectives*）第 25 卷第 1 期上，主要研究了金融监管中的宏观审慎方法的原理的应用。

学术界一直都在讨论关于金融监管中的宏观审慎的监管方法，虽然有许多学者对微观审慎的监管方法提出质疑，认为微观审慎的目的只在于控制单个金融机构或者行业的风险，保护投资者的利益，而宏观审慎监管方法更注重维护整个金融系统的稳定，在监管全球金融时宏观审慎监管相对于微观审慎监管显得更加全面可靠。然而在 2008 年全球爆发金融危机之前，金融监管中微观审慎的监管方法仍旧被许多专家学者、金融政策制定者们所依赖。根据联邦储备主席 Ben Bernanke（2008）的研究显示：2008 年全球金融危机过后，学术界绝大多数学者和政策制定者们达成统一共识，他们认为如今的金融监管要走宏观审慎监管之路。宏观审慎监管与微观审慎监管有何区别？宏观审慎监管的工具有哪些？怎样施行宏观审慎监管以及宏观审慎监管的方法是否发展成熟？……这一系列问题的回答都值得学者们进行研究。

对于这个问题已有不少学者做过相关方面的研究。有关宏观审慎监管的理论研究，首先得弄清楚两个问题：①为什么金融机构在面临金融危机冲击时选择收缩资产而不是筹集新的资金？②当许多金融机构同时缩减资产时，社会成本是什么？针对银行业收缩资产的问题，Diamond 和 Rajan（2009）、Shleifer 和 Vishny（2010）和 Stein（2010），他们认为银行业出现信贷危机与其低价出售资产有着密切的联系。针对银行业为何不在经济繁荣时期建立足够的资金缓冲来应对债务危机等冲击的问题，Stein（2010）认为如果短期债务比发行股票融资花费的成本要更低的话，那么银行会更愿意去承担过高的债务，因为这样银行便不会将成本内部化。在宏观审慎监管工具研究领域，Kashyap 和 Stein（2004）认为在社会规划者要求福利函数最大化的模型中若同时考虑保护存款保险基金的微观审慎目标和经济衰退时期保持银行信用的宏观审慎目标时，随着时间变化的资本要求是一个最优方案，当经济处于萧条时期时，银行资金短缺，贷款供给紧缩，社会规划者若要兼顾宏观和微观两个目标的话，必将承担银行倒闭的风险。Flannery（2005）和 French 等（2010）提出一种宏观审慎监管中二级资本工具叫作"逆向可转换债券"，它是银行发行的一种债务证券，当银行的监管资本或者股票市值下降到一定的阈值时，它能自动转换成普通的股票。另一种二级资本工具是由 Kashyap，Rajan 和 Stein（2008）提出的，他们认为银行应该在经济繁荣时期购买保险，当经济下滑或者经济不景气时，银行的亏损能够由保险公司的赔偿来填补。为了加强对金融机构高级经理的监管，French 等（2010）提出建议：对于每一位银行高级经理实行暂扣部分薪酬的措施，一旦银行倒闭，这些经理将会面临罚款，这样有助于提高金融机构内部的激励机制。由于各国影子银行的快速发展以及高杠杆率的操作提高了整个金融体系面临风险的概率，影子银行也是此次金融危机的助推手，从宏观审慎的角度看，人们应该更多地关注金融系统内部的潜在漏洞，例如：加强对银行信贷风险的监控。Hanson 和 Sunderam（2010）认为监管机构应该担心证券化市场的结构，特别要对那些信用评级为 AAA 级证券的质量和数量加以监管。

该文从总体上系统而又详细地讨论了金融监管中宏观审慎监管的方法，作者在研究过程中采用假设案例方法去分析问题。例如：假设一家银行资产总额为$100，刚开始的资金额为$6，然而在下一季度由于经营亏损了$2，那么资金额变为$4，如果需要保持银行资产的波动率不变并且控制银行倒闭的风险在 0.5% 之内，那么这家银行就需要将资本比率回升至 6%，有两种方式可以实现这一目标：①通过在市场上募集$2 新的资金；②保持资金额不变，收缩银行资产总值到$66.67（由于 4÷66.67＝6%）。这种分析方法有益于读者理解研究内容，从而更加明确研究目的。他们认为金融监管中微观审慎监管的方法存有不足，当监管机构采用微观审慎监管方法监管一家陷入困境的银行时，监管机构将只注重银行能否平稳顺利地降低银行倒闭的风险，而并不关注银行的具体做法，但是如果许多家金融机构在陷入困境时都试图采用收缩资产来渡过危机的话，那么势必对整个金融系统产生破坏性的影响。他们认为金融监管应该朝着宏观审慎监管的方向发展，并在文中提供了一个宏观审慎监管体制设计的蓝图，他们从现代金融危机爆发的研究理论出发，对不受监管的金融体系容易引发金融危机的问题展开讨论，并且在文中讨论了六套能够完善金融宏观审慎监管的工具，最后通过将他们所研究出来的有关宏观审慎监管的建议与近期美国的金融监管改革以及全球银行业的改革相比较来总结全文。作者呼吁学术界亟须研究设计出一个宏观审慎监管的体制来有效地维护整个金融体系的稳定，防止金融系统对经济体系的负外部溢出。文章的具体研究如下：

首先介绍了金融监管的理论：微观审慎监管和宏观审慎监管。文中第一部分具体介绍了微观审慎监管的具体方法，讨论了该方法的不足之处，进而引出宏观审慎监管的概念，通过假设案例银行 A 在面临金融危机时的具体做法分析比较微观审慎监管和宏观审慎监管的效果，最后，基于银行低价出售和信贷危机的模型研究表明：一旦银行或者其他金融机构遭遇危机时，银行便会收缩资产而不是进行资本结构调整；危机爆发前，金融机构很少会准备充足的资本缓冲资金，从而使得金融危机发生的概率增大。而宏观审慎监管恰好能够有效地限制金融风险的累计并且强化金融体系对经济下滑和其他负面冲击的恢复能力。那么宏观审慎监管的具体工具有哪些呢？文章第二部分着重介绍了金融宏观审慎监管的六个措施，分别为：①资本要求随着时间调整；②提高金融机构的资本质量；③针对美元资本的纠正；④使用二级资本；⑤注重债务期限结构的管理；⑥监管影子银行体系。作者大量引用了之前学者的研究成果，具体分析了六项措施的目的以及对防范金融危机的具体效果，讨论完宏观审慎监管的具体方法后，该文在第三部分首先引述了 Modigliani-Miller 的观点，讨论了银行或者其他金融机构贷款利率与其资本比率之间的关系，并基于 Modigliani-Miller 的校准模型，通过检验美国 1840~2009 年的商业银行账面记录的股权资本比率的面板数据，进行回归分析，他们认为这些历史数据太过杂乱，变量的设置也比较粗糙，无法得出任何股本比率与贷款利率是否存在相关性的结论。之后，文章回答了为何银行执意施行高杠杆比率的问题时引用了 Kashyap，Stein 和 Hanson（2010）的观点，他们认为这一问题涉及金融服务竞争的本质，因此，作者在第三部分最后对银行竞争假说展开检验，他们首先设立两个基本假设，通过搜集美国 1976~1994 年的银行数据，研究了两种类型的放宽管制：①放宽对美国各州内银行支部的监管；②州际银行的出现。最终的数据分析结果显示支持银行竞争假说，即当银行面临更加激烈的竞争时，他们会调整杠杆比率，使得杠杆比率统一变得更高。在最后一部分，作者简单地将他们所研究出来的有关宏观审慎监管的建议与近期美国的金融监管改革以及全球银行业的改革相比较来总结全文。该文的总结部分介绍了二十国集团（G20）于 2010 年末批准了巴塞尔协议Ⅲ的基本框架，包含了加强宏观审慎管理、增强逆风向调节的诸多进展。在最低监管资本要求之上增加基于宏观审慎的资本要求。要求银行保留 2.5% 的资本留存缓冲，以更好地应对经济和金融冲击。各国可根据"信用（贷）/GDP"超出其趋势值的程度等要求银行增加 0%~2.5% 的逆周期资本缓冲，以保护银行体系免受信贷激增所带来的冲击，起到逆周期调节的作用。系统重要性银行还应在上述最低资本要求的基础上具备更强的吸收损失能力。除此之外，为保障整个金融系统的安全，监管机构需要加强对各国影子银行以及其他部门的监管，坚持银行间公平竞争的原则。根据金融改革法案，在美国和欧洲，宏观审慎监管的任务已经委托给了一些委员会，例如：美国建立了金融稳定监督委员会，欧洲建立了欧洲系统风险监督委员会等，这些委员会能够很好地表现出由中央银行主导宏观审慎政策的趋势。

文章在研究时注重理论的研究以及文献的引用，逻辑性很强，先由金融监管理论出发比较微观审慎与宏观审慎在监管目标以及监管措施上的不同点，再介绍宏观审慎监管的六项措施能够使得监管机构有效识别系统风险，即发现、监测和计量系统风险及其潜在影响；降低系统风险的发生概率，即通过提高监管标准和采取针对性监管措施等，预防系统风险爆发；缓解对金融体系和实体经济的溢出效应，即在系统风险爆发后，限制破坏的程度和范围，尽可能降低经济损失。在讨论完这些措施后，作者提出有关资本要求的社会成本问题以及一个国际金融改革的报告来结束全文。

该文的结论是金融监管应该朝着宏观审慎监管的方向发展，它能限制金融风险的累积，降低金融危机的可能性或强度，强化金融体系对经济下滑和其他负面冲击的恢复能力。对于宏观审慎监管怎样实现的问题，作者为了说明宏观审慎这个概念提供一种统一的思维方式以及一个宏观审慎监管体制设计的蓝图，而不是提供一个全面的金融改革建议的清单。

以上是文章的大致研究内容，其研究的视角和思路很清晰，研究的方法也很简单明了，通过引述以前学者的研究结论并与现实情况相结合论证了一系列的问题，在注重引用文献的同时不拘泥于已有的研究成果，敢于质疑前人的观点，并作深入分析和讨论，对于金融监管中宏观审慎监管研究领域具有很重要的意义。由于文章的研究比较偏重理论部分的研究，有关数据方面的分析以及模型方面的分析显得比较少，即便文中出现的模型以及面板数据的分析包括图表的展示，大多是作者引用前人文献中的内容，所以，如果作者能够在文中添加基于自己视角或者改进过的模型进行研究会使分析所得的结论更有说服力。

3. The Case for a Progressive Tax: from Basic Research to Policy Recommendation

【摘要】This paper presents the case for tax progressivity based on recent results in optimal tax theory. We consider the optimal progressivity of earnings taxation and whether capital income should be taxed. We critically discuss the academic research on these topics and when and how the results can be used for policy recommendations. We argue that a result from basic research is relevant for policy only if ①it is based on economic mechanisms that are empirically relevant and first order to the problem, ②it is reasonably robust to changes in the modeling assumptions, and③the policy prescription is implementable (i.e, is socially acceptable and not too complex). We obtain three policy recommendations from basic research that satisfy these criteria reasonably well. First, very high earners should be subject to high and rising marginal tax rates on earnings. Second, low-income families should be encouraged to work with earnings subsidies, which should then be phased-out with high implicit marginal tax rates. Third, capital income should be taxed. We explain why the famous zero marginal tax rate result for the top earner in the Mirrlees model and the zero capital income tax rate results of Chamley and Judd, and Atkinson and Stiglitz are not policy relevant in our view.

由 Peter Diamond 和 Emmanuel Saez 共同完成的论文"累进税案例：从基础研究到政策建议"（The Case for a Progressive Tax: from Basic Research to Policy Recommendation），于 2011 年 9 月发表在《经济展望杂志》（*The Journal of Economic Perspectives*）第 25 卷第 4 期上，主要探索最优税制理论的基础研究成果，并且形成了一定的政策建议。

税收负担的公平分配（公平税负）一直是政府税收决策的核心问题，在这一领域已经有大量的学术文献对于最优税制理论的模型做出了研究，其中最优税率的问题一直以来吸引着不少经济学家。政府的目标是选择各种税率，在一定的约束条件下，能够实现社会福利的最大化。那么如何征税才能保证效率与公平能够统一呢？这值得学者深入研究，基于理论的研究，更应该得出有效的实证经验，为税收政策的制定者提供政策建议或者改革的途径。前人关于最优税税制理论的模型研究通常认为，税收制度应该使得社会福利函数取到最大值，在服从政府预算约束的条件下，同时要考虑到个体对税收和转移支付的反应；资源分配越合理，社会福利越大，然而税收的再分配和转移支付可能会对个体的工作，储蓄以及收入产生负面的影响，最优税制理论中的最优税问题直接涉及公平与效率的平衡，因此，怎样设置最优税率，如何征税，给出政府怎样切实可行的政策建议等一系列问题都值得学者们进行深入研究。

对于这些问题已有不少学者做过相关的研究。最优税率的问题有着较长的研究历史，F.P. Ransey（1927）最早对该问题进行研究性的工作，他指出政府的目标是选择各种税率，在一定的约束条件下，实现社会福利的最大化。在考虑政府所面临的约束时，Ramsey发现不管政府采取了什么样的税收决策，经济中的消费者和厂商在市场的作用下，将为各自的利益做出反应。在权衡公平与效率的问题上，最优所得税最初的研究对效率采取了完全忽视的态度。Edgeworth 提出，当每个人的边际牺牲相等时（纵向公平原则），社会效用损失最小，这就意味着当收入达到某个等级时，当事人的所有增加的收入都将用于交换税收，这样，一个非常大的可能性是高收入者将放弃工作，选择闲暇。由于损失了效率，政府的收入反而低于课征低税率的收入。斯特恩（Stern）通过对税收与劳动供给的研究，得出最优所得税率与劳动供给弹性负相关，当劳动供给弹性小，即对工资率的变动表现为不敏感时，较高的税率不会对劳动供给决策产生明显影响，从而对经济效率产生大的影响，反之，若劳动供给弹性很大，对工资所得课以较高的税率则会导致实际工资率的下降，进而引起更大的劳动供给的减少。1986 年，切米利率先提出，在长期内假定居民的存在具有无限期界，如果为有限期界，则结果大为不同即最优资本所得税率应为零。因为对资本所得征税会导致资本投资的跨代扭曲效应，而对劳动所得应征收正的税，因为劳动所得税只能产生期内劳动与闲暇选择的扭曲，这和现实中对资本所得应征以重税的观点形成鲜明的对比。阿特卡森（Atkeson，1999）等通过逐一放宽切米利的假设条件，检验并支持了切米利的观点，认为对资本所得征税是个坏主意。当人力资本作为内生元素参与生产时，其积累与物质资本积累一起构成了技术进步的基础，对劳动和资本所得整税会减低人力资本和物质资本的积累，进而降低增长率（King，Rebelo 和 Picorrino，1993；Rebelo，1991；Picorrino，1993 年等），所以，他们认为从长期看，对资本和劳动所得的最优税率都应为零。

文章从数学公式推导、经验数据分析以及模型比较分析为切入点进行研究，他们做了大量的文献搜集以及基础性的理论研究，他们认为，模型的分析具有局限性，一个模型可能非常适用于一个问题的研究，但对于另一个问题则可能完全不适用，因此在研究中需要同时考虑多个模型，并从多个模型中导出结论。在研究过程中，他们认为当以下三个条件得到满足时，一个理论上的结果就可以有效地形成一个政策建议的一部分。第一，这一结果必须是建立在经过实证且着力于解决眼前问题的首选经济机制上。第二，结果必须对于模型假设的变化具有合理的稳健性。特别是，人们会有许多不同的口味，因而会有很多偏离理性模型，尤其在跨期决策领域。因此，我们应当对严重依赖一致性或理性假设的结果持怀疑态度。推导最优税公式，使其成为一种有价值的基于经验数据的"充分统计"函数，是满足前两个条件最自然的方式。第三，税收政策建议必须是可实现的。也就是说，税收政策需要被社会接受，且相对于税收管理的建模和个体对税收的反应不应太过复杂。他们从基础研究中总结出了三条政策建议，并且认为这三条建议是合理地满足了上述三个标准的。文章的具体研究如下：

本文分析了最优税制理论模型的实质，确定文章的研究思路，基于最优税制理论的基础研究他们从中总结出三条政策建议。他们将这三条建议分成三个模块进行讨论：首先，讨论高收入者的税收政策。其次，讨论低收入者的税收政策。最后，讨论是否应该对资本所得收税。通过对比分析的方法，采用公式推导，总结各种模型的研究结论，作者得出属于自己的结论并给出政策建议。在文章的附录中，作者还将自己的研究成果与 Mankiw，Weinzierl 和 Yagan（2009）研究过的内容进行对比，总结了其中的共同点和不同点，以便供以后的学者更好更科学地进行讨论研究。

作者在总结第一条建议时，使用了公式推导，他们用 g 表示高收入者们每消费 1 美元所增加的社会边际效益，那么所产生的福利成本就是 g 乘以税收收入的变化值。在不考虑高收入者的边际消费社会效益情况下，最优最高的边际税率 T^* 可以用以下的公式表示：$T^* = 1/(1 + ae)$。其中 T^* 取数据表格中的最大值。因为对高收入者征收高的税收的目标就是为了能够降低对低收入者的税收。任何比 T^* 更高的税率都无法达到帕累托最优，因为降低税率会增加总的税收和高收入者的福利。只设定在单一的收入水平以上增加边际税率只会减少总的收益，因为纳税者会减少工作，因此需要改变他们的税率。最优税率可以平衡这两个问题：高收入者收入增加所面临的负担和增加各阶层的收入水平。T^* 随着弹性系数 e 和帕累托指数 a 的减少而降低。其中 $a = Z_m/(Z_m - Z^*)$ 计算得出，最主要的发现是：当 Z^* 年均收入超过 300000 美元后，a 的值基本趋于稳定在 1.5。如果假设高收入者中的 e 保持不变，那么根据公式得出，最优化的最高税率是独立于 Z^* 的（这也是 Mirrlees，1971 在他的标准非线性最优税收模型研究中得出的结论）。接着他们使用美国税收的历史数据测算弹性系数 e，并通过实证研究得出对于高收入人群征收的最优税率应该有所增加。接下来，他们总结第二条政策建议时，重点基于理论的分析，从对社会低收入者的转移支付和税收的角度进行讨论，最终得出，税收和转移支付对于低收入者的政策应该包括收入补贴，但是应该逐步取消对低收入者的补贴。文章在总结第三条政策建议时，大量引述之前学者有关资本所得征税与否的文献研究结果，学术上反对对资本所得征税的研究有许多，其中，文章分别讨论了 Chanley（1986）和 Judd（1985）以及 Atkinson-Stiglitz（1976）的研究，他们均认为若经济存在稳定均衡的话，那么对于资本所得征收的税率应该为零。然而，作者反驳前人的观点，他们认为资本收入和劳动收入在现实情况下难以区分，工作的收入与个人储蓄存有联系，对资本所得征税可以减轻那些受借贷约束者的税收负担，与此同时，它能够鼓励劳动供给，降低储蓄率，并引证了 Christiansen 和 Tuomala（2008）的模型研究，他们的模型研究得出在不考虑消费偏好的情况下，得出一个正的资本所得税率。

该文的主要结论是：第一，高收入者的收入应当受到较高的不断上升的边际税率的限制，即对于高收入者应该施行增加边际税率的政策，美国目前的高收入者应该承担更高的税率。他们专门讨论了为什么在收益分配的顶层著名的零边际税率是不与政策相关的。第二，低收入的家庭应该得到政府补贴，这种补贴应当随着隐含的边际税率的增高而逐渐停止。由于低收入者的劳动力供应的反应集中在是否参与劳动供给，这一结果随之而来。这两点联合表明，最优的转移支付和税收方式是高度非线性的，无法用一个类似"全民式补助"总额的统一税收来很好地近似。第三，对资本所得应该征税。他们对一定的理论结果进行审查，特别是对 Atkinson 和 Stiglitz（1976），Chamley（1986），Judd（1985）这几位的理论进行研究，他们认为资本所得税不应该存在，并且声称这些发现不足以成为与政策相关的。最后，征收资本所得税的一个强有力的论据是在实际问题中区别劳动收入与资本收入存在困难，这一点给充分依赖劳动力税收带来低效率的约束，引起储蓄率的不一致。

以上是文章大致的研究思路及写作内容，研究方法上并没有太多新颖之处，大多是基于基础理论的分析以及引用前人的文献来阐述自己的观点，作者还是比较敢于质疑前人观点的，在呈现其他学者文献研究的结果的同时，敢于提出自己的意见和观点并加以讨论，善于模型的比较和总结，逻辑分析上显得比较紧密，内容上有理论、有数据、有图表等，比较丰富，但是对于实证数据的有效性和可实用性，作者自己也提出质疑，所以文章在数据收集和处理的科学严谨性上略显不足，实证分析上稍有欠缺。总之，该文对于政府税收政策的制定还是具有一定的借鉴性，对于后来学者的深入研究也具有一定的意义。

4. Macroeconomic Effects from Government Purchases and Taxes

【摘要】For U.S. annual data that include WWII, the estimated multiplier for temporary defense spending is 0.4–0.5 contemporaneously and 0.6–0.7 over two years. If the change in defense spending is "permanent" (gauged by Ramey's defense-news variable), the multipliers are higher by 0.1–0.2. The estimated multipliers are all significantly less than one and apply for given average marginal income-tax rates. We cannot estimate reliable multipliers for non-defense purchases because of the lack of good instruments. Since the defense-spending multipliers are less than one, greater spending crowds out other components of GDP, mainly investment, but also non-defense government purchases and net exports. Consumer expenditure on non-durables and services has only a small response. In a post-1950 sample, increases in average marginal income-tax rates (measured by a newly constructed time series) have significantly negative effects on GDP. When interpreted as a tax multiplier, the magnitude is around 1.1. When we hold constant marginal tax rates, we find no statistically significant effects on GDP from changes in federal tax revenue (using the Romer-Romer exogenous federal tax-revenue change as an instrument). In contrast, with revenue held constant, increases in marginal tax rates still have a statistically significant negative effect on GDP. Therefore, tax changes seem to affect GDP mainly through substitution effects, rather than wealth effects. The combination of the estimated spending and tax multipliers implies that balanced-budget multipliers for defense spending are negative.

由 Robert J. Barro 和 Charles J. Redlick 共同完成的论文 "政府购买和税收的宏观经济效应"（Macroeconomic Effects from Government Purchases and Taxes），于 2011 年 2 月发表在《经济学季刊》（*The Quarterly Journal of Economics*）第 126 卷第 1 期上，主要研究政府购买支出和税收变化对宏观经济影响及相关问题。

关于政府购买支出和税收变化对宏观经济的影响的研究，经济学家们还没有确定一个准确的模型来估计政府购买支出和税收变化对宏观经济的影响。有关这些方面的实证性研究也是比较少的，现存的文献大多是独立研究税收变化和政府支出对宏观经济的影响，少有学者通过对宏观长期数据的分析综合研究政府支出和税收变化对宏观经济的影响。为此，需要学者做出努力。由于政府支出可以分为国防性支出和非国防性支出，因此需要分别研究两种政府支出对宏观经济的影响，与此同时，我们需要区分开替代效应和财富效应对宏观经济的影响，这些问题都值得学者们专门研究。

Barro 和 King（1984）假设在一个封闭的经济环境里，消费和闲暇为普通的商品，税收是一次性的，市场出清，通过新古典主义模型的分析，得出：纯的财富效应对于当前的 GDP 没有影响，原因是当期的工作或者消费的选择与未来的事件是分离的；政府购买性支出的上升会增加 GDP。根据 tax-smoothing 的观点（Barro 1979；Aiyagari，Marcet，Sargent 和 Seppala，2002）。他们认为政府支出的增加如果是短期的对 GDP 的影响可能会更大。

该文主要研究的是美国政府购买性支出和税收变化对宏观经济的影响，作者基于对美国包括"二战"时期在内的年度数据分析，得出按照当年的数据计算得出临时国防支出的乘数估计大约为 0.4~0.5，按照两年以上的数据分析得出估计乘数为 0.6~0.7；如果国防支出的变化是"恒定"，乘数估计将高出 0.1~0.2。由于乘数估计值明显小于 1，政府支出的提高会对 GDP 以及其他经济总量组成部分产生明显的挤出效应，尤其是对于投资产生明显的挤出效应。作者指出，由于缺乏有效的测量方法及工具从而无法准确测量出可靠的非国防政府支出的乘数，因此文章未对非国防政府支出的乘数效应做过多的研究。与此同时，通过研究得出一些结论：税收变化主要通过替代效应来影响 GDP 的，而不是通过财富效应。该文的具体研究如下：

作者指出有关政府购买性支出和税收的变化带来的实际国内生产总值以及其他表示经济总量的实验性数据分析的研究太少，现存的文献也大多是独立地去分析政府支出或者税收变化在经济活动中的作用，而很少有研究综合考虑政府购买性支出和税收变化对宏观经济的影响。作者通过对美国长期的宏观经济数据的分析，主要从美国战争时期国防性支出方面来论证实验的结果，其中，支出乘数主要来自于国防支出的变化，特别是"二战"后美国的重建以及国防增强所带来的变化；税收效应主要来自于联邦和各个州的所得税和社会保障工资的平均边际税率的变化。该文大体上可以分为三个部分。文中第一部分讨论了美国自 1914 年起的政府采购支出的数据，强调区分国防性政府支出和非国防性政府支出，着重研究了美国在第一次世界大战、第二次世界大战以及抗美援朝战争中国防性支出的变化对宏观经济的影响。在分析美国政府历史采购数据中，文中用人均的国防或者非国防支出来表示与前一年的人均实际 GDP 的比值，使用年度数据，建立一个长期的时间序列数据，并做出国防性支出和非国防性支出的变化折线图，研究的结论是：第一次世界大战、第二次世界大战以及抗美援朝战争中美国国防支出变化非常大，为研究者提供了绝佳的机会来估计政府的支出乘数，政府支出的变化会影响美国的 GDP，由于在这三次战争中，美国没有经历物质上的巨大亏损，战争中的损失相对其他国家来说较小，因此根据数据的分析得出，美国国防支出的变化对于 GDP 仍主要是外生变量；相对于国防性支出，由于非国防性支出的变化非常的微小，因而用宏观的时间序列数据来独立分析非国防性支出并不具有很大的说服力。为了进一步研究美国国防支出变化对于宏观经济的影响，文章紧接着讨论了 Ramey 的有关国防新闻分析的研究，作者在分析过程中计划比较当前国防支出和潜在的未来的国防支出，从而评估当前国防支出的持久性，例如：美国在 1939~1940 年，处于即将被卷入战争的时期，人们就可能倾向于相信未来的国防支出会升高，而在 1944~1945 年，人们相信战争将在不久的将来以美国胜利而告终，于是此后的国防支出会减少，

Ramey 对新闻资源，以及有关国防的文章里的信息进行量化，采用新的方法来测量预期的国防支出。

文章在第二部分讨论了税收对宏观经济的影响。由于边际所得税率的变化具有替代效应，因此，作者预期这些边际税率会影响 GDP 和其他宏观经济总量。为了测量总水平下边际税率对 GDP 以及其他经济总量的影响，首先需测量出平均边际所得税率，作者通过引用 Barro 和 Sahasakul（1983，1986）所搜集的美国税务局发布的统计数据，分析了美国 1966~1983 年的数据，通过图表展示了美国各年度的平均边际所得税率的值，并引述了 Romer-romer 有关税收变化测量的方法，综合数据的分析以及文献结果的引述，作者认为税收的变化是通过替代效应而不是财富效应来影响宏观经济的。

文章在第三部分总结了全文的分析框架，由于目前经济学家还未确定一个准确的模型来估计政府购买性支出和税收的变化对宏观经济的影响。为了构建一个简单的依据经验数据进行分析的框架，作者从新古典主义学者 Barro 和 King（1984）研究过的模型中得到启发，通过设立差分方程，具体研究了政府购买性支出和税收变化与 GDP 之间的关系。差分方程：

$$(y_t - y_{t-1})/y_{t-1} = \beta_0 + \beta_1 \cdot (g_t - g_{t-1})/y_{t-1} + \beta_2 \cdot (g_t^* - g_{t-1}^*)/y_{t-1} + \beta_3 \cdot (\tau_t - \tau_{t-1}) + \varepsilon$$

其中，y_t 代表 t 年的人均实际 GDP，g_t 代表 t 年人均实际政府支出，g_t^* 表示基于 t 年预测的未来人均实际政府支出，τ_t 表示 t 年的平均边际收入税率。模型分析的结果显示：政府购买性支出对于 GDP 的影响主要体现在当期的支出变化；增加政府购买性支出的同时往往会伴随着边际收入税率的增加，由于对于给定的税率，预期的支出乘数明显小于 1，而根据经验数据分析得出的税收乘数为–1.1，也就是说更高的政府支出和相应更高的税收可能会降低 GDP。

文章的结论和建议是：基于对美国第一次世界大战、第二次世界大战以及抗美援朝战争的国防开支的数据分析，尤其是对第二次世界大战数据的分析，以及对美国税收统计数据的搜集，该文得出以下结论：在给定平均边际收入税率情况下，国防支出的乘数估计大概为 0.4~0.5，如果国防支出的变化是持续的，那么乘数估计相应会提高 0.1~0.2；由于估计的国防支出乘数小于 1，国防支出的提高也许会对 GDP 的其他组成部分产生挤出效应，主要的挤出效应发生在投资上。短期或长期的国防支出对于消耗品和服务的消费支出的预期影响是很小的，在统计学上可以记为 0；税收的变化主要是通过替代效用而不是财富效应来影响 GDP 的；如果高国防支出的同时联邦高财政收入，相应的就有高边际税率，我们应该将负的税收乘数考虑在内。由于对于给定的税率，预期支出乘数明显小于 1，更高的国防支出和相应的更高的税收都会降低 GDP，也就是说，预期的均衡预算乘数是负的。最后作者给出研究建议，在将这种研究长期宏观经济数据的方法推广到其他国家的同时需要考虑到，由于美国在两次世界大战中没有经历物质上的大量损毁，相对于其他国家美国在战争中的损失相对较小，国防支出的变化对于 GDP 来说是外生变量，因此这个方法在美国非常适用，但这个方法对其他很多国家可能不那么适用。

以上是文章的大致研究内容，其研究的思路比较清晰，分成三个部分去研究，通过美国战争时期的数据以及美国税务统计部门的年度数据分析佐证自己的研究，论证了一些问题，并且注重学习前人的研究成果，借鉴前人设立的模型，善于处理数据和线形图的制作展示，其研究上具有很强的逻辑性，研究的问题也具有很强的关联性，研究的结果展示对于美国宏观经济影响方面的研究具有一定的实证参考。综观全面情况，该文的研究具有较为明显的局限性，由于数据的独特性以及战争时期美国是世界少有的战争损害较低的国家，因此作者自己也总结认为，尽管这种研究长期宏观经济数据的方法可能会适用于美国，但是将其推广到其他国家可能不太合适。

5. Selection and Comparative Advantage in Technology Adoption

【摘要】This paper examines a well known empirical puzzle in the literature on technology adoption: despite the potential of technologies to increase returns dramatically, a significant fraction of households do not use these technologies. I study the use of hybrid maize and fertilizer in Kenya, where there are persistent cross-sectional differences in aggregate adoption rates with a large fraction of households switching in and out of adoption. By allowing for selection of farmers into technology use via comparative advantage differences, I examine whether the yield returns to adopting hybrid maize vary across farmers. If so, high average returns can coexist with low returns for the marginal farmer. My findings indicate the existence of two interesting subgroups in the population. A small group of farmers has potentially high returns from adopting the technologies. Yet, they do not adopt. This lack of adoption appears to stem from supply and infrastructure constraints, such as the distance to fertilizer distributors. In addition, a larger group of farmers faces very low returns to adopting hybrid maize, but chooses to adopt. This latter group might benefit substantially from the development of newer hybrid strains to increase yields. On the whole, the stagnation in hybrid adoption does not appear to be due to constraints or irrationalities.

　　"技术采用中的选择和比较优势"（Selection and Comparative Advantage in Technology Adoption）一文于 2011 年 1 月发表在《经济计量学》（*Econometrica*）第 79 卷第 1 期上，作者为麻省理工学院的 Tavneet Suri 教授。

　　尽管使用了大量增产技术，部分非洲地区的农业产量在过去十年依然下降。为了找到提高粮食产量和收入的方法，当地政策决策者需要了解主要农作物产量降低的原因。文章主要研究了肯尼亚部分地区农民所面临的关于农业技术的应用决策，特别是杂交玉米和肥料。了解农户如何做出技术应用决策是把握当地农业生产趋势的关键。

　　遍布肯尼亚的田间试验表明，杂交玉米和肥料能够显著增加玉米产量，增加幅度在 40%~100%（数据来自肯尼亚农业研究机构），但是总的杂交玉米和肥料的使用率在肯尼亚远低于 100%，在不同年份个体应用率有很大变化。这提出了一个实证之谜，为什么当技术收益率如此之高时，总的应用率仍那么低，且处于停滞状态。以往的相关文献对此提出一系列解释，从学习模型和信息壁垒、信贷约束、品味偏好到缺乏有效的保证体系。

Gerhart（1975）在 20 世纪 60 年代后期和 70 年代早期追踪了肯尼亚西部杂交玉米的应用。探讨了杂交玉米在应用推广中所受到的约束。他发现，如果农民有其他的方法来规避风险（比如：其他的抗旱作物、经济作物，或者非农业收入），他们就不愿再种植杂交玉米。此外，农民的教育水平，信贷便利性、配套服务在杂交玉米的推广应用中也很重要。Griliches（1957）重点强调了经济因素的作用，比如决定技术扩散速度变化的期望利润和规模，他也注意到，技术应用速度如何跨越地理空间有赖于技术供应商和种子适应本地条件的时间。Schultz（1963）、Weir 和 Knight（2000）强调教育的作用。Ouma 等（2002）研究了肯尼亚 Embu 地区改良种子和肥料的应用推广，他们发现种类，农业气候带、农家肥使用、劳动力雇用和周边服务是应用推广中的关键决定因素。很多关于技术应用的近期文献着眼于学习的外部性。关于这方面研究比较透彻的有 Besley 和 Case（1993）关于社会关系的文献。Foster 和 Rosenzweig（1995）着眼于印度绿色革命地区的高产品种的应用，他们发现有着富有经验邻居的农民比其他人更赚钱。Munshi（2003）也研究了类似问题，发现这种影响并非均质的，小麦种植者更易受到他们周围人经验的影响。而大米种植者则受益于田间试验。此外，部分文献用信贷约束来解释技术应用的失败。比如，Croppenstedt，Demeke 和 Meschi（2003）评估了一个埃塞俄比亚的双重障碍肥料应用模型，他们使用了为什么农民不购买肥料的自我报告资料，发现信贷在肥料应用中是一个主要的供给面约束。Hassan 等（1998）利用肯尼亚一个肥料应用推广项目（FURP）的数据分析发现，在高收益地区，杂交玉米的使用和变种的周转率以及扩散速度都很高，而在一些边远地区，欠缺的推广服务、较差的基础设施以及稀少的种子经销商造成了低使用率。

此文的研究不同于以往的标准文献，作者首先指出农户应用杂交玉米所获得的收益并非均质的，技术带来的高平均收益也伴有那些边缘种植者的低收益，收益异质性的现象表明仅凭技术平均收益不足以解释整个样本区农民的技术应用决策。作者在一个允许异质性技术收益的框架内研究了肯尼亚农民技术应用的决策，一个农民对技术的预期收益与其对技术的应用决策直接相关。因此，作者把技术应用作为选择过程，允许每个具体家庭收益上的异质性，农民对技术的期望收益驱动了应用决策。经由每个家庭比较优势的不同来控制选择过程。

文中数据来自于 Tegemeo 农业监控和政策分析项目，数据收集时间为 1996 年 4 月至 2006 年 6 月，这是一组以农户为基本单位的固定样本调查数据，抽取了肯尼亚具有代表性的玉米种植者。该时期的总技术应用率是稳定的，不同地区和资产类别之间技术应用率差别较大，数据收集期内，至少有 30%的家庭选择采用或者放弃杂交玉米。

作者首先对数据做了简单处理，绘出了样本地区在 1996~2004 年的杂交玉米和肥料使用的大致数据曲线，以及玉米的产量趋势图。作者采用 1997 年、1998 年、2000 年、2002 年、2004 年调查数据，把杂交玉米作为相关技术，建立了在 1996~2004 年的家庭技术应用决策模型。该模型包括了在决定使用杂交技术的选择过程中绝对和相对优势的存在。

文章假定农民面临两种技术选择，采用杂交品种，或采用传统品种。设一个农民任意时期的生产函数是柯布—道格拉斯函数形式，作者构建了考虑异质性收益的一般性产量方程

$$y_{it} = \beta_t^N + \alpha_i + (\beta_t^H - \beta_t^N)h_{it} + X_{it}'\gamma^N + \phi\theta_ih_{it} + X_{it}'(\gamma^H - \gamma^N)h_{it} + \varepsilon_{it} \qquad \text{方程①}$$

y_{it} 表示农户 i 在时间 t 的产量对数值。

系数为 β 的虚拟变量 h_{it}，其含义为农户 i 在时间 t 关于是否种植杂交玉米的二元应用决策，种植杂交玉米的产量大于种植传统品种时，$h_{it} = 1$；反之，$h_{it} = 0$，。这也是 Roy (1951) 选择模型中产量设定的基本含义。

系数 γ 为各类投入（肥料、劳动力、降雨量等）的对数值。

θ_i 为相对误差项，影响农民的技术应用决策，用于衡量技术应用所获得的相对优势，ϕ 为其系数。

衡量绝对优势，对产量的影响不随技术应用决策发生变化。$\alpha_i \equiv \theta_i + \tau_i$

ε_{it} 为产量中未预期到的临时误差因素，与技术应用决策无关。

H，N 分别代表了杂交品种和传统品种。

以上结构意味着构建了相关随机系数（CRC）模型，该模型允许家庭特定截距项 α_i 和家庭特定斜率项 $\phi\theta_i$ 与 h_{it} 相关。其中 $cov(\alpha_i, \phi\theta_i) = \phi\sigma_\theta^2$，结构系数 ϕ 决定了高截距项的家庭是否能从杂交玉米中获得高收益。

在进行模型估计时，作者首先针对基于均值收益的标准固定效应模型进行了最小二乘估计（OLS）和家庭固定效应规范（FE），固定效应模型要求每个样本个体在有某种既定特征的选择偏差上具有一致性特征，不体现异质性偏差。其方程可写为：

$$y_{it} = \delta + \beta h_{it} + X_{it}'\gamma + \alpha_i + u_{it}$$

该方程可以看作是方程①的特殊形式（当 $\beta_t^H - \beta_t^N \equiv \beta_t$，$\beta_t = \beta \,\forall\, t$，$\gamma^H = \gamma^N = \gamma$）

最小二乘估计值表明，种植杂交玉米的家庭往往有更高的玉米产量，约高出 100%。增加了省的虚拟变量之后，由于各省产量和杂交技术应用都有很大不同，OLS 系数变小。此外，在规范中添加协变量。以控制其他可能影响产量且与杂交种子使用相关联的家庭变量（包括：土地面积，化肥，整地成本，种子数量，衡量劳动力投入，长期平均季节性降雨变量等）。添加这些协变量进一步降低了 OLS 系数，为 0.56。家庭固定效应规范（FE）的结果是，混合系数显著降低，虽然带有协变量，农户种植杂交玉米仍有可观的收益。在控制了固定的不可观察的异质性和广泛的协变量之后，大约为 0.15。

家庭固定效应模型对技术应用过程和技术使用者与非使用者有严格的假设约束，这导致那些转向使用杂交系的农民和那些放弃使用的农民之间没区别。体现不出农民在选择决策中的变化过程。此外，该模型要求每个个体在有某种既定特征的选择偏差上具有一致性，比如：个体经验或者土壤质量必须在所有样本个体之间都具有相同特征。由于各种农艺的、经济的因素制约，比如信息的缓慢传播、信贷约束等，受到各种可观察和不可察觉因素制约的技术收益分布的存在是很正常的，家庭固定效应模型无法解决此类问题。

针对收益异质性影响农户进行技术应用决策的问题，作者提出了更一般化的 CRC 模型，异质性收益模型。其方程为：$y_{it} = \delta + \beta h_{it} + \alpha_i + \phi\theta_ih_{it} + \varepsilon_{it}$，$\alpha_i \equiv \theta_i + \tau_i$，该模型基于异质性收益和选择，考虑两期样本，没有协变量。作者对该模型进行了三个方面的扩展，首先，作者将肥料扩展为一个附加的内生变量，与 θ_i 相关，其他变量为外生变量。其次，作者选择了三期模型。最后，作者重新定义了两部门技术选择，将其定义为同时应用杂交玉米种子和肥料，或者两者都不使用。

作者进行了二期 CRC 简化模型的估计和结构估计，以及三期 CRC 模型的结构估计。并根据估计结果讨论了衡量相对优势的预测值 $\hat{\theta}_i$ 的分布情况。假设投影方程描述了 θ_i 真实的条件期望，当 CRC 结构估计量 λ 的估计值和 CRC 投影方程给定时，就能够对 θ_i 进行预测，而有了比较优势 $\hat{\theta}_i$ 的预期分布之后，就能够根据产量方程推导出绝对优势 τ_i 的分布情况。

根据杂交玉米种植的历史情况，可以将样本农户分为四类：持续种植者、从未种植者、中途加入者、中途离开者。对于这四类农户，从未种植者的 $\hat{\theta}_i$ 预测值为负，即 $\phi < 0$。因此采用杂交玉米获得的收益最高。而中途加入者和中途离开者则拥有最低的收益。持续种植者的收益接近于零。对于杂交玉米和肥料同为内生变量的两部门模型来说，可以根据 $\hat{\theta}_i$ 的中值进行判断，其结论与上述结果类似。

随后，作者做了一些稳定性检验（Robustness Checks），特别是 Heckman 两步估计量以及在非随机分配下的处理效果。比如 ATE，TT，MTE 以及 LATE。

作者还在文中讨论了其研究结果对肯尼亚家庭农户和政策制定者的意义。作者将估计量 ϕ 与标准选择模型的估计量联系起来，解释 ϕ 的含义，以及与之相关的政策。估计量 ϕ 表示家庭来自杂交玉米的具体收益和家庭固定效益之间的关系。在考虑成本的扩展 Roy 模型中，ϕ 描述了家庭不可观察的比较优势和没有体现在生产函数中的种植杂交玉米的相关成本之间的协方差。从杂交玉米的农学特性，以及杂交玉米和普通玉米产量的边际分布都可以看出，杂交品种能够增产，但是随着产量增加，增幅不断下降，结果，当产量增加到某一水平（8 千克/英亩），预期收益几乎为 0，当 $\phi < 0$，边际收益为负，则产量最低的农民收益最大，这也可以从 ϕ 的估计量中看出来，按照 Roy 模型，我们可以看到产量最低时，杂交品种的应用率最大，不过这也忽略了这些农民受到高成本和其他约束的可能性。LATE 估计表明，对那些低产量家庭，距离是一个制约因素。而对那些高产量家庭来说，杂交玉米的平均毛收益几乎等于零，具有"过度采用"之嫌。

总之，作者探讨了肯尼亚杂交玉米的技术应用决策，实验证据表明杂交技术有着平均很高且正向的收益。然而，这些实验对收益谈得很少，有时在解释较低且未增长的普及率时所做的决策假设看起来非理性。作者的异质性收益模型则可以估计不仅大部分选择的平均收益，也能看出样本中农民的收益分布特点。通过对该异质性收益模型和收益的联合分布的估计，作者发现了异质性和农民的选择在技术应用中的重要作用，即农民通过选择高产品种以符合他们的预期收益。作者发现，杂交技术有着高的平均收益，那些处于边缘的农民收益却很低，因此在遭到特殊冲击时很容易放弃或重新应用技术。作者估算了样本中收益的分布规律（在一定的假设下），收益的联合分布和应用决定展示出非常有趣的特征。一小部分农民能够从杂交玉米种子中获得高收益，但是他们选择了不采用杂交种子。这组未应用杂交种子的农户似乎受到供给和基础设施的制约，比如离种子和肥料经销商的距离远近。另外，一大组农户收益率极低，几乎为零，但是他们却应用了种子。这些结果表明，有必要进行针对性的干预政策，以节约成本。对于那些受到制约的农民，通过改善基础设施及分销减轻他们的约束，以提高产量，而那些未受约束的农民，则可能从新杂交种子的发展中受益。

这篇文章的创新点在于构建的框架与过去 20 年的实证技术应用文献形成了鲜明的对比，作者没有将应用决策视为学习和信息的外部性的结果，而是认识到覆盖肯尼亚玉米种植区的农业差异和投入供给特性。在该结构基础上，作者发现了杂交玉米种植者的收益的异质性，并将这种异质性纳入到技术应用决策过程之中。文章的贡献在于其结论可以直接为当地相关政策的制定提供支持，文中也有不足之处，在作者的取样地区，非洲肯尼亚地区，风险和不完全因素市场很重要，但作者并没有将风险纳入选择框架中，对那些能够支付得起杂交玉米费用，却又未能从杂交技术中获得高收益的农民来说，风险可能对他们的决策行为有很大的影响。生产的风险程度影响使用决策是未来需要做的一项重点工作。

6. Block Bootstrap HAC Robust Tests：The Sophistication of the Naive Bootstrap

【摘要】The naive bootstrap is a bootstrap where the formula used in the bootstrap world to compute the test is the same as the formula used on the original data. Simulation evidence shows that the naive bootstrap is more accurate than the normal approximation. Using the fixed bandwidth asymptotics for HAC robust tests，we provide theoretical results that can explain the finite sample patterns. The block bootstrap has the same limiting distribution as the fixed-b asymptotic distribution. For the special case of a location model，we show the naive bootstrap provides a refinement over the normal approximation.

"分块自助抽样法 HZC 稳健性检验：朴素自助抽样法的辩称"（Block Bootstrap HAC Robust Tests：The Sophistication of the Naive Bootstrap）一文于 2011 年 8 月发表于《经济计量理论》（Econometric Theory）第 27 卷第 4 期上，作者为来自加拿大蒙特利尔大学经济系 Silvia Goncalves 和来自美国密歇根州立大学经济系的 Timothy J. Vogelsang，主要研究了朴素块状自助抽样检验（Naive Block-bootstrap Tests）的性质。

自助抽样法（Bootstrap）是非参数统计中一种重要的估计统计量方差进而进行区间估计的统计方法，朴素自助抽样法（Naive Bootstrap）指的是在自助抽样法中用来计算标准误差的公式与用在原始数据中的公式是一样的。模拟实验表明朴素自助抽样统计法可以比标准正态近似法更准确。HAC 统计量的带宽（Bandwidty）越大，越能得到较大的改善。这改进适用于大量的流行核函数，包括 Bartlett Kernel。当采用独立同分布的自助抽样法，且数据序列相关时，它比较适用。

由于数据具有相关性，自助抽样的实现比独立同分布的情况更加复杂，研究者推出了很多自助抽样的变化形式用于相关性数据，包括最初由 Kunsch（1989）提出的著名的移动模块自助抽样法，Götze 和 Künsch（1996）、Lahiri（1996）提出了理论条件，在该条件下，预期模块自助抽样被预期能够提供细微的改善，模块自助抽样法在广义矩方法中的精练已经被 Hall 和 Horowitz（2006）、Inoue 和 Shintani（2006）研究出来。Davison 和 Hall（1993）、Götze 和 Künsch（1996）已经展示了朴素 MBB 方法并不提供像通过埃奇沃思扩展所测量的那种高阶精度。他们指出，为了获得高阶的埃奇沃思结果，自助抽样中的 HAC 估计量需要用一个公式，该公式反映了自助抽样数据的结构相关性上被移动模块计划所施与的限制。Inoue 和 Shintani（2006）两人最近的研究拓展了在广义矩估计结构下针对某些检验问题的埃奇沃思（Edgeworth）分析。

在最近的一篇文章中，Kiefer 和 Vogelsang（2005）报告了对平稳单变量时间序列的样本均值进行假设检验的 HAC 稳健性 t—统计量的小样本模拟结果。他们发现，朴素自助抽样，包括独立同分布的自助抽样，明显优于标准正态近似法，并且这种改进过的标准正态近似法发生的许多内核，包括 Bartlett kernel。Bartlett kernel 的例子是有趣的，因为文献中的埃奇沃思扩展结果表明，即使是外来的版本的 MBB 将不会比在巴特利特内核例子的标准正态近似法更精确。Kiefer 和 Vogelsang（2005）的模拟结果也显示出一个有趣且持久的模式：朴素 MBB，尤其是独立同分布的自助抽样法，密切模拟了用他们推出的 Fixed-b 渐近性近似法所获得的拒绝域。由于现有的埃奇沃思的理论没有预测到这些有限的样本模式，为了掌握朴素 MBB 的有限样本性质，需要一种备选理论。

这篇文章中，作者采用具有协方差平稳性特征的时间序列数据，分析了适用于基于异方差自相关（HAC）稳健方差估计量的检验的自助抽样过程。作者采用带有标准正态分布的主导条件的埃奇沃思扩展建立了这篇论文的理论结果。应用最近开发的 HAC robust tests 的 Fixed-b 渐近性质，作者提供了能解释有限样本模式的理论成果。作者展示了块状自助抽样法（Block Bootstrap），包括独立同分布自助抽样法的特殊案例，以相同的极限分布作为 Fixed-b 渐近分布。作为定位模型的特殊案例，作者提供的理论成果表明，根据数据中带宽的选择和有限矩的数量，朴素自助抽样统计法可以比标准正态近似法更精确。作者的理论成果为自助抽样渐近性理论（该理论可以替代基于埃奇沃思扩张的传统方法）奠定了基础。

在文中，作者开发出一种可用来解释有限样本模式（Kiefer 和 Vogelsang（2005））的理论框架。作者提出两个理论贡献。首先，作者提出了充分条件，在该充分条件下，朴素 MBB 具有与原统计相同的一阶 Fix-b 渐近分布。这个结果适用于固定块长度（包括独立同分布的自助抽样案例），也适用于随着样本量的增加以较慢速率增加的块长度。这一结果解释了为什么用朴素 MBB 得到的拒绝紧随着用 Fix-b 渐近临界值得到的拒绝。其次，在一个简单的选址模型和 Bartelett Kernel 的特殊例子中，作者开发了一个高阶渐近理论表明独立同分布自助抽样在拒绝概率（ERP）上有误差，ERP 可能会比依赖带宽选择和数据里的有限矩数目的标准正态近似法 ERP 更快的收敛到零，事前，这不能直观地表明独立同分布自助抽样可能比标准正态近似法更精确（Singh（1981））。事后，当从 Fixed-b 渐近框架的内部来看，这个性质就不意外了。在建立高阶独立同分布自助抽样时，作者提供 Fixed-b 近似法的误差率上限值，该上限值和独立同分布自助抽样的误差上界是同阶的。

具体而言，作者得到的上界 $O(T^{-1/2+3/(2p)})$。其中，P 是数据中有限矩的数量，相反，基于 Bartlett kernel 的单边检测标准近似法的误差率是 $O(T^{-1/2}) + O(\frac{M}{T}) + O(M^{-1})$，M 是带宽参数（见 Sun 和 Phillips（2009）的例子）。M 的任何比 $O(\sqrt{T})$ 大或者小的比率说明了标准近似法误差的大小比 $O(T^{-1/2})$ 大。当 p = ∞ 时，该值明显比作者的上限要大。当 P < ∞，它是大于或小于作者的上限值取决于特征值 p 以及它与 M 的相关度。比如，若 M = M = $O(T^{1/3})$，P > 9，这是常见的最优均方误差（optimal-ERP）带宽参数对 Bartlett Kernel 选择的比率。如果 M = $O(\sqrt{T})$，这是对单边置信区间 optimal-ERP 带宽选择，就像 Sun 和 Phillips（2009）近期所研究的一样。标准近似法误差在最可能的比率 $O(T^{-1/2})$ 处收敛。在这种情况下，作者的 Fixed-b（以及独立同分布自助抽样）近似法上限值至少是同阶的（如果 p = ∞，数据具有高斯性质，则他们是等阶的），且作者的上限值变得毫无内涵。

近期，Jansson 和 Sun（2004）、Phillips 和 Jin（2008）采用高斯数据以及简单选址模型分析了 Fixed-b 渐近理论的高阶渐近性质。当 P = ∞ 时，作者所得到的 Fixed-b 渐近性误差率的上限值与 Jansson（2004）和 Sun 等（2008）所发现的误差率不一样快。因此，作者给出的 ERP 界限并不清晰。有可能将 Jansson（2004）和 Sun 等（2008）的结果扩展到非高斯案例中，建立这样的结果看似非常困难。因为 Jansson（2004）和 Sun 等（2008）的数据是在高斯的假设下得到这种结果。既然自助抽样数据在结构上不可能是高斯的，则他们的结果不能被应用于自助抽样。

作者在文中首先描述了模型和统计检验数据。整篇文章，作者把重点放在了以下形式的固定回归模型：$y_t = x'_t\beta + u_t$，t = 1，2，…，T，其中，x_t、β 为 s × 1 向量。固定时间序列 $\{x_t\}$ 和 $\{u_t\}$ 为自相关的，且可能具有条件异方差性。假设 u_t 均值为零，且与 x_t 不相关。参数 β 的估计量 $\hat{\beta} = \left(\sum_{t=1}^{T} x_t x'_t\right)^{-1} \sum_{t=1}^{T} x_t y_t$ 普通最小二乘估计量。设 Q = $E(x_t x'_t)$，Ω = $\lim_{T\to\infty} \text{Var}\left(T^{-1/2}\sum_{t=1}^{T} u_t\right)$（$V_t = X_t U_t$）。HAC 稳健性检验需要对 Q 和 Ω 进行检验。其中估计量 $\hat{Q} = T^{-1}\sum_{t=1}^{T} x_t x'_t$。Ω 的估计量通常为一个核方差估计量。

$$\Omega = \sum_{j=-(T-1)}^{T-1} k\left(\frac{j}{M}\right)\hat{\Gamma}_j,$$ （其中，k(x) 是核方程，k(x) 在 x = 0 处连续且 $\int_{-\infty}^{\infty} k^2(x) < \infty$，$\hat{\Gamma}_j$

为得分向量 $\hat{v}_t = x_t\hat{u}_t$ 的样本自协方差，M 是带宽参数）。此后作者做了假设检验，并构造了相应的 F 统计量 F_T，及特殊情况下的 t 统计量 t_T。并在随后介绍了并回顾了 Fixed-b 渐近近似法对 β 和 Ω 进行估计。

在上述工作完成后，作者用模拟进行比较并对比了标准渐近近似法、Fxed-b 渐近近似法和朴素及 GK 自助抽样法的有限样本性质，作者首先给出了简单选址模型的结果，随后是有四个回归量的固定回归模型。回归模型的模拟表明简单选址模型的模式在回归条件下继续有效。

两组模拟所展示的在朴素 MBB 和 Fxed-b 渐进性之间的理论联系通过回归模型正式建

立起来，通过回归模型，作者给出了在 Fixed-b 渐近法下的朴素块自助抽样法 HAC 稳健性检验的渐近分布。在朴素自助抽样和 Fixed-b 渐近近似法中建立了一阶渐近等价性。这些结果可以简单扩展到用广义矩阵法进行估计的非线性模型。

随后，作者减少了对简单选址模型的研究，给出了基于测试的 Bartlett Kernel 高阶渐近性结果。这些结果证明了 Fixed-b 渐近近似法和朴素自助抽样法具有 ERPs，且 ERP 收敛到零的速度快于标准正态近似法。

此外，作者还对 Fixed-b 渐近近似法和埃奇沃思近似法（Velasco and Robinson（2001））进行了对比讨论。试图弄清楚埃奇沃思近似法和简单选址模型中的朴素自助抽样/Fixed-b 渐近法。并在文章的数学附录中给出了相关证明。

作者在文中做了简单总结，从理论上分析了基于长期方差的非参数核估计量的 HAC 稳健性检验（HAC Robust Test）中所应用的朴素 MBB 的性质。在模拟中作者发现，朴素 MBB 优于有限样本的 N（0，1）近似值。尽管存在数据的相关性，这种改进适用于许多内核，包括巴特利特内核（Bartlett Kernel），也适用于独立同分布的自助抽样。模拟结果表明，朴素 MBB 的性质与 Fixed-b 渐近法的有限样本性质密切相联系在一起。针对该结果，作者给出了相应的理论解释，作者证明了朴素 MBB 的自助抽样分布与 Fixed-b 渐近分布趋于一致。此外，利用一个简单的选址模型，作者证明，在带宽选择和数据中有限矩的数量的基础上，对 Bartlett Kernel 方差估计进行学生化，与该统计的 N（0，1）近似误差项相比，朴素独立同分布自助抽样能够减少估计 robust-t 统计量的单边分布函数中误差项的大小。作者的模拟结果还表明，当块大小（Block Size）选择适当时，朴素 MBB 可以比 Fixed-b 渐近近似法更精确。不过对该研究结果提供理论解释仍是未来研究中的一项富有挑战性的课题。

7. Ultra High Frequency Volatility Estimation with Dependent Microstructure Noise

【摘要】We analyze the impact of time series dependence in market microstructure noise on the properties of estimators of the integrated volatility of an asset price based on data sampled at frequencies high enough for that noise to be a dominant consideration. We show that combining two time scales for that purpose will work even when the noise exhibits time series dependence, analyze in that context a refinement of this approach is based on multiple time scales, and compare empirically our different estimators to the standard realized volatility.

"具有相关微观结构噪音的超高频波动的估计"（Ultra High Frequency Volatility Estimation with Dependent Microstructure Noise）一文于 2011 年 1 月发表在《经济计量学期刊》（*Journal of Econometrics*）第 160 卷第 1 期上，作者分别为 Yacine Aït-Sahalia（普林斯顿大学经济系和美国国民经济研究局），Per A. Mykland（美国芝加哥大学）和 Lan Zhang（美国伊利诺伊大学），主要研究具有相关性的微观结构噪音的超高频波动的估计问题。

众所周知，在研究财务数据时，无论是典型的高频交易数据，或者较常用在资产定价上的低频数据，噪音起着至关重要的作用。事实上，史上两次总统在美国金融协会的演讲分别以"噪音"（Black，1986）和"摩擦"（Stoll，2000）命名，也证明了这是一个核心问题。

对于这类问题，不少学者已经做过相关的研究，由于交易过程的不完善性，假设在高频财务数据下可观测的对数价格 Y（交易或报价）是不可观测的有效对数价格 X，加上一些噪音成分。即：$Y_t = X_t + \varepsilon_t$，$\varepsilon$ 独立于 X 过程，Li 和 Mykland（2007）的论文研究了这一模型，且表明这一假设可以被大幅度弱化（Jacod（1996），Delattre 和 Jacod（1997）也做了类似研究）。Zhou（1996）在常量实例中研究了类似于 $Y_t = X_t + \varepsilon_t$ 的模型，他推出了一个基于自协方差的偏差矫正方法。Zumbach 等（2002）研究了该估计量的行为。Hansen 和 Lunde（2006）研究了 Zhou 估计量和该案例的扩展，即波动是随时间变化但条件非随机的。Oomen（2006），Bandi 和 Russell（2008）也做了相关的研究及贡献。

设 $dX_t = \mu_t dt + \sigma_t dW_t$ 采用时间间隔长度为 Δ 的交易定价过程中的离散样本数据，超高频率可用数据的时间间隔长度 Δ 以秒为单位，而不是几分钟或几小时。如果 σ_t 是参数化建模，作为一个常量，在 Aït-Sahalia 等（2005）中可以发现在所有可能观察到的对数回归项 y 中合并 ε 提供了参数的一致性和渐近正态估计。在非参情况下，σ_t 是一个不受限制的随机过程，很多学者的一个重要的兴趣对象是积分波动或者二次变差过程，$(X, X)_T = \int_0^T \sigma_t^2 dt$，在实验应用中，固定的时间间隔 T_t，通常为一天。该量可以用来对冲衍生品投资组合，预测第二天的积分波动等。在没有噪音时，"已实现"波动率（RV）估计量 $[Y, Y]_T^{(all)} = \sum_{i=1}^n (Y_{t_{i+1}} - Y_{t_i})^2$ 提供了对量 $(X, X)_T$ 的估计，并且，渐进性理论会使人尽可能经常地取样，或者使用所有可用数据。因此，"all"上标，总量 $[Y, Y]_T^{(all)}$ 以一个已知分布收敛于积分 $(X, X)_T$，该结果可追溯于 Jacod（1994），Jacod 和 Protter（1998）的论文。Barndorff-Nielsen 和 Shephard（2002），Mykland 和 Zhang（2006）也给出了类似的例子。

Aït-Sahalia 等（2005）和 Zhang 等（2005）的文章说明了当一个独立同分布的比较简单的市场微观结构噪音存在时，用所有可用数据（比如：每秒）计算 RV 会导致噪音方差的估计，而不是人们期望的二次变差估计。$[Y, Y]_T^{(all)}$ 具有偏差 $2nE[\varepsilon^2]$，这要比我们力求估计的 $(X, X)_T$ 高出一阶，RV 估计量的散度随着观测值数量 n 增加而增加。

Hansen 和 Lunde（2006）的数据分析与 Li 和 Mykland（2007）的理论预测 $RV \approx 2nE[\varepsilon^2]$，渐进于 n。预计 $\ln RV \approx \ln(2E[\varepsilon^2]) + \ln n$。则 $\ln RV$ 对 $\ln n$ 的回归有个接近于 1 的斜率系数。理论上讲，$E[\varepsilon^2]$ 的估计可以用回归的截距项来构造。实际上，从回归得出的估计性质可能因解释变量的内生性而受到不利影响。这个困境似乎对报价数据更重要。交易数据在这方面表现得更稳健。

文章分析了市场微观结构噪音的时间序列相关性对资产价格积分波动估计量性质的影响，该项研究基于超高频的数据采样，因此噪音是一个主要的考虑因素。在噪音表现出时间序列相关性的情况下，该文结合了两种时间尺度并进行比较，且基于多重时间尺度分析了该方法的改进，最后以实验为根据比较了我们对标准"已实现"波动率的不同估计量。

大家早已公认的实证信息表明，不要在过高的频率计算 RV。这实际上形成了推荐文献研究在一些低频波段稀疏取样的理论基础。采样间隔被设置在 5~30 分钟的范围。然而，如果研究者坚持稀疏的取样。即使根据我们确定的最佳频率进行采样，依然会漏掉大量数据。例如，如果 T = 1 天（纽约证券交易所），以 Δ1 秒的间隔进行交易。原样本大小为 n = T/Δ = 23400。稀疏采样，即使在采用实证研究的最高频率（每 5 分钟）都会在每 300 观察值中扔掉 299 个，使用的样本量只有 n = 78，这违反了最基本的统计学原理之一。而文中进行这个研究项目的目标是提出一个解决方案，即能够利用完整的数据样本，尽管事实上超高频数据非常噪杂。

文中估计波动率的方法是使用两种时间尺度的"已实现"波动率（TSRV）。通过在两个不同的频率评估二次变差，对整个样本求均值，并在这两个频率取结果的一个合适的线性组合。获得一个具有一致性和渐进性的无偏估计量 (X，X)$_T$

作者在第二节的开始简要回顾了 TSRV 估计量的基本原理，研究了带有独立同分布噪音的波动率估计量。首先作者假设噪声项是独立同分布的。

在揭示如何通过扩展两阶段"已实现"波动率（TSRV）来解释市场微观结构噪音的序列相关性之前，作者首先总结了独立同分布特征的噪音下 TSRV 的性质，以便在后面更好地讨论噪音相关性的效果。TSRV 估计量基于二次抽样，取均值和纠偏。区分观察次数的原始间隔。设次级样本，$g^{(k)}$，k = $|1, \cdots, K$，n/K→∞ n→∞，g = $\{t_0, \cdots, t_n\}$，$g^{(1)}$ 表示从第一个观察值开始，每隔五分钟取一次观察值，$g^{(2)}$ 表示从第二个观察值开始，每隔五分钟取一次观察值。通过这样对全数据样本的利用和平均，估计量的变化会减小。

通过二次取样和取均值，可以得到如下估计量：$[Y，Y]_T^{(avg)} = \dfrac{1}{K} \sum\limits_{k=1}^{K} [Y，Y]_T^{(sparse,k)}$，

相应地，构建出有偏的 TSRV 估计量，$(\widehat{X，X})_T^{(tsrv)} = \underbrace{[Y，Y]_T^{(avg)}}_{\text{slow time scale}} - \dfrac{\bar{n}}{n} \underbrace{[Y，Y]_T^{(all)}}_{\text{fast time scale}}$，

并对其进行调整，构造无偏 TSRV 估计量 $(\widehat{X，X})_T^{(tsrv,adj)} = \left(1 - \dfrac{\bar{n}}{n}\right)^{-1} (\widehat{X，X})_T^{(tsrv)}$

在第三节中，作者介绍了在某些实证情况下，高频市场微观结构噪音的时间序列相关性很重要。作者首先采用了来自纽交所 TAQ 数据库中 30 个道琼斯工业平均指数（DJIA）股票的交易和报价数据（期间为 2004 年 4 月的最后十个交易日）。并主要做了四只股票的数据分析（交易代码为 MMM、AIG、INTC 和 MSFT）。实证结果表明，若假设市场结构噪音是独立同分布的，对对数价格的一阶差分 $Y_{\tau_i} - Y_{\tau_{i-1}}$ 进行 MA（1）过程估计，并不能很好地解释 INTC 和 MSFT 两只股票的交易和报价数据。为了研究这两只股票交易中噪音的高阶相关性，作者构建了一个简单模型：$\varepsilon_{t_i} = U_{t_i} + V_{t_i}$（U 独立同分布，V 是带有一阶系数 p_t 地 AR(1)），并据此推出 $E[(Y_{\tau_j} - Y_{\tau_{j-1}})(Y_{\tau_i} - Y_{\tau_{i-1}})]$，通过广义矩估计法，该模型能很好地解释所选数据。

作者在此后对 TSRV 估计量进行了拓展，来处理这种具有序列相关性的市场微观结构

噪音。由于很难把握噪音的边缘分布和其相关程度，文中采用了非参数的方法构建了一种广义的序列相关稳健 TSRV 估计量的理论。

假设噪音过程 ε_G 与潜在的真实价格 X_t 是相互独立的，且在整个过程当中是平稳的，随着混合系数呈指数衰减。当 $\kappa > 0$ 时，$E\varepsilon^{4+k} < \infty$，设 $(X, X)_T = \int_0^T \sigma_t^z dt$，对 TSRV 估计量进行拓展：$(\widehat{X, X})_T^{(tsrv)} = \underbrace{[Y, Y]_T^{(K)}}_{\text{slow time scale}} - \frac{\bar{n}_K}{n_J} \underbrace{[Y, Y]_T^{(J)}}_{\text{fast time scale}}$，其中 J 和 k 为两种时间尺度，$\bar{n}_K = (n - K + 1)/K$，$1 \leqslant J < K \leqslant n$

对 $[Y, Y]_T^{(J)}$ 进行平方分解：$[Y, Y]_T^{(J)} = [X, X]_T^{(J)} + [\varepsilon, \varepsilon]_T^{(J)} + O_p(J^{-1/2})$，则：

$$(\widehat{X, X})_T^{(tsrv)} = \underbrace{[X, X]_T^{(K)} - \frac{\bar{n}_K}{n_J}[X, X]_T^{(J)}}_{\text{signal term}}$$

$$+ \underbrace{[\varepsilon, \varepsilon]_T^{(K)} - \frac{\bar{n}_K}{n_J}[\varepsilon, \varepsilon]_T^{(J)}}_{\text{noise term}} + O_p(K^{-1/2}) \quad 1 \leqslant J \leqslant K \quad \text{and} \quad K = \acute{o}(n)$$

作者分别分析了该式的符号项和噪音项，并提出了四个命题，在此基础上总结出 TSRV 估计量对噪音的序列相关表现出稳健性。其形式可表达为：

$$(\widehat{X, X})_T^{(tsrv, aa)} \overset{\pounds}{\approx} (X, X)_T +$$

$$\frac{1}{n^{1/6}} [\underbrace{\frac{1}{c^2}\xi^2}_{\text{due to noise}} + \underbrace{c\frac{4T}{3}\int_0^T \sigma_t^4 dt}_{\text{due to discretization}}]^{1/2} Z_{total} \quad \text{其中，} \quad \xi^2 = \xi_\infty^2 \, 4\alpha_0 + 8\sum_{i=1}^\infty \alpha_i,$$

接下来，文章分析了噪音的序列相关性对 RV 估计量（$[Y, Y]_T^{(all)}$ 和 $[Y, Y]_T^{(sparse)}$）分布特征的影响。

当噪音呈现序列相关性时，作者对标准 RV 估计量进行了分析。第一，当噪音序列不相关时，具有相同的渐进分布特征的稀疏采样的结果；第二，当采用所有数据时，作者发现噪音的相关性会影响 RV 估计量的偏差和渐进性方差。

具体而言，传统的 RV 估计量，$[Y, Y]_T^{(sparse)}$，是基于比较稀疏的样本频度 $\Delta_{sparse} = T/\Delta_{sparse}$ 进行估算，其表达式可写为：

$$[Y, Y]_T^{(sparse)} \overset{\pounds}{\approx} (X, X)_T + \underbrace{2n_{sparse}E\,\varepsilon^2}_{\text{bias due to noise}}$$

$$+ [\underbrace{4n_{sparse}E\,\varepsilon^4}_{\text{due to noise}} + \underbrace{\frac{2T}{n_{sparse}}\int_0^T \sigma_t^4 dt}_{\text{due to discnetization}}]^{1/2} Z_{total}$$

相对而言，$[Y, Y]_T^{(all)}$ 基于对数据进行尽可能全面的采样，样本频度为 $\Delta = T/n$，其表达式为：

$$[Y, Y]_T^{(all)} \overset{\pounds}{\approx} (X, X)_T + \underbrace{2n(E\varepsilon^2 + E\varepsilon_{t_0}\varepsilon_{t_1})}_{\text{bias due to noise}}$$

$$+ [\underbrace{4n\Omega_\infty}_{\text{due to noise}} + \underbrace{\frac{2T}{n}\int_0^T \sigma_t^4 dt}_{\text{due to discretization}}]^{1/2} Z_{total}$$
$$\underbrace{\qquad\qquad\qquad\qquad\qquad}_{\text{total variance}}$$

当噪音项独立同分布时，$\Omega_\infty = E\varepsilon^4$，否则，依据 ε 的相关性，

$$\Omega_\infty = \text{AVAR}\left[\sqrt{n}\left(\frac{[\varepsilon, \varepsilon]}{n} - 2E\varepsilon^Z\right)\right]$$

$$= \text{Var}((\varepsilon_1 - \varepsilon_0)^Z) + 2\sum_{\infty} \text{Cov}((\varepsilon_1 - \varepsilon_0)^Z, (\varepsilon_{i+1} - \varepsilon_i)^2)$$

作者接下来讨论了多重尺度的"已实现"波动率的性质（MSRV），文章分析了噪音的序列相关性对上述估计量的影响。基于多重时间尺度，MSRV 的表达式可写为：

$$(\widehat{X, X})_T^{(msrv)} = \underbrace{\sum_{i=1}^M a_i[Y, Y]_T^{(K_i)}}_{\text{weighted sum of M slow time scales}} + 2\underbrace{E\varepsilon^2}_{\text{fast time scale}},$$

作者对其进行了分解，在此基础上做了估计量的渐进性分析。其结论是 MSRV 的渐进性分布受到噪音相关性的影响，而与 TSRV 估计量不同的是，在噪音具有序列相关性时，不需要对 MSRV 估计量调整。

最后，作者做了关于 TSRV 和 MSRV 估计量的实证研究，并把它们与 RV 估计量相比较。作者首先对 TSRV 在两种时间标尺选择下进行稳健性检验，将之与 RV 因取样频度更高而造成的偏差相比较，并与 RV 在实验样本中的变动相比较。通过对原始高频数据进行各种方式的预处理，研究估计量的相关性。

在实验中，作者需要在基本 TSRV 估计量中选择 K，在相关稳健性 TSRV 估计量中选择（J，K），渐进性公式给出了 K 随着 n 变化的速率和相应的 J 的收敛速率，这产生了一个问题，即如何在这些速率面前选择常量 C，对于这些估计量，常量 C 并不是唯一的，但是却可以在每个有某种非参特征的估计量之间共享。作者指出，应该以合理的常数 C 值为初始值（例如，针对这篇文章中研究的流通股票类型，J 对应 1 分钟，K 对应 5 分钟），然后根据这些常量 C 的值（以围绕这些中心点几分钟为限）计算估计量。根据作者的实证分析，随 J 和 K 在该范围内变化，TSRV 估计结果相当稳健。

该文的结论是高频财务数据包含的微观市场结构噪音可以表现出序列相关性，而在微观结构噪音表现出时间序列相关性时，为了估计积分波动，结合两种或者更多时间尺度进行估计比较有效，从而根据 Zhang 等（2005）的基本假设，使 TSRV 对偏差表现出结构稳健性。

在实际研究中，超高频数据面临的测量误差随着股权市场的制度演化变得更加复杂。比如十进制的变化通过减少舍入误差有助于减少数据的噪音数量，电子网络竞技的出现意味着可以在同一时间在不同交易所执行多重交易，从而增加了潜在的微小的时间报告不匹

配的现象和其他形式的数据错误。随着网络交易出现和发展，在网络上交易同一只股票，使数据中市场微观结构噪音的问题增加，而交易的分散化，加上交易的次数增多，造成了数据收集的挑战，而数据收集最终会影响基于价格日常积分波动的量的估计，这些问题仍待继续深入研究，因此有理由相信，研究高频段市场微观结构噪音的金融计量经济学将会持续一段时间。

8. Hierarchical Markov Normal Mixture Models with Applications to Financial Asset Returns

【摘要】 Motivated by the common problem of constructing predictive distributions for daily asset returns over horizons of one to several trading days, this article introduces a new model for time series. This model is a generalization of the Markov normal mixture model in which the mixture components are themselves normal mixtures, and it is a specific case of an artificial neural network model with two hidden layers. The article uses the model to construct predictive distributions of daily S&P 500 returns 1971–2005 and one-year maturity bond returns 1987–2007. For these time series the model compares favorably with ARCH and stochastic volatility models. The article concludes by using the model to form predictive distributions of one-to ten-day returns during volatile episodes for the S&P 500 and bond return series.

"等级马尔可夫正态混合模型及金融资产收益方面的应用"（Hierarchical Markov Normal Mixture Models with Applications to Financial Asset Returns）一文的作者是 John Gewekea（美国爱荷华大学经济和统计系）和 Gianni Amisanob（欧洲央行和意大利布雷西亚大学），于 2011 年 2 月发表在《应用经济计量学》（*Journal of Applied Econometrics*）的第 26 卷第 1 期上，主要研究并介绍了一个马尔可夫正态混合模型的泛化模型，并给出了具体的应用案例和相关建议。

在金融市场上，未来资产收益的条件分布是很重要的，像衍生品的定价和报告风险价值评估之类的问题正在成为市场结果的核心问题。这种重要性反映在应用经济计量学文献中。上百篇文章致力于研究各种金融市场资产收益模型的应用。许多这些研究使用了自回归条件异方差（ARCH）系列模型（由 Engle（1983）和 Bollerslev（1986）推出）。其他研究使用了由 Taylor（1986）首先开发的随机波动（SV）模型，包括连续时间（Lo，1988）和离散时间（Jacquier 等，1994），更多的研究采用了明确的半非参数（SNP）方法（Gallant 和 Tauchen，1989）。

资产收益数据属于计量经济学最好的数据之一，它们可用于日常许多资产的研究，目前利用 trade by trade 交易数据做研究也越来越普遍。它们是市场结果的记录，并且因为价格记录中的错误总是会对交易一方当事人产生消极影响，因此它们比大部分其他经济数据都准确，使用数以千计的资产收益观测值进行研究的例子并不少见。

通过构建每日资产回归的预期分布，这篇文章介绍了一个新的时间序列模型，这个模型是马尔可夫正态混合模型的泛化模型，并给出了带有两个隐含层的人工神经网络模型的具体案例。该文章以两种方式描述了时间序列模型的含义。第一，它源于强加于自协方差函数的限制条件和基于混合成分的数量与马尔可夫过程（Markov process.）的根的时间序列的整数幂的线性表示。第二，为取得资产收益的一些有用函数，它用了模型的先验预期分布来研究模型的含义。

这篇文章用模型构建了日均 S&P500 收益 1971~2005 年，US 美元—UK 英镑收益 1972~1998 年，和 1~10 年定额到期债券 1987~2006 年的预期分布。它采用预期似然函数比较了带有自回归条件异方差（ARCH）的收益模型和随机波动模型的性质。对于债券收益，该模型的表现与其对比模型一样。在 S&P500 收益上，该模型的表现要好于对方，在美元—英镑收益上，该模型的表现要远优于对比模型。带有预期分布的样本内外检验试验识别了模型的一些剩余的缺陷，并提出了一些可能的改进措施。该文章最后使用模型构建了 S&P500，美元—英镑和债券收益序列在不稳定时期的 1~10 天收益的预期分布。

世上并没有理论上令人信服的资产收益参数模型，或者是有一组这样的模型（理论上令人信服的模型并非实用或适用的模型，无论是为了推论还是衍生工具定价）。鉴于这一事实，加上充裕的资产收益数据，拥有一半或者更少参数的模型在应用计量经济学资产收益文献中占据主导地位，且诸如 SNP 模型这样的替代品相对缺乏，确实令人费解。作者的研究前提是在资产收益动力学上施加更弱限制的模型的应用要优于那些采用严格参数化模型的应用。这篇文章将在文中论证该前提。

在任何应用计量经济学中，数据的特点和用于推论的技术在模型的选择上很重要。

文章第 1.1 节介绍了此文所使用的每日收益的例子，美国股市 35 年的标准普尔（S&P）500 指数的每日收益，超过 25 年的美元对英镑汇率每日收益，以及 20 年 1~10 年到期国债的每日收益。该章节介绍了这些资产收益数据的重要特征，包括那些对于经济计量学家最具挑战性的。作者的推论技术被纳入 Bayesian Using Markov Chain Monte Carlo（BMCMC）以弥补后验分布，从而构建资产收益的条件分布。

第 1.2 节简单地评述了在条件分布建模中运用 BMCMC 方法的最重要的几个方面。作者创建模型的方法是相对于 BMCMC 较为自然的参数模型一般化方法，文章以马尔可夫标准混合模型作为起点（有时该模型也被称为隐含马尔可夫模型），该方法在统计学上很早就建立起来了（Lindgren，1978；Tyssedal 和 Tjøstheim，1988）和 econometrics（Chib，1996；Ryden 等，1998）等。但在资产收益建模上有一些明显的局限性，比如：缺失序列相关以及条件异方差的组合要求大的模型，序列相关性的缺失很难强加等。这使作者对模型进行了一般化拓展，由于其中的混合成分是非高斯的，且他们本身是正态分布的混合，构建了分层马尔可夫正态标准混合（HMNM）模型。

第 2.1 节描述了 HMNM 模型，它也可以算是作为一个受限的高阶马尔可夫标准混合模型（MNM）模式。或作为一个具体的有两个隐含层的人工神经网络模型（Kuan 和 White，1992）。这个 HMNM 模型是参数化的，对矩设置了限制条件，第 2.2 节介绍了一些关于这些限制条件的简单理论特性。

BMCMC 推理技术对缓慢发展的应用计量经济学研究很有意义，虽然这一点还没有完全被人意识到。这篇文章的主要目标是采用 HMNM 模型构建未来资产收益的条件分布，次要目标是强调并说明 BMCMC 推理技术的意义和影响。采用先验预期分布可以很好地理解 HMNM 模型的性质，包括它在应用中的优势和局限性，这一点会在第 1.2 节中进行说明，并在第 2.3 节中得到应用。在开始费时的正式推理之前，文章简单介绍了 HMNM 模型，并且提供一个系统方法来研究带有大量参数的实质性主观先验分布。

这种实践（可以用任何其他方法进行推论，不只是 BMCMC 方法）可以大大提高应用计量经济学研究的生产力，因为它可以在大量工作完成之前识别具体的模型。

第 2.4 节概括了 BMCMC 后验模拟，记录了其计算效率，以便作者能够开展数千个后验分布的实验。其中文章的许多成果都是基础性的，可能会在未来几十年里应用于实际。而作者使用 HMNM 模型的变异形式就能够开展这一实验。

第 3 章以三种方式和视角评估了 HMNM 模型。第 3.1 节介绍了第一种方法，即基于预测性的似然比率与一些竞争性的对比模型（几个 ARCH 模型和一个 SV 模型）相比较。这些比率像贝叶斯因子一样有着同样引人注目的理论基础，但不具备后者对先验分布的灵敏度。简单总结一下就是，对于债券收益序列，该 HMNM 模型的表现和最具竞争力的对比模型一样，对于标准普尔收益，它表现得相对好点，而对于美元-英镑收益序列，它则具有压倒性的优势。最后一节提供了更详细的总结，第 3.2 节讲述了全部细节，该节还针对 S&P500 指数收益序列，对仿射模型和多种 SV 模型做了不太系统的对比。这种比较也有助于理解 HMNM 模型。

第 3.3 节介绍了第二种评估方法，通过模拟每个交易日的每个资产收益，基于 HMNM 模型后验分布总结了 1~10 天视域的条件分布的特征，在得到了很好的解释的模型中，分布的 c.d.f.s 应该是均匀分布的，那些 1 天水平的收益应该是独立的。均匀分布精确描述了一天水平基线，但随着水平基线长度的恶化，一天水平的 c.d.f.s 清楚地显示出正的自相关性。

第 3.4 节介绍了最后一种估计方法，利用了第 1.1 节介绍的资产收益特征的后验预期分布，后验预期分布回答了这样一个问题，如果资产收益取决于 HMNM，那么这些特征的值是什么？对于资产收益序列和时间周期来说，大部分特征是与观测到的特征是一致的，但是，对于 S&P 500 收益和几个时间周期来说，HMNM 模型的后验分布明显比实际观察到的预测了较少的序列相关性和更小的杠杆效应。并且它不能很好地解释 20 世纪 70 年代 S&P 500 绝对收益的长记忆特征。

第 4 章说明了如何对 HMNM 模型和 BMCMC 方法进行推断才能构建超过 1~10 天水平的预期分布。它主要研究了所调查的资产收益序列呈现最大波动率的时期，介绍了条件分布如何对收益的强烈变动做出反应，并研究了他们是如何随着动荡时期的次数进行再调整的。

该文的最后部分针对如何改进资产收益 HMNM 模型，以及应用经济计量学使用 BMCMC 方法的实践，整合了所有调查结果并得出结论。首先，这项研究得出了许多关于采用 HMNM 模型对资产收益建模的实质性结论，作者从模型的比较、稳定性、实践性、分布校准、动力学校准等方面进行了总结。从模型的比较来看，在研究四大资产收益序列时，与大部分应用广泛的严格参数化可替代模型比起来，HMNM 模型是相当有竞争力的。

这些比较基于模型的对数预期似然性质。从稳定性上来看，尽管相同的收益序列在不同时期具有不同特征，但无论是从绝对意义还是相对意义上讲，和对比模型相比较，HMNM 模型较为稳定。在实践性上，HMNM 模型对计算的要求比那些通过极大似然法推导的 ARCH 模型更高。而在如实描述资产收益的非条件分布方面，HMNM 模型表现很灵活。不过 HMNM 模型在动力学校准方面表现得并不太好。

该文在最后阐述了采用 BMCMC 方法进行推断对应用计量经济学的重要意义。从建模上来说，一般性后验模拟方法再加上具体的 BMCMC 方法使得对模型进行贝叶斯分析变得容易。而从先验预测分析上看，BMCMC 方法更注重对模型性质和先验分布的思考。在进行模型检验时，作者发现先验和后验预期分布对于模型的局限性提供了相似的信息。

作者在文中也分析了 HMNM 模型的缺点，第 2.3 节的先验预测分析和第 3.4 节的后验预测分析指出了三种可能的模型动力学方面的具体缺陷，包括杠杆效应、应用于绝对收益的长记忆模型显示出持续性证据与 HMNM 模型的几何衰变不相符，以及 HMNM 模型限制了收益的自相关。这些方面对资产收益动力学很重要。从具体案例来看，问题则主要出在 S&P 500 收益序列上。作者对 HMNM 模型的主要改进建议在于增加模型动力学的弹性。

9. A New Perspective on Gaussian Dynamic Term Structure Models

【摘要】In any canonical Gaussian Dynamic Term Structure Model（GDTSM），the conditional forecasts of the pricing factors are invariant to the imposition of no-arbitrage restrictions. This invariance is maintained even in the presence of a variety of restrictions on the factor structure of bond yields. To establish these results, we develop a novel canonical GDTSM in which the pricing factors are observable portfolios of yields. For our normalization, standard maximum likelihood algorithms converge to the global optimum almost instantaneously. We present empirical estimates and out-of-sample forecasts for several GDTSMs using data on U.S. Treasury bond yields. The Author 2011. Published by Oxford University Press on behalf of The Society for Financial Studies. All rights reserved. For Permissions, please e-mail: journals.permissions@oup.com., Oxford University Press.

"关于高斯动态期限结构模型的新视角"（A New Perspective on Gaussian Dynamic Term Structure Models）一文由 Scott Joslin，Kenneth J. Singleton 和 Haoxiang Zhu 合作完成，于 2011 年发表在《金融研究评论》（The Review of Financial Studies）第 24 卷第 3 期上，主要研究了高斯动态利率期限结构模型及应用等相关问题。

利率期限结构（Interest Rate Term Structure）是指在相同的风险水平下，利率与到期期限之间的数量关系。它是资产定价、金融产品设计、套期保值、套利以及投资等的基础，对利率期限结构的研究一直都是金融学中一个重要而又十分基本的课题。首先，它为资产定价提供理论依据，利率期限结构不仅在债券定价中起着基准作用，对于各种衍生品特别是固定收益类衍生品也提供了定价基准。其次，通过利率期限结构的准确估计，可以为促进资本市场的完善提供指导性的理论建议。而且，利率期限结构是中央银行控制短期利率变化影响长期利率变化的传导机制，对这个问题的研究可以为利率政策的制定和引导投资走向提供建议。此外，通过对利率期限结构的估计，可以对未来利率变动进行一个比较有效的预测，从而为投资者的保值和风险管理提供有用的信息。

对于利率期限结构已有大量学者进行研究并形成响应理论。传统的利率期限结构理论主要集中于研究收益率曲线形状及其形成原因，包括纯预期理论、流动性偏好理论和市场分割理论。现代利率期限结构理论将随机微积分等数据方法引入，假设短期利率在时间序列上服从一随机过程，侧重利率的动态过程，研究怎样利用符合金融理论的利率模型描述利率期限结构及其变化。随着计量经济学的飞速发展，研究者开始转向实证研究，用以检验和比较不同的利率模型，从而更为精确地描述利率的动态变化。从理论上分析，最一般化的模型是对随机贴现因子遵循的过程直接进行规定并在此基础上进行定价。这是一种非参数的研究方法，具体的有 Backus 和 Zin（1994），Brandt 和 Yaron（2001）、Lu 和 Wu（2000）等，但数量不多。但是，这种方法存在着缺陷。定价核的参数很难从债券收益率数据中进行判别。一般的做法都是通过对状态变量的参数模型设置进行分析和研究。主要有四种类型：仿射线性模型、二次—高斯模型、非线性的随机波动率模型以及包含跳跃和制度转换的模型。仿射模型最大的优点是它能阐述债券价格的无套利机会，同时能灵活解释期限溢价及其动态特征。而最大的弱点便是模型的不易估测。对于高斯模型的研究，始于 Longstaff（1989），Beaglehole 和 Tenney（1991），Constantinides（1992），Leippold 和 Wu（2001），Ahh，Dittmar 和 Gallant（2002）及 Lu（1999）。状态变量在风险中性世界中是一高斯过程。对现实世界没有做出任何假设，因而可以对它作任何假设，只要保证状态变量在现实世界中是线性即可。Ahh，Dittmar 和 Gallant（2002）假设状态变量在风险中性和现实世界中都是高斯过程。当状态变量只有一个时，利率满足一个一元二次函数，这时如果根据市场上的利率水平对状态变量进行估计，则不存在状态变量与利率水平的一一对应，使得模型变得很复杂。二次高斯模型优点为它能容易地处理可违约债券的定价问题。

然而，在任何标准高斯动态利率期限结构模型（GDTSM）中，定价因素的假设性预测对于无套利限制的应用是不变的。这种不变性即使在存在各种债券收益结构限制因素时依然保持不变。另一个角度，动态利率期限结构模型通常假设收益率与潜在因素通过一个无套利关系相联的一个线性因素结构。高斯模型中无套利的应用对于那些来自无约束因素模型的数据能够改善收益率的样本外预测相，或者锐化预期超额回报的隐含模型估计吗？实际上，这些问题的答案正在被风险中性或风险因素的历史分布或市场价格风险中的过度识别所掩盖。为了解决这些问题，文中设计了一个新的标准高斯模型，其定价因素是可测量的证券投资组合的收益率。

该文的研究从包含可测量风险因素的标准 GDTSM 开始，建立了 GDTSM 的 JSZ 规范表示。首先，假设存在着确切无套利定价关系的投资组合 P，并且假设该组合适用于给定的固定投资组合砝码 W，从而得出任何规范 GDTSM 根据观察相当于一个独特的 GDTSM，其定价因素是投资组合的收益率。然后，文中通过展示任何两个 GDTSM 都不会被观测到等价而论证其独特性。文章证明了，在任何标准 GDTSM 中，对于债券的任何样本产量，实行无套利不影响的 p 的期望（p 为潜在因素集）。GDTSM 意味着对于该期望 p 的预测和 p 的无限制向量自回归模型是一致的。为了确定这些结果，该文发展了一个包含所有的标准模型，在这个模型中，价格因素 p 是收益 y 的集合的线性组合并且这些收益因素服从一个无限制自回归模型。在文中的标准 GDTSM 模型中，只要 p 的测量没有错误，对于其期望的无限制最小二乘法估计就是最大似然估计。因此，实施无套利对于 p 的样本外预测就没有效果。这个结果对于任何其他的标准 GDTSM 模型都适用，由于观测等价，这个结果是 GDTSM 模型的一般特征。

随后，文章探索 JSZ 标准化分离性质的形式。JSZ 标准化规定了可测量的收益率组合 p 并且以一种与无套利一致的方式最大限度灵活的参数化其分布。该标准化的一个突出特点是，在估计时，P 参数和其分布之间存在内在的分离性。p 的密度取决于通过参数控制其条件均值和新息协方差矩阵。测量误差密度由收益之间的"无套利"截面关系决定。研究表明，GDTSM 可以被参数化，使得控制着 P 的参数对 p 的预测不会存在测量误差。鉴于这种分离，条件密度 P 和测量密度之间唯一的链接是新息协方差的创新。然而，Zellner (1962) 的经典结果意味着，p 的期望的最大似然估计相对于这个协方差是独立的。因而，最小二乘法恢复了最大似然估计并且无套利限制与条件 P 下 p 的预测是不相干的。进一步深入到外样本预测中无套利均衡限制的问题。通过深入分析表明，从一个无套利 GDTSM 得出的有条件的预测值与其相应的来自无限制自回归模型的预测值是相同的，即使存在着对于利率因素结构的大量过度识别的限制。特别地，不考虑施加在收益率因素 p 的风险中性分布的限制，GDTSM 模型和 VAR 模型证明这些因素的预测是一样的。即标准最小二乘法是修正了收益因素的条件预测，即使存在着对超出无套利的收益率曲线形态更进一步的横截面约束。最大似然方程的结构揭示了，与这些定价因素相比，无套利限制和存在测量误差的预测收益率潜在相关。

然后，文章论证了若约束是直接加于一个无套利 GDTSM 模型中 p 的分布，那么其期望的极大似然估计比其相应的自回归最小二乘法更有效。文中理论上的结果以及后来实证结果证明，使用 GDTSM 模型得到的预测，必须来自于 p 分布的补充限制，并且不是来自于非套现限制。文章用决定风险溢价的风险因素的数量来说明这种补充限制。基于 Cochrane，Piazzesi (2005，2008) 和 Duffee (2008) 的描述性分析，该文建立了将预期超额收益限制于 L 维空间（L<N）的新方法，则一定存在连接历史和风险中性漂移的 p 值。在这种情况下，由一个 GDTSM 推导出未来收益的预测原则上与那些来自无限制 VAR 计量模型的不同，而且此文还研究了三因素 GDTSM 模型中这些约束的实证相关性。此外，文中的规范形式考虑到了 GDTSM 计算的有效估计。通过使用标准的搜索算法，得到近乎瞬时收敛到似然函数的全局最优解。文章证明了不管风险因素或在估计中使用债券收益率或者定价因素的测量是否有错误，收敛都十分迅速。使用该标准 GDTSM 快速收敛到全局最优解使得探索样本外预测变得可行。对于各种 GDTSM，不论是否存在收益率因素的测量误差或者是否存在风险溢价的限制，文章对基准无限制 VAR 的样本外预测及 GDTSM 预测的性能进行了比较，并在数据中确认文中的理论预测。

文章的主要结论如下：①得到一个新的高斯动态利率期限结构模型的规范形式。这种规范形式基本上允许任意可测量的零息债券收益率的组合作为状态变量，从而实现对显著可观测的 GDTSM 的属性的描述，而不是潜在的状态。②证明了风险中性分布是由漂移矩阵的特征值和一个与短期利率的长期均值成正比的常量为显著特征的。③文中的规范形式显示，简单 OLS 回归给出了支配债券收益率分布的参数的极大似然估计。即使存在不同种类的限制，比如对收益率的风险中性条件分布的限制，这一结果仍然适用。这一结果的直接含义是，虽然存在着制约因素，比如采用无套利 Nelson Siegel 模型或者复杂的特征值，但这些因素与债券收益率预测无关。然而，当有一个施加于风险溢价结构，比如降秩风险溢价，来源于无约束 OLS 估计的一个差额。④文中的规范形式可以轻易克服 GDTSM 实证估计的挑战。实证结果表明，在解释更高维的模型时应当更为谨慎或者应当谨慎地避免对于定价或债券风险溢价有巨大影响的过度参数化模型。

以上是该文的大致研究内容，文章以新的视角对高斯动态利率期限结构模型进行了分析和研究，论证了一系列问题，研究结果对 GDTSM 估计和解释进行了新的阐述，并且论证了不同规格的风险溢价的影响和债券收益率在所观测的动态收益率曲线的风险中性分布，具有重大的理论的实证意义。

然而，文中也存在着一些不足。该文的模型虽然可以近似地反映利率期限结构的变化，在实践中可以用于对利率产品进行定价，但它并不是一个完全反映利率的变化可预测性的模型，用于对利率变化进行预测时会损失一些信息。此外，文中主要采用 OLS 和 VAR 进行研究，如果考虑综合运用其他方法如 GMM 方法进行估计，比较不同方法之间的估计效果，可以更为准确地分析利率变化的情况。

10. A Unified Theory of Tobin's q, Corporate Investment, Financing, and Risk Management

【摘要】This paper proposes a simple homogeneous dynamic model of investment and corporate risk management for a financially constrained firm. Following Froot, Scharfstein, and Stein (1993), we define a corporation's risk management as the coordination of investment and financing decisions. In our model, corporate risk management involves internal liquidity management, financial hedging, and investment. We determine a firm's optimal cash, investment, asset sales, credit line, external equity finance, and payout policies as functions of the following key parameters: ①the firm's earnings growth and cash-flow risk; ②the external cost of financing; ③the firm's liquidation value; ④the opportunity cost of holding cash; ⑤investment adjustment and asset sales costs; ⑥the return and covariance characteristics of hedging assets the firm can invest in. The optimal cash inventory policy takes the form of a double-barrier policy where i) cash is paid out to shareholders only when the cash-capital ratio hits an endogenous upper barrier, and ii) external funds are raised only when the firm has depleted its cash. In between the two barriers, the firm adjusts its capital expenditures, asset sales, and hedging policies. Several new insights emerge from our analysis. For example, we find an inverse relation between marginal Tobin's q and investment when the firm draws on its credit line. We also find that financially constrained firms may have a lower equity beta in equilibrium because these firms tend to hold higher precautionary cash inventories.

"托宾 q、公司投资和风险管理的统一理论"（A Unified Theory of Tobin's q, Corporate Investment, Financing, and Risk Management）一文由 Patrick Bolton，Hui Chen 和 Neng Wang 联合所著，于 2011 年发表在《金融杂志》（*The Journal of Finance*）第 66 卷第 5 期上。该文主要研究在存在对外融资和支出成本时，托宾 q 值、公司最优的投资、融资和风险管理政策之间的关联性，并探索在外部融资环境发生变化时，公司的投资、融资和风险管理政策。

2008 年的金融危机和 2011 年的欧洲债务危机都揭示了公司外部融资环境有时面临巨大的不确定性。最近的研究表明，在危机过程中，公司的投融资行为发生了剧烈的变化。理性的公司应对融资环境变动的方式有多种：①囤积现金。②推迟或提前投资。③市场条件有利时，筹集较多资金。④市场条件不利时，进行对冲操作。很多学者对公司的现金持有量进行了实证研究。正如 Froot，Scharfstein 和 Stein（1993）与 Kim，Mauer 和 Sherman（1998）所强调的，公司的风险管理可以通过内部资金转移和外部资金构建降低其投融资成本，从而在最有价值的投资状态下充足的现金持有量是有效的。这一关于公司风险管理主要作用的一般性原理和描述已经越来越被充分理解，但如何将这一方案应用于日常风险管理政策中却仍具有很大的不确定性。事实上，针对以下问题的理论研究非常少有：①面临严重的财务约束时，公司应如何改变他们的融资、投资和风险管理政策？②公司应如何应对未来金融危机的威胁？③当公司通过现金和风险管理政策应对未来的冲击时，融资环境变化有什么实际影响？

为了解答以上问题，该文建立了定量模型，研究融资环境随机变化时，公司的投资、融资和风险管理政策。该模型以前人研究的动态模型为基础，重点加入了随机变动的融资环境。文中模型的关键构建模块是新古典主义的投资理论，并且创造性地添加了一个外部融资成本加上囤积现金的机会成本，进而得到以公司的最佳现金库存、外部融资量、支出量、投资与套期保值策略作为公司的潜在风险收益特征、投资调整技术和不同的融资成本的函数。文章通过对模型的进一步分析得出公司对股票发行和股息支付采取最优化的双壁垒政策，不断地调整投资和现金积累，以及对冲操作，以管理其现金储备、融资和支付决策。

该文的具体研究是以模型的建立前提分析开始的。通过对公司的实际生产和投资技术及其目标函数的描述以及对公司的外部融资成本和持有现金的机会成本分析，得出模型建立主要有以下五个模块：①规模报酬恒定的生产函数，生产率冲击符合独立同分布，以及凸函数调整成本；②随机的外部融资成本；③持有现金的成本为常数；④生产力和融资冲击存在风险溢价；⑤动态的套期保值机会。而后在模型求解过程中作者进行了逐步剖析，首先描述无资本市场摩擦时公司的最优投资策略和新古典主义基准上的公司价值，在 Modigliani-Miller 中性理论基础上，公司最优投资决策取决于 $I^{FB} = i^{FB}K$，其资本存量的价值

则取决于 $q^{FB}K$（q^{FB} = 托宾 q 值）。在其后描述存在外部融资和支付费用情况下公司的最优动态投资决策和融资决策时，文章通过两个例子说明参数的不同将导致公司在现金短缺时选择进行资产清算还是重新融资，从而对外部融资成本的影响进行分析，此时公司的边际 q 值与托宾 q 值不相等。

随后文章依然围绕上述两个不同参数的例子进行定量分析，得出公司的投资是由以下修改的投资欧拉方程所决定的：投资的边际成本=边际 q 值/融资的边际成本。当公司现金充裕，融资的边际成本大约等于 1，所以这个欧拉方程是近似地等同于古典欧拉方程。但是当公司现金持有较低或接近财务困境时，融资的边际成本可能会大于 1 从而可以充分地修改经典投资欧拉方程。而且边际 q 值和投资呈反方向变化，当信贷额度是公司的边际资金来源时，边际 q 值随着其财务杠杆而增加而投资随着财务杠杆而减少。更进一步的，文章对公司的现金持有量和投资关于六个不同的参数进行了比较静态分析，发现公司可以通过调整其现金、支出、融资政策来应对变化的现金持有成本和融资成本，但这些政策调整对于投资的影响远不如生产力冲击、投资调整成本以及利率这些物性参数。

在上述建模和分析的基础上，文章进一步展开了关于公司投融资、现金持有策略对于其风险和收益的影响的研究。在这一部分的分析中，该文以经典资本资产定价模型为基础推导出类似的有条件的资本资产定价模型，依次分别用于无约束公司和有融资约束公司的分析，并得出一个有融资约束公司的股票 β 据其现金持有量的变化情况。人们往往会预期对于融资约束的公司会有更高的股票 β 系数，因为它反映了该公司的非系统性风险和系统性风险，而一个无约束公司的股票 β 系数只反映了公司的系统性风险。在静态状况下这一理论是普遍有效的。然而在动态环境中，公司积极管理他们的现金持有量。事实上 β 系数随着现金持有的增加而单调递减，有融资约束的公司在其资产中可能会保持很大比例的现金，从而有约束的公司可以有一个比无约束公司更低的股票 β 系数。因此，面临外部融资成本的公司通过囤积现金优化风险管理，现金持有量的缓冲库存可以使他们比那些没有融资成本并且不持有现金的公司更安全。

公司的现金持有量的实证文献试图通过衡量持有现金的成本和收益确定一个目标现金库存，他们认为这一目标水平有助于确定一个公司何时应该增加其现金储蓄，何时它应该减少储蓄。然而，分析表明，目标现金水平或目标现金比率的概念过于狭隘。一个公司的最佳现金库存策略更好地表述为双壁垒政策：只有当现金比率达到一个内生的最高界限时，才支付现金给股东；只有当公司耗尽其现金时，才进行外部筹集资金。在这两个界限之间，公司在考虑其正负现金流冲击的前提下不断调整其投资策略，并且对其收益风险进行套期保值。除了这些现金管理工具之外，公司还可以通过投资于与其潜在收益风险相关的金融资产进行套期保值来减少现金流风险。这种套期保值能够降低公司的净收益的波动性，从而减少公司对有成本的现金库存的需求。衍生品和现金在风险管理发挥着互补的作用，衍生品（如石油或货币期货）帮助分散公司的系统风险，而现金可以帮助减缓非系统性风险。最后，资产出售也是风险管理的一个重要工具。

尽管在新古典主义动态投资模型中引入外部融资成本存在着潜在的技术并发症，文章通过一个关键状态变量时公司的现金比率的简化的一维动态优化问题表征其解决方法。在已知潜在生产技术、投资机会、投资调整成本、融资成本和市场利率的前提下，对于公司应如何管理其现金储备、选择其投资和支出策略，也给出了具体而详细方案。通过模拟计算得出公司现金比率、投资比率、公司权益比率和融资边际价值的固定分布，发现在平稳分布下，公司很可能保持充足的现金使其接近于支付边界。因此，平均融资边际成本趋于一致，甚至对于面临巨大融资成本导致极大融资约束的公司也是如此。然而，公司依然通过优化管理其现金持有量来应对这些约束，从而能够在大多数时候远离需要筹集更多外部资金的财政困境。

文章的主要研究结论成果如下：第一，在金融危机期间，为了避免极高的外部融资成本，即使其资本的生产力未受到影响，公司也会削减投资，延迟支付，必要时出售其资产。第二，在外部融资成本较低时，即使公司并不立即需要资金，也会抓住市场时机，发行股票。文中研究公司的投资、储蓄和融资决策时，结合了外部融资供给的随机变动以及公司预防性的流动性需求。研究还表明，由于存在市场时机选择，公司的投资可能有所减少。因为市场时机选择与固定的外部融资成本可能导致金融萧条时期公司价值呈局部凸性，意味着投机是更优化的决策，而不是套期保值。第三，该模型分析了现金持有率较低的公司发行股票，以及现金持有率较高的公司现金派息和股票回购的时机问题。当融资环境改善时，现金持有率较低的公司寻求低成本的外部融资机会来筹集更多资金，现金持有率较高的公司倾向于通过股票回购支付现金。即股票发行和股票回购正相关，这与认为"公司由于股票被低估而回购"的传统观点是相反的。对此，此文提供了简单可信的解释：融资环境的改善使股票价格上升，降低了预防性现金缓冲需求，从而导致现金充裕的公司进行股票回购。第四，融资环境的恶化极可能导致强烈的现金囤积动机。由于发生危机的可能较大，因此相对于稳定时期，此时公司的投资更为保守，更早地发行股票，延迟对股东的支付。从而，公司的现金库存上升，投资对现金持有量的变化不那么敏感，金融冲击对投资的事后影响也相应地变弱。而投资的减少，很大程度上是由于公司为了应对金融危机，削减了有利的投资机会。这一发现为解释金融冲击对实体部门的传导机制提供了新的见解，有助于解释金融冲击的实际影响，通过投资变化来评判金融危机的实际影响是存在误区的。第五，由于融资冲击，模型中公司的风险溢价由两部分构成：生产力风险溢价和融资风险溢价。两者均随公司的现金持有量的变动而变动。现金持有率较低的公司的融资风险溢价是显著的，特别是在金融危机或金融危机的可能性很高的情况下。然而，由于公司的预防性储蓄，能够避免其陷入低现金陷阱，大多数公司的融资风险溢价都较低。此外，该模型表明，公司特有的现金流风险影响其资本成本。现金流风险高的公司持有更多现金，以降低其风险系数和预期回报率。这说明现金持有量的内生性是理解现金持有量和回报之间关系的关键。

此外，文章在借鉴前人的研究结论的同时，也十分注重与其进行比较并不断扩展优化。①Hennessy 和 Whited 也建立了融资约束公司投资的动态模型。与文中模型构建的关键差异是他们没有模拟现金积累过程和他们探索的是规模报酬递减的模型，这不如文中规模报酬不变的模型那样简易。此外，他们没有研究公司风险管理和投资之间的交互。②Hennessy，Levy 和 Whited（2007）也表征了融资约束公司在支出和股票发行界限的投资欧拉方程。然而，他们没有整合公司的现金和风险管理政策与投融资政策。③Riddick 和 Whited（2008）建立了一个规模报酬递减和二次投资调整成本的离散时间模型，也分析当公司面临外部融资成本的最优库存现金和投资策略。虽然他们的模型更为灵活，但文中模型可以利用连续时间和规模报酬不变的结构获得更多公司最优策略的操作性特征。此文还表述了公司的动态套期保值策略及其使用的信用额度。④Decamps，Mariotti，Rochet 和 Villeneuve（2006）也研究面临外部融资成本公司的连续时间模型。但他们只有一个固定规模的无限存续的项目，所以不能考虑公司实体和金融政策的交互作用。

从以上介绍的大致研究中可以看出，其研究的视角独特，创造性地将托宾 q 理论和公司投融资及风险管理策略系统的整合，逐步分析和论证，注重吸收前人的研究精髓，并且勇于对已有的研究成果提出质疑并且进行重新探索和修改。该文从公司金融角度，研究了融资环境随机变化时，公司的投资、融资和风险管理政策变化，其研究成果对于公司运营具有实践指导意义。

尽管进行了详尽而精辟的论证，文章仍难免会有某些不足。该文没有考虑投资机会的突然到来或外部融资成本的变化，也不包括公司在实际中可能面临的其他风险比如诉讼风险等。此外，该文的分析只从股东的角度来看待风险管理，然而在实践中，风险管理决策是由自私自利的经理做出的，这就存在着代理人风险。这些问题都有待以后进行更细致和深层次的研究和分析。

11. Derivative Pricing with Liquidity Risk：Theory and Evidence from the Credit Default Swap Market

【摘要】We derive an equilibrium asset pricing model incorporating liquidity risk, derivatives, and short-selling due to hedging of nontraded risk. We show that illiquid assets can have lower expected returns if the short-sellers have more wealth, lower risk aversion, or shorter horizon. The pricing of liquidity risk is different for derivatives than for positive-net-supply assets, and depends on investors' net nontraded risk exposure. We estimate this model for the credit default swap market. We find strong evidence for an expected liquidity premium earned by the credit protection seller. The effect of liquidity risk is significant but economically small.

"具有流动风险的衍生品定价：来自信誉缺失的交换市场的理论和证据"（Derivative Pricing with Liquidity Risk：Theory and Evidence from the Credit Default Swap Market）一文由 Dion Bongaerts，Frank de Jong 和 Joost Driessen 联合所著，于 2011 年 11 月发表在《金融杂志》（*The Journal of Finance*）第 66 卷第 1 期上，主要研究了存在流动性风险的衍生品市场定价等问题。

资产定价是金融学的核心内容，它主要研究在不确定的条件下，未来金融资产的价格和收益是如何变化的。传统资产定价理论是建立在一系列严格的假定之上的，尤其是假定证券交易是无摩擦的，但是在现实生活中，所有的证券交易都是有成本的，交易成本的主要部分就是证券的流动性，因此流动性与资产定价的关系是一项重要的研究内容。而通过衍生品资产的放大机制，流动性的影响则更为显著。

对于流动性与资产定价关系问题的研究很多，最早主要关注流动性水平对资产价格的影响，具有开创性的是 Amihud 和 Mendelson（1986）第一次提出了流动性溢价理论，认为流动性差的资产由于较高的交易成本，市场价格应该较低。近期的研究开始关注流动性风险与资产定价的关系，具代表性的是 Acharya 和 Pedersen（2005）的流动性资本资产定价模型，但该模型只考虑有正的净多头头寸供应的投资者，在这种情况下流动性不足通常会导致较低的资产价格和较高的预期回报。而此文在该模型的基础上，引入了空头头寸的问题，特别是大规模正的净空头头寸。在实证方面，流动性与资产定价关系的研究颇少。文章把关注点放在信用违约互换市场，即最大的衍生品市场之一的 CDS 市场。最近的两篇论文实证性的评估流动性对 CDS 价差的影响，其一是 Tang 和 Yan（2007）对 CDS 价差进行变量回归以获取预期的流动性和流动性风险，并发现流动性不足会导致更高的价差，Chen 等（2005）使用利率期限结构的方法估计流动性和其他因素对 CDS 价差的影响。在他们的研究中流动性风险溢价的识别来自于 CDS 价差期限结构，然而文中的方法是始于预期超额回报的风险溢价识别标准程序。其二是 Das 和 Hanouna（2009）建立的一个较低的股票市场流动性导致较高的 CDS 价格的框架并实验证实了这种机制。文章建立了一个均衡定价模型并对结构性资产定价模型在 CDS 市场进行了实证测试，对资产定价模型使用考虑到我们的结果在套期保值压力影响、流动性和流动性风险溢价等方面的直接阐释。

此文建立了一个将流动性风险、衍生品资产、应对非贸易风险的对冲卖空合并在一起的均衡资产定价模型。并且揭示了对于净正供应资产和衍生品而言，流动性的影响取决于投资者在非贸易风险暴露、风险规避、受益预测的长远性和财富的异质性。该模型还表明，流动性风险对衍生品以及净正供应资产不同的方式产生影响。

首先文章建立了一个设定交易成本、异质带来和多重资产的资产定价模型。该模型有两个关键因素以别与 Acharya 和 Pedersen（2005）的 CAPM。第一，一些资产可以是净供给为零的衍生资产。第二，投资主体已经暴露在非贸易风险因素。我们介绍这非贸易的风险因素，在均衡中，代理的一小部分在某些资产最优持有空头头寸以对冲非贸易风险。这与 Acharya 和 Pedersen（2005）的所有代理持有多头仓位的假设平衡。当然，文中模型也有一定的假设和前提：模型中存在 N 个风险厌恶的投资主体，他们生活在同一时期，在 T-1 期进行投资且在 T 期进行消费，但其初始财富和相对风险厌恶具有异质性；有 K 种资产，分为两个子集合，其一为基础资产集，其供应必须为正，所有投资主体在均衡中最优持有多头仓位，其二为对冲资产集，其供应可以为 0 或非 0 值，一些主体最优持有空头头寸在这些资产；存在非贸易风险敞口；不论是长期还是短期投资者都存在交易成本等。在这些假设前提之下，文章通过应用市场清算条件和每个投资者的最优性条件，推导出对冲资产的定价方程。

在建立以上基准设置后，文中进行两个方面的扩展延伸。第一个方面的延伸是允许一些投资者对收益进行长远的预测。具体来说，作者添加 M 个风险厌恶的投资者且其投资预测直到合同到期，从而他们不会受到交易成本的影响。并得出改进的模型，且说明长期投资者的最优投资组合选择不断地随着时间而变化并等于短期的组合规则。第二个方面的扩展引入了一部分具有特质性的非贸易背景风险，此外，作者引入第三组的投资者在对冲资产的对冲需求方面产生异质性。这一群投资者买入对冲资产的长期固定子集并卖出其他对冲资产。通过这一扩展，在模型中揭示了对冲需求和流动性影响之间交互作用。

随后，该文将所得模型具体应用到 CDS 市场进行实证分析。首先，文章将上述理论应用到信用风险市场。在这个市场，关键风险是流动性较差的公司债券和银行贷款的系统性信用风险，并且关注于 CDS 合约作为这种风险的对冲资产，而且文章假设套期保值者或投机者很少或根本没有接触非贸易风险，他们的信用风险获得风险溢价补偿。将这个市场与我们的理论模型相联系，潜在的信用风险用一般信用指数来表示。信用违约互换合约的对冲资产净供给为零，文中也包括作为非对冲资产的美国股票市场指数，同时也为套期保值需求寻求一个替代指标。通过在 CDS 市场的应用，该文推断出结构模型大多数参数的预期指标。其次，此文还定义了 CDS 市场上的一个承担信用风险的多头。非贸易风险因素是由暴露于信用风险的投资组合回报所给出的，从而若发生违约或其他信用事件可以给出一个负回报。

估算方法方面，文中详细讨论了如何用广义矩方法对得到的通用模型进行估计。在资产定价的测试中，预期回报率通常由实现的超额回报样本均值来进行估计。而为了避免短期样本的预测误差，文章使用事前的预期收益的方法对预期违约损失进行 CDS 价差水平的校正。文章使用广义矩量法估计其资产定价模型并发现大量预期流动性和流动性风险敞口。该文还详细地描述模型所使用的数据以及如何构建 CDS 回报、流动性的措施和非贸易风险因素。我们使用来源于 Datastream 的 CDS 数据，数据 2004 年 1 月开始，包含日常统一出价，并从一组包含 30 个主要金融机构的小组中得到 CDS 价差。文中所收集的数据为美国市场从 2004 年 1 月至 2008 年 12 月的数据。在此期间对 595 只股票每日观察，其所观察的 595 家公司的 CDS 合约超过了公司债券市场发行数量的 46%，因此文中的 CDS 样本攫取了市场信用风险的重要组成部分。随后，关于投资组合的构建文章也进行了详细的阐述。文章对模型进行不同的测试组合而不是单种资产。我们将五个连续的 CDS 合约横截面数据进行排序，信用等级总是排在第一位，然后是财务杠杆、总财团放款数量、总未偿还债务、CDS 买卖价差和 CDS 报价频率之一。为了对每一个投资组合有足够的观测数据，文中构建五个评级类别：Aaa 到 Aa，A，Baa 到 Ba 和 B，最后为 Caa。在每个评级类别，我们创建基于第二个分类变量的四分位投资组合。总的来说，我们因此有五个大类，每类有 5 乘以 4 个组合。每个季度重新组合，计算前一个季度的排序变量。此外，该文还得到 CDS 头寸的实现的和预期的超额回报率的公式。特别是，展示了如何从 CDS 价差水平建立预期超额回报，使用 Moody's-KMV 预期违约频率（EDFs）对违约概率进行评估从而校正预期损失。在计量经济学方面，文中使用一个重复销售方法对 CDS 投资组合回报做出公正和有效的估计。重复销售方法应用到这些数据中，我们在一系列违约风险和流动性变量基础上构建排序的投资组合的 CDS 回报和买卖价差。买卖价差的水平和创新用于构造预期流动性和流动性风险的对策。

最后，文章介绍了估算模型的 CDS 回报的结果。作者首先讨论估计的资产定价模型中的贝塔、预期收益和交易成本，然后展示了结构性资产定价模型基准估计数字，并且进行了一系列的实证模型的稳健性检查，并通过包括债券流动性和对冲压力变量展示了实证模型的两个扩展包括债券流动性和对冲压力变量。文中的基准测试结果表明，预期的流动性对预期收益影响为平均每季度 0.175%，而所有稳健性检查得出每季度的最低预期流动性效应是 0.060% 并且仍然具有很强的统计学意义。此文也设定了企业债券市场流动性并且找到套期保值需求效应符合此文理论的证据以及一些关于对冲需求和流动性影响之间的交互性的证据。

文章的主要结论如下：文中开发了一个流动性风险的理论资产定价模型，并引入正的净供应资产和衍生品、异质的投资者、最优卖空和背景风险。第一个主要理论结果是，这些流动性影响依赖于投资者在非贸易风险、风险规避、视野和财富等方面的异质性。例如，投资者长期进行套期保值是会更激进的（由于更高的总财富或更低的风险规避），或对于比短期投资者的眼界更短的投资者而言预期的流动性对预期收益的影响是积极的。这个结果的客观事实是激进投资者对于交易成本最为敏感，因此在均衡中要求弥补这些成本。这个结果对于正的净供应资产和衍生品都有效。第二个主要理论结果是，如果对冲资产是净供给为零的衍生品，一些流动性风险协方差有一个零溢价。具体来说，单个衍生品回报率和总体衍生品回报率之间的协方差在零净供给资产的情况下有一个零溢价。实证方面总体来说，文中的主要实证发现是卖家的信用保护在违约风险补偿之上得到一个非流动性补偿。大部分的流动性效应来自预期流动性部分，而且这种预期流动性的影响意味着由于更多的财富、更低的风险规避，或更短的预测期，信用保护卖方比买方更具侵略性。只要持有期间不是过长，理论模型可以完全解释预期流动性的实证效果。

从该文的大致研究内容上看，其研究的视角和思路清晰明了，层层深入，不仅给出了理论上可行的模型，文章的研究理论意义重大，此外还从实证角度进行了深层次的剖析，该模型不仅可以应用于 CDS 市场，还可以应用于其他衍生品市场或正的净供应资产市场。然而，也会看出文中存在的某些薄弱之处。例如文中模型设定投资者由于异质的非贸易风险敞口而进行衍生品交易，而现实中由于跨时期的对冲要求等也会产生衍生品交易需求。所以对该模型的具体应用时还需要进一步深入的思考。

12. Distributional Dynamics under Smoothly State-dependent Pricing

【摘要】Starting from the assumption that firms are more likely to adjust their prices when doing so is more valuable, this paper analyzes monetary policy shocks in a DSGE model with firm-level heterogeneity. The model is calibrated to retail price microdata, and inflation responses are decomposed into "intensive", "extensive", and "selection" margins. Money growth and Taylor rule shocks both have nontrivial real effects, because the low state dependence implied by the data rules out the strong selection effect associated with fixed menu costs.

The response to sector-specific shocks is gradual, but inappropriate econometrics might make it appear immediate.

"平稳的状态依赖定价条件下的分布动态"（Distributional Dynamics under Smoothly State-dependent Pricing）一文由 James Costain 和 Anton Nakov 合作完成，于 2011 年发表在《货币经济学》（*The Journal of Monetary Economics*）第 58 卷第 6~8 期上，主要研究状态依赖的定价及相关问题。

黏性价格在现代动态一般均衡模型中是一个重要的因素，包括被用于央行政策分析的部分。但如何最好地对价格黏性建模，什么黏性程度的个体价格水平的价格意味着总体价格水平存在刚性，这些问题在理论界仍存在争议。Calvo（1983）定价模型所假设的不断调整概率这一方法由于其分析上的简便易行被广泛接受，意味着货币冲击有着巨大而持久的真实影像。然而，Golosov 和 Lucas（2007）认为，由于固定菜单成本存在着价格刚性，而校准微观数据意味着货币冲击几乎是中性的。货币增长和泰勒规则冲击都有重要的现实意义，数据排除了与固定菜单成本相联系的强选择效应，这意味着低的状态依赖对于具体到某一领域的冲击的反应是渐进的，但不恰当的计量经济学可能错误地得出即时反应的结论。

大多数以前的状态依赖定价的研究工作都是通过限制分析取得结论，不管是专注于局部均衡（e.g.Caballero 和 Engel，1993，2007；Klenow 和 Kryvtsov，2008）还是对异质冲击的分布做出的强假设（Caplin 和 Spulber，1987；Gertler 和 Leahy，2005）。事实上，关于名义刚性的争论难以忽视，因为公司层面的冲击可能极大地改变公司调整价格的动机。Golosov 和 Lucas（2007）首先直面这些问题，他们研究存在异质生产率冲击的一般均衡中的菜单成本模型，获得了惊人的接近中性的结果。然而，他们的模型对于价格数据的适用性却令人质疑。一个零售微观数据的柱状图展示了一个广泛的价格调整，他们的固定菜单成本模型（FMC）在边界附近得出了急剧上涨和急剧下跌的两种价格峰值。而近期的研究工作中，Eichenbaum，Jaimovich 和 Rebelo（2011）；Kehoe 和 Midrigan（2010）对临时的价格变化建模，假设这些调整比其他价格变化更便宜。然而，他们最终得出这样的结论：销售的可能性与货币政策传导机制关系不大，而是依赖常规的非销售价格变动的频率。Guimaraes 和 Sheedy（2011）的销售模型中作为随机的价格歧视具有相同的含义。而文中模型没有固有的销售动机，这将会作为来一个常规价格变动数据组对比，其中表面上的销售因素已经被剔除。在相关文献的另一个分支，Boivin，Giannoni 和 Mihov（2009）；Mackowiak，Moench 和 Wiederholt（2009）估计价格对于部门冲击的反应比总体冲击要更加迅速。然而，此文进行的蒙特卡洛实验表明，这一发现应谨慎处理。值得注意的是，即使某一特定领域冲击的真实反应具有滞后性和短暂性，Mackowiak 等人的估计程序也可能错误地得出这样的结论：特定行业的冲击将迅速而永久地影响价格。

该文展示了如何通过 Reiter（2009）的两步算法计算一个状态依赖定价的动态一般均衡，这个方法是通过网格算法用逆向归纳法计算稳态平衡，然后在每个网格点使用线性方程来计算动态结果。这种方法避免了一些其他方法所含的复杂因素且简化了假设条件。它不需要假设货币冲击后总产出保持不变，并且更充分利用模型的递归结构，能在不需要知道调整主体的情况下跟踪价格分布。Reiter 算法的非线性、公司水平异质性非参数处理使得其可以直接计算横截面统计数据的时间路径。

文章首先具体阐述了模型的构造，这种离散时间模型在基于 GL07 新凯恩斯主义一般均衡框架中嵌入了公司的状态依赖定价。除了公司，文中模型也包括一个代表性的家庭和一个实施泰勒规则或服从名义货币余额的外生增长过程的货币当局。首先从家庭效用函数入手，分析了得出家庭的最优劳动力供应、消费和货币使用情况的一阶条件。随后以垄断性企业为例，且企业由家庭所有，文框架的主要假设是，价格调整的概率随着其调整所获的增加而增加，这种假设的实现需要一个参数化家庭的选择函数来描述调整风险；这种运用被严格限制，它要使模型适用于在近期美国零售微观数据中价格变化的分布密度。其中一个校准参数控制着状态依赖程度，而与在微观数据中所得到的价格变化的平滑分布进行匹配要求相当低的依赖性。文章假设无论何时公司调整其价格，它都会选择对于当前产量来说最优的价格条件，因此有可能在未来无法进行调整，在此情况下文章对公司的价值方程进行了分析调整。通过贝尔曼方程，文中最终得出了与价值方程相联系的价格方程组，并且与公司所设定的最优价格相对应，并且引入粘性价格框架，最后引入实施泰勒规则或服从名义货币余额的外生增长过程的货币当局，并且分别进行分析。最终文章校准和模拟了一个状态依赖的常用模型，并且嵌套了 Calvo（1983）定价模型和固定菜单成本（FMC）模型作为两种截然相反的限制情况，在二者之间存在着一个连续平滑的中间情况。

随后此文讨论了模型的计算问题。该模型的状态变量包括分布、一个无穷维空间对象，这使计算其均衡具有挑战性。Calvo 模型认为，仅仅通过跟踪器平均价格即可得到一般均衡，但这个结果并不适用于状态依赖定价，此时的计算需要跟踪整个分布。该文通过 Reiter 的两步算法计算均衡，这适用于既有相对较大的异质冲击也有相对较小的总体冲击。第一步，模型的总体稳态使用逆向归纳法在一个有限网格中进行计算。第二步，用线性化方法依次按网格点计算随机总体动态性。换句话说，贝尔曼方程被视为一个预期差分方程的大系统而不是一个函数方程。在价格调整的情况下，异质冲击更大并且对于个体公司比总体冲击更具有重要的经济意义，Reiter 两步算法的优点在于它用一个合适的方法在此背景下结合了线性和非线性的方式。为了处理大的异质冲击，非线性化的处理异质状态方程，即通过网格计算。

文章对模型计算所得结果进行了详尽的分析。文中模型以月度频率进行模拟，有一个零稳态货币增长率，符合数据集中零平均价格的变化。然后此文总结了估计参数下模型的稳态行为和来自四个实证研究的证据，文章把所有的标准都校准到相同的观察调整频率，得出只有大的、有价值的价格变化发生在固定菜单成本模型中，这一结论对于货币传导具有重要意义。本文列图比较了三个调整标准下几种类型的货币冲击。所有模拟都假设相同的效用参数以及零基准通货膨胀，并且从与相应标准相联的稳态分布开始进行计算。此文还将通货膨胀的冲击响应分解成一个与平均预期价格变化有关的集约边际效应，一个公司调整数量相关的粗放边际效应和一个与相对频率相关的选择效应。在优先校准下，大约 2/3 的货币冲击效应来源于集约边际而剩余的大部分来自选择效应。粗放边际可以忽略不计，除非经济的起始通货膨胀率高。在 FMC 标准下，货币冲击反而导致通货膨胀的快速增加，这是由消除了大部分对实际变量的影响的选择效应所驱动的。关于价格对于行业冲击的反应，文章在模型中应用 Mackowiak，Moench 和 Wieder-holt 的评估程序研究特定行业的冲击，研究对象是在泰勒规则下模拟 SSDP 校准所产生固定样本数据。

最后该文在状态依赖定价的计量宏观经济模型中得到相关的结论。它已校准在公司定价行为中与微观经济数据一致的模型，估算价格调整的概率如何取决于调整的价值。考虑到估计调整函数，文中描述了一般均衡中价格分布和生产力的特征。校准模型意味着在货币刺激后价格的逐渐上涨，引起在消费和劳动方面很大而持续增长。纵观这些标准，决定货币冲击如何在经济传导的主要因素时状态依赖的程度。即提高货币增长冲击的自相关冲击使他们影响成比例地增大，并且在冲击响应的形态和持久性方面没有任何显著的改变。相比之下，从最大程度的固定菜单成本到相反的 Calvo (1983) 定价，减少状态依赖极端强烈抑制最初的通货膨胀由于货币冲击引起的飙升并且提高其对于真实变量的影响。文中模型与微观数据最为一致的参数化在定量影响方面相当接近 Calvo 模型。若货币当局遵循泰勒规则而不是货币增长规则那么结论是相似的，除了货币非中性的程度在调整标准方面大不相同；特别是，SSDP 标准的非中性是增加的。另外，由于选择效应代表着公司调整概率的变化，它的力度直接取决于状态依赖的程度。文章认为状态依赖在 FMC 模型中是强的，因为它建立了一个阶梯函数：在阈值，一个调整价值的微小提升使得调整概率从 0 增加到 1。因此价格变化的柱状图包含两个峰值：没有小的变化，并且只要通过了调整阈值公司就会改变他们的价格。因此，在稳定状态下，那些可能对货币政策产生反应的公司都接近两个阈值；对于一些想要价格下降的公司一个货币刺激会从 1 降到 0，而对其他想要价格上涨的公司则从 0 增加到 1，使通货膨胀反应快速和激烈。即在 FMC 模型中使得货币接近中性的相同属性是使模型与价格微观数据不一致。调整更平滑的取决于调整价值与微观数据的更好匹配的一个模型中，对货币政策会产生更大的真实影响。文中另外两个平滑的标准（固定菜单成本，Woodford 的风险函数）产生的结果类似于 SSDP 设置，即在 FMC 模型中使得货币接近中性的相同属性是使模型与价格微观数据不一致。调整更平滑的取决于调整价值与微观数据的更好匹配的一个模型中，对货币政策会产生更大的真实影响。

从以上的大致研究内容可看出，其研究思路清晰明了，整体模型虽然建立在前人的基础上，但从新的视角出发，思维严密，分析了前人研究的不足并加以校正，创新性强，得出的结论具有重大的理论意义。然而，文中仍会存在一些不足。例如，该文得出结论，价格对于某一特定行业的反应像总体冲击一样缓慢，但最近实证论断与此相反。最近实证研究宣称价格反应对于行业冲击比总冲击更为迅速，此文认为这些实证论断可能分不清价格调整的时机的抽样误差和基本的冲击，但并没有进行细致深入的分析以证实自己的结论。

13. On Sequential and Simultaneous Contributions under Incomplete Information

【摘要】When contributors to a common cause（or public good）are uncertain about each others' valuations, early contributors are likely to be cautious in free-riding on future contributors. Contrary to the case of complete information, when contributors have independent private valuations for the public good, the expected total contribution generated in a sequential move game may be higher than in a simultaneous move game. This is established in a conventional framework with quasi-linear utility where agents care only about the total provision of the public good（rather than individual contribution levels）and there is no non-convexity in the provision of the public good. We allow for arbitrary number of agents and fairly general distribution of types.

"不完全信息条件下的序贯和同步捐赠"（On Sequential and Simultaneous Contributions under Incomplete Information）一文是 Parimal Kanti Bag 和 Santanu Roy 的合作成果，于 2011 年发表在《International Journal of Game Theory》（第 40 卷第 119~145 页）。该文主要研究的是在不完全信息下的序贯捐赠博弈和同时捐赠博弈，集中地探讨了序贯博弈有助于提升总捐赠值的原因。

慈善捐赠是我们社会生活中常见的一种行为。慈善机构或者是其他的非营利性组织，针对某一公共物品（或是共同的目标）向全社会广泛征求自愿捐款。这些慈善捐赠的筹款人利用自己有限的资源在全社会的范围之中寻找具有这方面意愿的社会团体及个人，并与之建立联系。由于信息的不对称性以及捐赠人的特异性因素（即个体差异），使得捐赠人参与慈善捐赠的时点有所不同。那么在实施中容易产生的一个实践问题是：捐赠人在参与慈善捐赠时，是否应当知晓当前的捐赠情况后再参与捐赠。研究这一问题的深层意义在于：如果捐赠者在了解了当前的捐赠情况后再参与捐赠，如此的捐赠程序可能会激发早期的捐赠者出现"搭便车"的行为：即早期的捐赠者通过较低的捐赠额或是预先承诺捐赠而在后期又反悔不参与捐赠等行为，将捐赠负担转嫁于后期的捐赠者。

此类"搭便车"效应是由 Varian（1994）在完全信息下公共产品的自愿捐赠博弈一文中正式提出的。Varian 在文中阐述了一个观点，序贯博弈中，参与者在进行捐赠决策时是有序的，在外源性的决策顺序之下，每一位参与人在观察了之前参与人的捐赠结果之后再进行决策，且每一位参与人仅能捐赠一次。那么最终所产生的总的捐赠额将会低于（不会超过）同时博弈（即没有观察之前参与者的捐赠结果）所产生的总的捐赠额。

Varian 的理论论证似乎揭示了这样一个问题，即慈善机构或者其他的非营利性组织在组织慈善捐赠活动时不应当披露当前的捐赠信息（如果披露，也仅应当在筹款结束后再进行，这样较易产生一些虚荣价值以及对捐赠者起到一定的宣传作用）。然而现实生活中，慈善机构的捐赠情况的统计显示，披露当前的捐赠信息有助于增加捐助额及参与人。许多公共产品领域的一些相关研究及实验工作也证明了这一点。调节两者矛盾的一个观点之一是说后者要求参与人进行决策的顺序是外源性的，且每个参与者仅能参与一次。而这两点在现实生活中很难满足。参与者的参与顺序往往是内源性的且并不能保证是一次性的。如果仅满足任意一点，那么在 Varian 的框架之下，序贯博弈和同时博弈产出值相同，且信息披露也不会导致结果变糟。

然而，就以上这些情况而言，依旧存在着很多的争议，即参与者参与捐赠的顺序很大程度上受外界影响。使得参与者在选择博弈顺序的问题上严重受限。此外，局外人几乎没有可能了解到捐赠活动内的真实情况。唯一可以肯定的是，在绝大多数慈善捐赠的活动中，参与者确实仅捐赠一次。但也有很多人提出，在很多情况下，由于慈善组织采用的慈善捐赠活动的捐赠方式，使得很多捐助者也不止一次参与捐助。这就使得我们在调和现实情况与 Varian 的理论结果时需要有进一步的讨论。

近年来，越来越多的理论文献开始研究在序贯捐赠博弈中披露当前捐赠信息可以激发更多的捐赠额的原因。这一系列文献向我们阐述了这样一个理论：即恰恰是在 Varian 产生"搭便车"行为使得公共产品的总供给下降的条件之下，每个参与者仅能参与一次捐赠的条件下，序贯捐赠博弈比同时捐赠博弈产生更多的总捐赠额。此文中所阐述的也是这一观点的一个分支。该文着重探讨的是在捐赠活动中，当参与人仅能参与一次时，披露之前的捐赠信息给未来的捐赠人是有意义的原因。即在很大程度之上，捐赠者对公共产品的估值及捐赠意愿属于私人信息，其他人很难了解。在不完全信息下，由于对其他参与者的估值不了解，具有较高估值的人更趋向于减少自己的捐赠，产生"搭便车"的心态，期望他人慷慨解囊。且大部分参与者都具有相对较低的估值，使得最终的捐赠额相对更加低。而如果是在完全信息的条件下，捐赠活动有序地进行，且之前的捐赠信息可以被观察到，那么在不完全信息的调节下所产生的问题就可以被修正，最终使得产生的预期总供给相对增加。

对比之前的研究成果，该文有以下几点不同：

Andreoni（1998）引入了生产的非凸性来研究拥有阈值的大型公共工程的筹款活动。慈善团体在最早培养一些主要的捐赠者，并保证其抵押物品的安全，通过对外信息披露，宣布他们加入到这个公共工程的基金运作中来，激发其他的潜在捐赠者。由于参与的资金阈值的提高，使得市场的追随者的捐赠的边际生产率提高，得出了一个序贯博弈的优点，然而该文是基于凸性框架的分析（Varian，1994），且对于公共产品的捐赠资金没有阈值要求。

Romano 和 Yildirim（2001）的文章中的捐赠者的效用函数之中考虑了温情效应和虚荣效应，每个捐赠者不仅关心总捐赠额或是公共产品总供给，还关心其他捐赠的个体捐赠水平。通过利用个人捐赠的互补性，他们得出披露过去的捐赠信息有利于提升总的捐赠水平。反之，该文的结果基于更为传统的模式，捐赠者仅关心公共产品的总供给和自己的捐赠成本。

Vesterlund（2003）在文中建立了一个模型，即捐赠者对于慈善机构有共同的估值，但是并不确定慈善机构的运作质量。那么通过私人渠道可以获取到慈善机构运作质量的捐赠者，在早期慷慨捐赠，促使后期的捐赠者提供更高的捐赠额，反之也激发了高质量的慈善机构更多地向社会大众公开捐赠信息。与之相反的是，该文中每一个参与者都有着自己独立的个人估值，并且没有有关慈善机构的内部信息的披露。所以文章得出的结果并不基于任何的信息优势或是依靠披露捐赠信息得到的。

最近的一些研究有关公共产品特点的科研项目或是创新竞赛的文献主要着眼于在外生秩序的前提下序贯捐赠博弈的模型下进行的。且这些文献并没有对比序贯博弈和同时博弈的运作机制。而本文则表明，即使个人捐赠可以作为完美的替代品，在不完全信息下（即来自于个人捐赠者投入成本的不确定性的增加）可以导致序贯博弈设计的优越性。

特别要指出的是，该文研究的是传统的公共产品自愿捐赠的模型，即每一个参与者都有拟线性效用。其设计的模型是 Varian（1994）的一个直接延伸，文中做了一个贝氏设定即每个参与者都有自己对公共产品的独立的个人估值，设计者允许有任意数量的参与者和总体分布模型。结果显示，包括公共产品边际效用凹性等充分的条件下，如果在序贯博弈中最后进行决策的参与人是在同时博弈中做出绝对正捐赠的人，那么在达到贝叶斯完全均衡的序贯博弈模型之下产出的预期总贡献值，至少同在达到贝叶斯纳什均衡条件下的同时博弈模型的预期总贡献值相同。即使每一个参与者仅有一次机会参与捐赠，且可以预先承诺日后捐赠，作者依旧可以得出这个结论。此外，如果序贯博弈达到均衡，那么一些参与者（无论是第一个做出决策的还是最后一个做出决策的）都有正概率或正替代，会做出严格正捐赠。如果公共产品的边际效用是严格凹的，那么序贯博弈可以产生严格加高的期望总捐赠值。在有两个参与人和两种模型的时候，该文表示上述的一些充分条件对于序贯博弈产生较高捐赠值是没有必要的。

该文所研究的序贯博弈均是每个参与人在做出捐赠决策之前都可以完美观察到之前每个参与人的个人捐赠值，并提出他们的研究成果对于修正的序贯博弈模型依然有效。即每一个参与者仅观察之前的总捐赠值，并不了解之前参与人的个人捐赠值。

之前的大量有关不完全信息下公共产品自愿捐赠的文献均谈论与有关效用的关系，该文并不关注有效性或是规范性的问题，只是强调不完全信息下是为了解释为什么序贯捐赠博弈更有利于提升公共产品的总供给。

首先作者建立了一个模型，分别分析了捐赠的同时博弈和序贯博弈模型，然后比较了两种模型的预期捐赠值后得出一个结果，从而勾勒出了序贯博弈可以产生更高的与其总捐赠值的一般条件。继而详细论述了这些条件。最后一部分讨论了两个参与者和两种模型的事件。并在附录中包含了一些文章中没有包含的一些证据。

作者建立了如下模型：自愿参与公共产品捐赠的 Agents 数为 $N > 1$，每一个参与者 Agent $i \in \{1, \cdots, N\}$ 都有一个预算约束 $w_i > 0$。Agent i 的支付取决于所有参与主体的总捐赠值、他自身的捐赠值和他自身的捐赠类型，因此可以给出下列式子：$u_i(g_i, g_{-i}, \tau_i) = \tau_i V_i(g_i + g_{-i}) + w_i - g_i$，当 $g_i \geq 0$ 是 i 的捐赠值，g_{-i} 是其他所有参与主体 Agent $j \neq i$ 的总捐赠值，τ_i 是 Agent i 的私人偏好参数，它影响公共产品消费的边际效用，且仅被 Agent i 已知，被界定为 Agent i 的类型。众所周知的是，每一个 Agent i 的类型 τ_i 是由分布函数 F_i 的概率分布中独立的随机抽样而来的，紧支集 $A_i \subset R_{++}$. Let $\underline{\tau}_i$ 和 $\bar{\tau}_i$ 分别是 Agent i 最低和最高的可能类型，被定义为：$\underline{\tau}_i = \min\{\tau : \tau \in A_i\}$，$\bar{\tau}_i = \max\{\tau : \tau \in A_i\}$，并进一步作了如下假设：

假设 1：$\forall i \in \{1, \cdots, N\}$，$V_i(\cdot)$ 是连续可微的，凹且不减的在 R+，且 $V_i(0) = 0$，$\underline{\tau}_i V_i'(0) > 1$ 和 $\underline{\tau}_i V_i'(w_i) < 1$ 的条件下，定义 $\forall i$：$z_i = \sup\{x \geq 0 : \tau_i V_i'(x) = 1\}$。再次假设条件下，$0 < z_i < w_i$。可以很容易得出，在任意的博弈模型之下，无论它属于何种类型，Agent i 的捐赠值绝不会超过 z_i，这使得我们可以降低 w_i 的值，将 Agent i 的支付公式可以简化为：

$$u_i = \tau_i V_i(g_i + g_{-i}) - g_i, \quad \bar{G} = \sum_{i=1}^{N} z_i > 0。$$

假设 2：$V_i(\cdot)$ 在 $[0, \bar{G}]$ 是严格凹的，$\forall i \in \{1, \cdots, N\}$。

在假设 1 和假设 2 之下，属于任意可能类型 $\tau_i \in A_i$ 的任意 Agent i 均有一个独立的特殊捐赠 $x_i(\tau_i) \in (0, w_i)$ 定义为：$x_i(\tau_i) = \arg\max_{g_i} u_i(g_i, 0, \tau_i)$，满足 $\tau_i V_i'(x_i(\tau_i)) = 1$。很容易检验得出 $x_i(\tau_i)$ 在 τ_i 上是严格递增的，这意味着 $z_i = x_i(\bar{\tau}_i)$。Agent i 的预期独立捐赠值，后期用 θ_i 表示，给出下式：$\theta_i = \int_{A_i} x_i(\tau_i) dF_i(\tau_i)$；同时，$V_i(\cdot)$ 是非递减的时，$V_i'(\cdot) \geq 0$。因此，假设 2 意味着在 $[0, \bar{G})$ 的区间上 $V_i'(G) > 0$。作者最后又提出：

假设 3：在 $[0, \bar{G}]$ 的区间上 $V_i'(\cdot)$ 是凹的，且这有助于对比序贯博弈和同时博弈的预期总捐赠值。需要注意的是文中并不要求函数 $V_i'(\cdot)$ 在整个正实数轴都是凹的或是严格递减的。

同时作者提出了一个连续可变的公共产品，通过建立对所有 i 成立的 $V_i(G) = V(G)$，$V(G)$ 是一个公共工程依靠总的投资 G 可以实现二进制收入（无论成功还是失败）的概率。

14. Performance Pay and Multi-dimensional Sorting: Productivity, Preferences and Gender

【摘要】This paper studies the impact of incentives on worker self-selection in a controlled laboratory experiment. In a first step we elicit subjects' productivity levels. Subjects then face the choice between a fixed or a variable payment scheme. Depending on the treatment, the variable payment is either a piece rate, a tournament or a revenue-sharing scheme. We elicit additional individual characteristics such as subjects' risk attitudes, measures of self-assessment and overconfidence, social preferences, gender and personality. We also elicit self-reported measures of work effort, stress and exhaustion. Our main findings are as follows. First, output is much higher in the variable pay schemes (piece rate, tournament, and revenue sharing) compared to the fixed payment scheme. Second, this difference is largely driven by productivity sorting. On average, the more productive a worker is, the more likely he self-selects into the variable pay scheme. Third, relative self-assessment and overconfidence affect worker self-selection, in particular into tournaments. Fourth, risk averse workers prefer fixed payments and are less likely to sort into variable pay schemes. Fifth, people endowed with social preferences are less likely to sort into tournaments. Sixth, variable pay schemes attract men more than women, a difference that is partly explained by gender-specific risk attitudes. Seventh, self-selection is also affected by personality differences. Finally, reported effort is significantly higher in all variable pay conditions than in the fixed wage condition. In sum, our findings underline the importance of multi-dimensional sorting, i.e., the tendency for different incentive schemes to systematically attract people with different abilities, preferences, self-assessments, gender and personalities.

"绩效工资和多维分类：生产力、偏好和性别"（Performance Pay and Multi-dimensional Sorting：Productivity, Preferences and Gender）一文是 Thomas Dohmen 和 Armin Falk 两位教授的合作成果，初稿完成于 2006 年，于 2011 年 2 月发表在《美国经济评论》（*American Economic Review*）第 101 卷第 2 期上，全文长达 49 页。文章主要通过受控实验研究了激励对员工自我选择的影响。传统理论认为，激励机制要解决的问题是设计一份合同使得委托人和代理人的利益一致。但这种观点忽略了一点：人和人之间在风险偏好、社会资源、性别等多方面特征的不同所导致的异质性会带来自选择问题，正如偏好风险的人可能更加愿意选择可变动的薪酬（该文主要包括三类：计件工资制、锦标赛制和收入分享制），而厌恶风险的人可能更愿意选择固定工资。在存在自选择的前提下，企业的总绩效可能不仅与员工的激励机制有关，也与自选择带来的不同特质的员工构成有关。但由于难以得到合适的数据以及难以分离混淆在一起的各方面因素，之前的研究几乎没有告诉我们关于自选择过程本质的任何信息。该文通过设计一个巧妙的受控实验，主要研究了如下问题：在面临可变薪酬制和固定薪酬制这些不同的薪酬方案时，哪类特征会导致自选择？最终工人做出的选择和其生产力差异有关吗？如果有关，那自选择过程又和其他诸如风险规避、过度自信、社会偏好（即不仅关心自己的利益，也关心别人和整个社会的福利）、性别或者性格等个体特征有关吗？当企业提供不同的薪酬方案时，被吸引加入企业的工人的特征会有什么变化？全文共分四部分：第一部分，引言部分，介绍了相关的前人研究成果；第二部分，详细讨论了实验的设计细节；第三部分，介绍了实验的结果，发现不同的薪酬方案导致不同的绩效，从而提供了强有力的证据支持生产效率和个体特征（自我评价、过度自信、风险偏好、社会偏好或者性别等）与自选择密切相关；第四部分，作者总结得出了全文的结论。

过去关于最优激励的文献很早就发现，生产过程的特性和信息结构会影响最优雇佣结构。Prendergast 在 1993 年提出这一观点：自选择与多方面因素相关，这表明要对其用观察数据进行分析进而检验合同理论的合理性是困难的。Lazear（1986）和 Lazear（2000）认为，在不同的薪酬制度下表现出的不同的产出，我们很难确定在可变薪酬制下表现出的高产出是由激励机制带来的还是由可变薪酬制把效率高的员工吸引过来导致的。Fehr，Klein 和 Schmidt（2005）认为最优的合同设计还需要考虑员工是否具有社会偏好。其他研究过自选择的相关文献还包括：市场进入博弈领域的自选择问题（Camerer 和 Lovallo，1999），简单讨价还价博弈的自选择问题（Oberholzer-Gee 和 Eichenberger，2004；Lazear，

Malmendier 和 Weber，2005），礼物交换博弈的自选择问题（Eriksson 和 Villeval，2004），囚徒困境中的自选择问题（Bohnet 和 Kubler，2004）。与作者的研究主题更贴近的是：Cadsby 在 2005 年研究了在固定工资和计件工资两种不同工资制度下，自选择的结果会是怎样；Eriksson，Teyssier 和 Villeval 于同年发现了在代理人可以自主选择计件薪酬制或者锦标赛制时，锦标赛制下代理人投入的波动程度更低。Niederle 和 Vesterlund（2005）的研究也支持这一观点。Gneezy 和 Rustichini（2004）发现女性处于竞争环境时表现相对于男性较差并深入探讨了原因——他们发现在可以把计件工资方案作为备选方案时，相对于男性，女性更不可能选择锦标赛工资制。

之前的工作都说明此类研究需要高度警惕高效率和激励带来的自选择之间的内生性问题。前人虽然在这一领域做了很多工作，但是由于数据来源有限，田野调查数据的天然缺陷决定了内生性问题无法得到解决。这也正是此篇论文的精妙之处：在设计实验的时候，把内生性的问题考虑进去并成功将其解决。

整个实验分为十二步，20 位被试者。前三步都是为了测度实验对象的真实工作效率：第一步要求实验对象尽可能快地计算出一道乘法题目；第二步和第一步几乎一样，但是要根据实验对象计算时的快慢程度提供报酬；第三步要求实验对象在五分钟之内尽可能地算出更多题目，每算对一题记 10 分。通过这三步可以得到三个指标，指标一表示快速回答问题的意愿和能力，指标二衡量的是实验对象在压力和激励下快速回答问题的能力，指标三代表的是在允许更长工作时间和不同的激励方案的情况下，实验对象快速回答问题的能力。该文主要使用的就是指标三。第四步通过三个问题要求受试者评估自己在第三步中的努力程度：你有多努力？你感觉到多大压力？你有多疲劳？三个问题的答案都是从 1 到 7 表示程度由弱到强。第五步要求受试者评估他们在第三步中的表现相对于其他 19 位实验对象有多好。第六步先让受试者在可变薪酬和固定薪酬之间做出选择，然后 10 分钟内计算一到两位数的乘法问题。固定薪酬制下，受试者答完题后可得到 400 分；可变薪酬制有进一步细分为三种情况：①计件薪酬制，受试者每答对一道题可得 10 分；②锦标赛薪酬制，随机地把选择此方案的受试者两两分组，两个人中最后解题获胜的人获得 1300 分，输的人得 0 分，打平则按一定规则随机分配；③收入分享制，选择此方案的人两人组成一队，每答对一题团队得 10 分，最后两人平分团队总得分。第七步向受试者提问，如果固定薪酬制从 400 依次改成 {50，100，150，…，800}，他们会如何选择。第八步让受试者在他们更偏好的薪酬方案下再次工作——答题 10 分钟，但这个步骤中，在时间结束时，受试者会被告知他的对手/队友的得分情况。第九步中，再次重复第四步的工作。最后三个步骤都是为了搜集其他个人特征的信息：第十步要求受试者两两参加一个序贯信任博弈。两个人初始都被赋予 120 分的禀赋，第一个行动人可以送给第二个行动人 {0，20，40，60，80，100，120} 这数量集中七个数中的任意数量的分数，赠送的分数会被自动乘以 3 加给第二个行动人。第二个行动人也可以选择在 [0，480] 的范围内回赠任意数量的分数给第一个行动人。第二回合，两人交换角色，第二个行动人先行动。第十一步作者设计了一个抽彩测试来判断受试者的风险偏好程度。第十二步则要求受试者自我评估风险偏好程度。同时，作者还搜集了所有实验参与者的社会特征（包括民族、性别、年龄、婚姻状态和受教育程度）信息和教育成绩信息（考试分数，大学阶段主要学习的领域，高中何年毕业，高中最后一次数学考试分数）。受试者还被要求参加个人性格特质测试和IQ测试（所谓的MWT-A：国际标准智商测试）。

在通过这个精巧的实验得到数据之后，作者首先对薪酬方案选择、工作能力、自我评估、过度自信风险偏好、社会偏好、性别和个性等数据进行了描述性统计，绘制了详细而又清晰的图形。之后，作者建立了若干组 Probit 模型。在回归模型中，作者以是否选择可变薪酬制（分三种进行三类回归）作为被解释变量，先后以工作能力、自我评估、过度自信风险偏好、社会偏好、性别和个性为主要解释变量，详细考察了这些个体特征与自选择之间的关系。根据文章得到的主要结论是：第一，相比固定薪酬方案，可变薪酬方案（如：计件工资制、锦标赛制和收入分享制）会带来更高的产出；第二，两类薪酬制度导致不同产出的原因主要是，越高效的工人越有可能由于自选择的原因选择进入可变薪酬制的企业；第三，自我评估相对良好、过度自信的人更倾向于选择锦标赛薪酬制，虽然从总体上来说，锦标赛薪酬制并不受欢迎；第四，相对可变工资来说，风险厌恶型的员工更加偏好固定工资；第五，具有社会偏好的员工更加不可能选择锦标赛薪酬制的企业；第六，可变薪酬制吸引到的男性员工数量多于女性员工，这反映了某种程度上性别与风险偏好程度有关；第七，自选择也受个性差异影响。最后，研究发现，选择可变薪酬制的员工对产出的自我评估显著高于选择固定工资制的员工。简而言之，文章的研究结果强调多方面的因素会影响人们面临的激励，从而导致自选择发生。即：不同的激励方案会系统地吸引具备不同特征（能力、喜好、自信程度、性别和个性等）的员工。

此文的精彩之处就在于通过设计一个精巧的实验，获得了丰富的受试者个人特征数据，且因为实验中前三步通过设计获得了受试者的工作能力数据，分离了造成不同薪酬制下工作绩效不同的原因，从而成功地解决了自选择带来的内生性问题，是一篇颇具实验经济学研究特色的好文章。

15. Globalization and Labor Market Outcomes: Wage Bargaining, Search Frictions, and Firm Heterogeneity

【摘要】We introduce search unemployment into Melitz's trade model. Firms' monopoly power on product markets leads to strategic wage bargaining. Solving for the symmetric equilibrium we show that the selection effect of trade influences labor market outcomes. Trade liberalization lowers unemployment and raises real wages as long as it improves average productivity. We show that this condition is likely to be met by a reduction in variable trade costs or by entry of new trading countries. Calibrating the model shows that the long-run impact of trade openness on the rate of unemployment is negative and quantitatively significant.

"全球化和劳动市场产出：工资谈判、搜寻摩擦和企业异质性"（Globalization and Labor Market Outcomes: Wage Bargaining, Search Frictions, and Firm Heterogeneity）一文于2011年发表在《*Journal of Economic Theory*》（第146卷第1期：39~73页），作者分别是

Gabriel Felbermayr，Julien Prat 和 Hans-Jörg Schmerer，他们来自德国图宾根大学和奥地利维也纳大学。该文研究的主题是探讨全球化对劳动市场有什么影响。

众所周知，公众对全球化一直抱有复杂的感情：一方面，全球化促进了贸易发展，使得消费者可以享受的福利大大增加；另一方面，全球化的到来充斥着裁员和外包，使得人们不得不担心自己的工作受到影响。经济学理论可以在某种程度上帮助人们理解失业过程从而不必过分担忧：由于贸易自由化而失去工作的工人需要主动搜索下一份工作，直到他找到新的工作为止。这一时间段里，工作重新分配，摩擦性失业率会自动上升，但此过程是暂时的。另外，全球化对劳动市场有什么长期影响我们还知之甚少，这主要是因为劳动市场理论和贸易理论一直以来没有进行整合。因此，该文作者所做的主要工作就是试图在两个领域间搭建桥梁，完成双方的整合，具体分析全球化对工资谈判、再就业搜索过程中的摩擦和公司异质性的影响，从而能更清晰全面地认识全球化对劳动市场的作用。

文章的结构安排为：第一部分为引言。第二部分为模型构建。第三部分为假设生产力水平和中间投入品的多样化程度给定的前提下，分个人谈判和集体谈判两种劳资谈判方式分析全球化对劳动力市场的影响。第四部分，通过讨论了企业的进入和退出从而把生产力水平的变化内生化并探讨这对劳动力市场的均衡会产生何种影响。第五部分，把中间投入品内生化，探讨对劳动力市场的均衡结果会有什么作用。第六部分，通过设置参数定量分析以进一步确定贸易自由化的影响来校准模型。第七部分为结论。

在此文发表以前，前人已经在这一领域做了不少研究。Melitz（2003）年以 Hopenhayn（1992）和克鲁格曼（1980）的研究为基础，提出了一个新的贸易模型，表明贸易自由化会对企业的产能分布造成影响，企业会选择让高效的企业更多生产以满足国内需求（甚至出口来满足其全球需求）而让低效的企业关闭。这之后很多人研究过这种选择效应对贸易有多大好处，但却很少有人研究这种选择效用对劳动市场的影响。对于一般企业而言，由于贸易自由化，职位空置的成本降低，所以企业会加强招聘工作（因为即使招聘过来的工人主动离职，企业面临的机会成本也将降低）。这就导致相对于失业工人来说，空缺的岗位数上升，从而工人更容易找到工作，失业率下降，实际工资上升。Mitra 和 Ranjan（2007）的研究通过讨论的外包作用，Helpman 和 Itskhoki（2007）的工作通过考察劳动力市场的扭曲如何通过贸易自由化在全球扩散，先后提出了包含企业异质性的两部门模型，考察了工作搜索中的摩擦现象会带来的影响。Egger 和 Kreickemeier（2007）研究了贸易自由化和公平工资之间的关系，发现贸易提高了工资在同样的工人群体中的分散度，同时也导致失业率上升。Davis 和 Harrigan（2007）使用效率工资的方法也得到了类似结论。文中做的工作正是以 Melitz（2003）和 Pissarides（2000）关于失业均衡的规范模型为基础，尝试对二者进行整合。首先，要素投入对生产力水平有很大影响，多样化的要素投入会产生外部规模效应。在考察这种外部规模效应时，该文允许赋予了参数很大的弹性。这有助于解决多样化程度的增加带来的选择效应问题（克鲁格曼，1980）。其次，文章还通过把规模效应的强度值设定为远小于已有文献中假设的值的方法（Ardelean，2007），解决了最近的经验数据的处理问题。最后，文中还考虑了如何对建立在完全竞争市场的假设之上的搜索—匹配框架进行修改以使其可被应用于垄断竞争市场。在考虑到存在搜索摩擦的前提下，该文分两种情况讨论了劳动力市场是如何受影响的：第一种情况是工资由个人与厂商单独协商，此时每一个工人都可以看成了位于劳动的边际投入量上的工人，此种工资决定方式类似于完全竞争市场；第二种情况是工资采用集体协商的形式，由公司管理层和整个公司的公会进行谈判来决定工资率和就业率。

第二部分主要进行了模型的构建的工作。文章首先假设世界有一系列互相对称的国家组成，国家之间通过市场来交易各自生产的产品。在完全竞争市场前提下，假设最终产品只有一种由一系列中间产品组装而成的 Y，Y 可被用于消费或者作为中间产品投入生产，用 q(w) 代表中间产品的投入，σ 表示任意两种投入要素之间的替代弹性，M 代表投入品的多样化程度。则生产函数表示为：

$$Y = \left[M^{\frac{v-1}{\sigma}} \int_{\omega \in \Omega} q(\omega)^{\frac{\sigma-1}{\sigma}} d\omega \right]^{\frac{\sigma}{\sigma-1}}, \ \sigma > 1, \ v \in [0, 1]$$

中间投入品的总需求可表示为：

$$q(\omega) = \frac{Y}{M^{1-v}} p(\omega)^{-\sigma}$$

用 τ 表示税率，则通过进出口贸易活动可获得总税收可表示为：

$$R(l; \ \varphi) \equiv \left[\frac{Y}{M^{1-v}} (1 + I(\varphi) n \tau^{1-\sigma}) \right]^{1/\sigma} (\varphi l)^{\frac{\sigma-1}{\sigma}}$$

作者用 m(θ) 表示再就业时寻找工作的搜寻匹配成本，并假设 m(θ) 是一个关于 θ 一次齐次的单调递增线性函数，如此也意味着公司在劳动力市场面临一个线性的可变成本函数。

在第三部分，作者假设劳动合约都是离散的、多期的，每期工资都在期末给付。之后，作者分工资由单独谈判决定和集体协商两种方式讨论了劳动力市场达到均衡时的情形。

工资由单独谈判决定时的博弈步骤如下：首先，中间产品生产商决定在把工资看成给定（这是因为假设劳动力市场是一个完全竞争市场）的前提下生产多少中间品、需要雇佣多少工人就业。其次，工人根据自己的情况和厂商谈判从而决定整个市场的最终工资。在整个过程中，厂商可以解雇工人，工人也可以辞职。如此，可以得到中间产品生产商的最优工人雇佣数量目标函数。求解该目标函数就能得到用影子价格表示的最优工人数量。利用 Stole 和 Zwiebel（1996）的研究结果，可以求得工资谈判的最优工资。结果表明，生产力水平的提高会对均衡的实际工资和就业率有显著的提高作用。

工资由集体谈判决定时的博弈步骤如下：首先，工会确定它的目标，即最大化工人的期望总收入；公司的目标则是最大化期望利润。公司和工会如果谈判失败，面临的结果是不仅会损失边际量上的工人的劳动投入，更会导致工人罢工，损失所有工人的劳动投入。如此，我们可以得到二者的目标函数，进一步求解可得达到均衡时的就业率和实际工资。作者发现，在工资由集体谈判决定时，生产力水平的提高会对均衡的实际工资有显著的提高作用，但对就业率的作用并不显著。

企业的进入与退出会改变总的生产能力。因此，在文章的第四部分，作者引入企业的进入与退出来考察生产力的变化对均衡的就业率和实际工资有何影响。该文假设企业决定进入与否是由该企业的效率（由企业总产出和总投入的比表示）决定。当企业的效率达到可生产的最低阈值 φ_D^* 时，企业选择进入，否则企业选择退出；当企业的效率更高，超过时，作者认为企业不仅能满足国内市场需求还能出口满足国家市场需求；当企业的效率介于 φ_D^* 和 φ_X^* 两者之间时，企业的产品仅向国内市场提供，不进行出口。假设企业的效率的累计分布函数和密度函数分别为 $G(\varphi)$ 和 $g(\varphi)$，我们可以得到不生产、只为国内市场生产和同时为国内和国际市场进行生产的企业所占比例的表达式（分别由 φ_D^* 和 φ_X^* 决定）。当 φ_D^* 和 φ_X^* 改变时，这三个比例也相应改变。由此，我们可以用 φ_D^* 和 φ_X^* 的变化来衡量企业的进入和退出，并进一步得到变化后的企业的利润函数。求解函数使其最大化，以及结合 ZCP（零利润）条件，便可得到新的均衡就业率和实际工资。结果表明，企业的进入和退出对就业率无影响，但更多的企业进入会导致更高的实际工资。即：企业生产力水平的变化和劳动力市场的竞争激烈程度与中间投入品的多样性程度无关。

市场出清的时候，劳动力供给等于国内厂商的劳动力总需求。在第五部分，文章利用劳动力市场出清条件，得到了中间投入品 M 的表达式。作者发现，在公司个体层面，中间投入品的多样化程度提高会使工人工资上升，并对就业率有负面作用；在公司总体层面，中间投入品的多样化程度的提高意味着公司数量增多，进一步意味着需要雇佣更多数量的工人，就业率上升。在不存在规模效应的前提下，中间投入品的多样化程度和就业率之间存在正相关关系；但存在规模效应时，规模大的企业会具有很强的市场势力，中间投入品的多样化程度和就业率之间存在负相关关系。

在第六部分，作者使用美国劳动力调查数据，参考前人相关研究，设置了一系列具体的参数值（θ、v、τ 等），代入文中模型进行具体演算以对模型进行检验校准。结果同样显示，个人谈判决定工资模式相对于集体谈判决定工资模式更能从贸易自由化中获益。

最后，作者给出了结论：一方面，贸易自由化通过减少了贸易的可变成本，在提高总体生产力水平的同时降低了失业率并提高了实际工资；另一方面，贸易自由化通过减少贸易的固定成本带来的收益依工资决定模式不同而变化。对模型进行校准的结果进一步显示，在工资由个人与厂商单独协商时，贸易自由化对就业率有显著的提高作用；在工资采用集体协商的形式时，贸易自由化对就业率有作用要小得多。

该文最主要的精彩之处就在于通过对前人研究成果进行巧妙整合，把贸易自由化和劳动力市场联系起来，系统而具体地考察了贸易自由化对劳动力市场均衡结果的影响；并通过对美国劳动力实际数据的分析，支持了所得结论。全文跨领域研究，并且兼具实地实验（Field Experiment）的特点，是一篇非常值得推荐给大家阅读的好文章。

二、代表性论著精要

1. A Behavioral Theory of Elections

【摘要】 Most theories of elections assume that voters and political actors are fully rational. While these formulations produce many insights, they also generate anomalies—most famously, about turnout. The rise of behavioral economics has posed new challenges to the premise of rationality. This groundbreaking book provides a behavioral theory of elections based on the notion that all actors—politicians as well as voters—are only boundedly rational. The theory posits learning via trial and error: actions that surpass an actor's aspiration level are more likely to be used in the future, while those that fall short are less likely to be tried later.

Based on this idea of adaptation, the authors construct formal models of party competition, turnout, and voters' choices of candidates. These models predict substantial turnout levels, voters sorting into parties, and winning parties adopting centrist platforms. In multiparty elections, voters are able to coordinate vote choices on majority-preferred candidates, while all candidates garner significant vote shares. Overall, the behavioral theory and its models produce macroimplications consistent with the data on elections, and they use plausible microassumptions about the cognitive capacities of politicians and voters. A computational model accompanies the book and can be used as a tool for further research.

由 Jonathan Bendor、Daniel Diermeier、David A. Siegel 和 Michael M. Ting 合作完成的学术专著《选举行为理论》（*A Behavioral Theory of Elections*），于 2011 年 1 月由普林斯顿大学出版社出版。

作者分析指出，大多数选举理论都假定投票者和政治家们都是完全理性的，虽然由此能解释许多现实政治问题，但对于常见的拉帮结派等异常现象却捉襟见肘。作者认为，行为经济学的兴起对理性假设造成了新的冲击和挑战。这本书在基本行为假设方面实现了根本性突破，将政治家、政客和投票者等政治活动参与者都看成是有限理性的，基于此，通过试错法等建立起新理论：超过政治参与者主观愿望水平的行为在未来可能会用得更多，而低于愿望水平的行动以后将会很少用到。

基于这种调适性观点，作者构建了党派竞选、拉帮结派和对候选人的投票选举等政治活动和事项的形式化模型。这些模型能够预见拉帮结派的程度、投票者归顺某党派的可能性、希望获胜的党派如何说服拉拢中间力量等。在多党竞选中、多个候选人瓜分票数的情况下，投票者能够协调票选到可能获得多数票的候选人身上。总之，运用可行的关于政治家和投票者的多元微观行为假设，行为理论和相应的模型得到的结论与选举数据是一致的，书中给出的计算模型能给未来的研究提供有力工具。该书所包括的主要章节内容如下：

以及附录等辅助部分。

作者从前人相关的研究文献中梳理出清晰的发展脉络，从五花八门的政治行为中提炼出逻辑主线，将心理学和有限理性行为研究结合起来并取得了根本性突破；在党派竞选、拉帮结派、群体学习认知的建模分析，在对复杂环境下的策略行为、目标多元化的行为模式、社会活动过程和选举制度机制的复杂性方面等政治选举行为的研究方面迈出了关键的一步，为基于目标愿望的行为建模和量化分析及政治学应用探索了一条切实可行的实现路径。尽管一些学者对此书作者倡导的观点和基本假设还存有不少争议，但对书中所用的关于有限理性行为的高超分析方法的技巧性还是大加赞赏的，由此对传统观点方法提出的质疑和挑战，对深化经济行为的定量分析、对数量经济学的发展建设有重要的启发借鉴意义。

2. Spatial Econometrics：Methods and Applications

【摘要】Spatial Econometrics is a rapidly evolving field born from the joint efforts of economists, statisticians, econometricians and regional scientists. The book provides the reader with a broad view of the topic by including both methodological and application papers. Indeed the application papers relate to a number of diverse scientific fields ranging from hedonic models of house pricing to demography, from health care to regional economics, from the analysis of R&D spillovers to the study of retail market spatial characteristics. Particular emphasis is given to regional economic applications of spatial econometrics methods with a number of contributions specifically focused on the spatial concentration of economic activities and agglomeration, regional paths of economic growth, regional convergence of income and productivity and the evolution of regional employment. Most of the papers appearing in this book were solicited from the International Workshop on Spatial Econometrics and Statistics held in Rome（Italy）in 2006.

1974 年 5 月 2 日 J.Paelinck 在荷兰统计协会年会（Tilburg，蒂尔堡）大会致辞时提出

"空间经济计量学"（Spatial Econometrics）的名词。自从 Paelinck 提出"空间经济计量学"这个术语后，Cliff 和 Ord（1973，1981）对空间自回归模型做了一些开拓性工作，发展出广泛的模型、参数估计和检验技术，使得经济计量学建模中综合空间因素变得更加有效。近几年来，空间经济计量学得到了迅速的发展，受到了理论学家们的广泛关注和青睐。此书也顺应了这种研究趋势，将研究的焦点放在了空间经济计量学上面。从全书的内容来看，是一本研究空间经济计量学的优秀著作，因为它汇集了众多理论学家在该方面的研究成果。该书 2010 年由 Physica-Verlag HD 出版发行，其编者是 Giuseppe Arbia 和 Badi H. Baltagi，经过引进介绍，2011 年在我国引起同行的较为广泛的关注和推广应用。

Giuseppe Arbia 是一位著名的经济计量和统计方面的专家，他攻读博士期间就读于英国的剑桥大学，博士后毕业于美国的加利福尼亚大学，现在是多所大学的教授，如：意大利社会科学自由大学、帕多瓦大学。Arbia 还是许多协会的资深会员，这些协会包括国际统计研究机构、美国统计协会、皇家统计协会、地区科学协会、意大利统计协会。很多组织曾授予 Arbia 荣誉和奖项，如：国家科学基金会、意大利国家研究委员会。Arbia 的研究领域主要是空间经济计量学、地理信息系统、图像分析、抽样技术、经济增长和贫穷的量化分析。

Badi H. Baltagi 是得克萨斯农工大学的计量经济学教授，是《计量经济学期刊》（*Journal of Econometrics*）的研究员和副编辑，也是《计量经济学评论》（*Econometric Reviews*）的副编辑，同时还是《实证经济学》（*Empirical Economics*）的合作编辑。Baltagi 在国际期刊上发表了 70 多篇文章，其著作除了本书还有《*Panel Data Analysis*》（1992），《*Econometric Analysis of Panel Data*》（1995）和《*Econometrics*》（1999）。

该书所收录的文章大多是基于实证经济在空间经济计量学方面的特殊案例。这些文章的来源是 2006 年 5 月 25~27 日在意大利社会科学自由大学举行的一次国际专题讨论会，这次讨论会的主题是空间经济计量学和统计学。书中所收录的文章除了讨论实证经济方面的一些特殊案例之外，还有四篇文章讨论了实证经济中的一些常规事项。

全书共收录了 13 篇文章，这些文章大致可以分为两类：一类是关于空间经济计量学在应用方面的文章；另一类是关于方法论的文章。但是这样的分类并不严格，因为在文章的论述中会兼有方法论和在实际问题中的应用。

书中的文章论述的主要内容是：空间经济计量学在区域间和国家间发展中的应用，对此有大量的研究。该书论述的空间经济计量学在区域间和国家间发展中的应用领域有：经济活动的空间集中和集聚性，经济增长的地区性，区域之间和国家之间经济增长是否存在趋同性等。这方面的文章主要有："A Class of Spatial Econometric Methods in the Empirical Analysis of Clusters of Firms in the Space"一文研究了空间集中、地区发展和知识外溢之间的关系。通过研究，该文发现在特定区域内，知识的溢出效应很大，不同部门之间存在联合的现象，这就在一定程度上解释了会出现公司集中的现象。"A Spatially-Filtered Mixture of β-Convergence Regressions for European Regions，1980-2002"一文研究了欧洲各国经济增长是否存在趋同的现象。传统的理论认为因为溢出效应的存在，不同国家的经济增长会呈现趋同的现象，但是该文通过运用空间滤波的混合回归模型进行研究发现，经济增长不管是完全趋同，有条件趋同还是俱乐部式趋同，空间因素影响力并不大，也就是说不能用溢出性来推断不同国家的经济增长会出现趋同的现象，一个国家的经济增长大多是来自对内生因素的选择上。而且作者研究发现，鲜有数据显示国家之间的发展呈现了趋同的现象。"Convergence in Per-Capita GDP Across European Regions：A Reappraisal"一文采用新的方法研究了欧洲各个国家的国内生产总值是否存在趋同的现象。传统的研究模型因为没有考虑空间和时间的因素，所以得出的结论是欧洲国家的人均国内生产总值存在趋同的现象，该文将空间和时间因素考虑到模型之后，运用蒙特卡洛模拟发现，欧洲国家的国内生产总值趋同率很低，在大部分国家这种趋同率为零，同时研究还发现，在同一个国家的不同地区之间，他们的发展与邻近地区的发展存在着一定的联系。论文"Dynamic Spatial Modelling of Regional Convergence Processes"介绍了各种空间模型，这些模型可以用来分析相关变量做出的空间性调整而非时间性的调整。依据变量的空间稳定性可以评估空间误差修正（SEC）模型的有效性。该文将这些模型应用到德国的劳动力市场进行研究并发现，收入和产量在不同的劳动力市场中，没有表现出趋同的迹象。

书中除了研究空间经济计量学在跨区域经济发展中的应用，还运用空间经济计量学的方法研究了溢出性问题，所谓溢出效应（Spillover Effect），是指一个组织在进行某项活动时，不仅会产生活动所预期的效果，而且会对组织之外的人或社会产生的影响。在该书中所介绍的溢出效应主要表现在知识的溢出、技术的溢出、研究开发的溢出、成本的溢出、行业的溢出等。这些溢出效应在上面介绍的几篇文章中也有论述，除此之外，该书研究的溢出性问题具体体现在以下文章中：如论文"R&D Spillovers and Firms' Performance in Italy：Evidence from a Flexible Production Function"介绍了研究开发的溢出效应对公司产量的影响。文章运用超越对数产量函数的估计值来检验开发研究的溢出效应大小。研究发现，在将地理位置和工艺相似性因素加入到模型进行研究之后发现，函数估计值会因为这种溢出性变大，也就是说地理位置越接近，工艺越相似，溢出效应就越大。同时本书还发现溢出效应与公司的产量是正相关的，也就是说如果两个公司在地理位置上越接近，在工艺上越相似，那么其中一个公司的研究开发项目会对其他公司的产量产生影响。论文"Spatial and Supply/Demand Agglomeration Economies：State-and Industry-Linkages in the U.S. Food System"论述了空间的成本效应和行业外溢性在经济发展中的作用。文章主要研究了国家级的食品加工工业，通过把该工业周边国家以及同行业其他工业的食品生产标准加入到模型中进行研究发现，如果该工业靠近食品加工工业中心，并且靠近购买力旺盛的地区，那么该食品加工工业就会出现成本节省的现象。同时，如果该工业靠近农业地区，那么也会出现成本节省现象。通过研究，该文还发现在众多的成本当中，原材料的节省效应最显著。

另外，此书借助空间经济计量学这一理论工具还研究了以下的问题：空气质量对房价的影响（如：文章"Errors in Variables and Spatial Effects in Hedonic House Price Models of Ambient Air Quality"），人口增长的演变过程（如：文章"Spatial Analysis of Urban Growth in Spain，1900~2001"），公共医疗开支问题即如何在集权的医疗体系还是分权的医疗体系中进行选择（如：文章"The Impact of Decentralization and Inter-Territorial Interactions on Spanish Health Expenditure"），金融和经济发展之间的关系（如：文章"Regional Evidence on Financial Development，Finance Term Structure and Growth"），加油站的分布密度和规模对价格的影响（如：文章"Locational Choice and Price Competition: Some Empirical Results for the Austrian Retail Gasoline Market"），空间因素对就业的影响（如：文章"Spatial Shift-Share Analysis Versus Spatial Filtering: An Application to Spanish Employment Data"）等。

该书不仅介绍了空间经济计量学在实践中的应用，还介绍了一些方法论，如：文章"A Generalized Method of Moments Estimator for a Spatial Model with Moving Average Errors，with Application to Real Estate Prices"运用了空间滞后误差自相关（SARAR）模型和空间滞后误差移动平均（SARMA）模型检验了高斯混合（GMM）模型的有效性。文章"A Class of Spatial Econometric Methods in the Empirical Analysis of Clusters of Firms in the Space"在研究空间集中和地区发展以及知识外溢之间的关系时运用扩展了的 Ripley K.函数，文章对这个新的研究函数进行了介绍，并且应用它解释了上述三者之间的关系。文章"Spatial Shift-Share Analysis Versus Spatial Filtering: An Application to Spanish Employment Data"介绍了空间分离—份额分析和空间滤波技术这两种计量方法。运用空间分离—份额分析可以识别和估计空间的影响大小，空间滤波技术可以消除空间的相关性，这两个技术可以很好地用来分析空间因素对实际问题的影响。

以上就是该书的大致研究内容，由此可以看到空间经济计量学在解决实际问题中的重要作用，从而也说明了为什么最近几年它会有如此蓬勃发展的势头。此书抓住了空间经济计量学的研究重点和领域，介绍了一系列关于此理论的模型，同时注重运用该理论工具去解决实际中存在的或潜在的问题。本书每篇文章的作者所选择的研究视角都是很切合实际的，并且他们提出的问题和建议对政策的制定者都有很大的借鉴意义，所以在本书的可读性以及指导性上，他们起到了举足轻重的作用。同时我们也应该看到 Giuseppe Arbia 和 Badi H. Baltagi 这两位编者，是著名的空间经济计量学家，他们精选文章所付出的艰辛保证了此书的科学性和权威性，也可以说该书是众多学者的智慧结晶，无疑是一本值得学习的优秀著作。

3. Cooperative and Noncooperative Multi-Level Programming

【摘要】This monograph provides a review of the optimization concepts that underlie fuzzy programming; multi-objective programming; stochastic programming; and genetic algorithms. The authors then apply these concepts to non-cooperative decision making in hierarchical organizations, using multi-objective and two-level linear programming, and then consider cooperative decision making in hierarchical organizations. They then present applications in a work force assignment problem; a transportation problem; and an inventory and production problem in supply chain management. After examining possible future directions in two-level programming, including use of meta-heuristics and genetic algorithms to help manage large numbers of integer decision variables，they present conclusions.

多目标规划是数学规划的一个分支，也是数量经济学的重要研究领域，主要研究多于一个目标函数在给定区域上的最优化，称为目标最优化。在很多实际问题中，例如：经济、管理、军事、科学和工程设计等领域，衡量一个方案的好坏往往难以用一个指标来判断，则需要用多个目标来比较，而这些目标有时不甚协调，甚至矛盾，因此有许多学者致力于这方面的研究。1896年法国经济学家 V.帕累托最早研究不可比较目标的优化问题，之后，J.冯·诺伊曼、H.W.库恩、A.W.塔克尔、A.M.日夫里翁等数学家做了深入的探讨，但是尚未有一个完全令人满意的定义。求解多目标规划的方法大体上有以下几种：一种是化多为少的方法，即把多目标化为比较容易求解的单目标或双目标，如：主要目标法、线性加权法、理想点法等；另一种是分层序列法，即把目标按其重要性给出一个序列，每次都在前一目标最优解集内求下一个目标最优解，直到求出共同的最优解。对多目标的线性规划除以上方法外还可以适当修正单纯形法来求解；还有一种称为层次分析法，是由美国运筹学家沙且于20世纪70年代提出的，这是一种定性与定量相结合的多目标决策与分析方法，对于目标结构复杂且缺乏必要数据的情况更为适用。专著《合作和非合作的多层规划》（*Cooperative and Noncooperative Multi-Level Programming*）最初于2009年7月在日本出版，然后由 Springer 于2011年在全球出版发行，其编著者是 Masatoshi Sakawa 和 Ichiro Nishizaki。这本书呈现了利用模型方法深入研究双层及多层规划，极大丰富了线性规划和优化设计研究领域，对于研究多层次线性规划的学者来说这本书非常具有参考价值，书中介绍作者在多层次线性规划中的一些想法，比如人类的判断的模糊性，决策过程特性的不确定性描述事件等，本书的出版为未来多层规划领域的全面深化和创新研究打开了大门。

该书的作者之一 Masatoshi Sakawa 于1947年8月11日出生在日本的松山。他分别在1970年、1972年和1975年日本京都大学获得文学学士、教育学硕士和经济学博士学位；1975年日本神户大学就职，并于1981年在系统工程学院任副教授；1987年到1990年间在日本岩手大学的计算机科学学院当教授；1991年3~12月，由日本促进社会科学协会（JSP）资助，任曼彻斯特大学科学与技术学院（曼彻斯特理工）计算部的荣誉客座教授；1991年4月至1992年3月任京都经济研究所、京都大学客座教授。目前他在日本广岛大学任教授，在人工复杂系统工程系的研究生院工作。他的研究和教学活动领域是系统工程，尤其是数学优化、多目标决策、模糊数学规划和博弈论。除了在本国和国际期刊上发表过300篇文章，他还编撰了5本英文书籍和14本日语书籍，其中包括《遗传算法和模糊多目标优化》、《模糊集和交互式多目标优化》、《大规模的交互式模糊多目标规划：分解方法》等专著，以及与 Nishizaki 合著过有关模糊和冲突解决多目标的博弈方法的专著。

该书的另一作者 Ichiro Nishizaki 于1959年1月出生在日本大阪。他分别在1982年和1984年取得日本神户大学的文学学士和教育学硕士学位。之后，他在1993年取得了日本广岛大学的经济学博士学位；1984~1990年就职于日本新日铁公司；1990~1993年在日本京都大学经济研究所当助理研究员；1993~1996年在日本摄南大学工商管理与信息管理学院当副教授；1997~2001年在日本广岛大学任副教授并且在人工复杂系统工程系的研究生院工程工作。如今，他已经是该院系的教授了。他的研究和教学活动领域是系统工程，尤其是博弈论、多目标决策和模糊数学规划。他以第一作者或者第二作者发表过 80 篇论文，出过一本英文书籍（《施普林格：模糊和多目标问题解决的博弈》）和两本日文书籍。

Sakawa 和 Nishizaki 两位博士在这本书中展示了他们在应用合作和非合作的博弈理论解决现实问题中的模糊、多目标和不确定的环境中的问题的研究工作以及展示了其在经济中合作环境，应用数学以及政策决策学中的潜在应用范围。Sakawa 在遗传算法上的研究得到学术界的认可，他在这本书中向读者展示了当线性规划不足以解决实际问题时如何运用遗传算法来解决问题的。Nishizaki 在系统工程学研究领域广泛研究，特别是在博弈理论、多目标决策和模糊数学规划方面颇有研究，他在推动理论与实践在实际决策科学中的应用方面做出了很多的贡献。

本书共分五章，分别是，第一章：内容简介。第二章：多目标规划。第三章：分层组织中的非合作决策。第四章：分层组织中的合作决策。第五章：非合作与合作的多层规划在实践中的一些应用。首先介绍了优化原理的概念，并且基于此概念介绍了本书其他的组成部分：模糊规划、多目标规划、随机规划、遗传算法。然后将这些概念应用在分层结构中的非合作决策中，使用多目标和双层线性规划方法进行分析，然后再考虑分层结构中的合作决策。接下来，他们向读者展示了此理论在劳动力工作分配问题、交通运输问题以及供应链管理中库存和生产问题上的应用。在用双层规划检查可能的未来发展方向之后，包括使用启发式算法和遗传算法来帮助管理大量的整数决策变量，他们最后展示了研究的结论。整本专著的章节安排得比较紧凑，研究的思路也很清晰，很有逻辑性：第一章，介绍了优化原理的概念引出全书的研究重点：多层规划。多层规划：作为运筹学的工具，数学规划从数学方法论的观点出发，通过对优化问题中各种因素之间的数学关系的研究，构造出数学模型，并对其进行求解，从而为决策提供支持，多层规划正是数学规划的一种。多层规划主要研究分布式决策问题。第二章紧密衔接第一章，开始研究多目标规划的内容，作者分别从交互式多目标规划、模糊多目标规划展开研究，并且使用遗传算法和数值案例来进行数学论证和数据验证。从第三章、第四章开始引入博弈论中的合作与非合作博弈的知识，对分层组织中的非合作与合作决策问题展开研究，基于遗传算法和大量的计算实验来进行验证。通过具体的研究和模型的分析，作者在第五章将所研究的内容放入实际问题中进行讨论并将具体问题公式化，主要是在劳动力工作分配问题、交通运输问题以及供应链管理中库存和生产问题上的应用进行具体的理论化分析以及实证研究。

该书基于合理、具有说服力地解决实际复杂问题的决策和人类组织层次管理来分析决策问题，制定相关的数学规划问题，解决发展中的优化技术问题，以便能够发现所阐述的问题的结构特点。特别是，为了解决在分级管理或公共组织中决策的冲突、数学规划问题中的多层次结构常常与斯塔克尔伯格（Stackelberg）均衡概念一起用于解决实际问题。他们设想，一对传统的规划和解决方案的概念并不总是能够应付各种各样的实际分层组织情况中的决策，所以应考虑将决策问题合理地表达和公式化。数学规划问题的公式表达，被默认为是由每个人相对独立地做决策，而博弈论与经济行为是由多个完全理性的决策者在相互影响条件下做出判断和决策的。因为两个级别的数学规划问题是解释为静态 Stackel-berg 博弈，非合作博弈理论与多层次数学规划相关；在传统多层次数学规划模型中他们采用 Stackelberg 均衡的解决方案的概念，它假设决策者之间没有互相沟通，或者即使存在这样的沟通，他们也不做出任何具有约束力的协议。然而，对于那些分区独立分散等大公司的决策问题，则会很自然地假设决策者之间能够沟通并且存在一些合作关系。

如此是该书的大致研究内容，从中可以看到遗传算法以及博弈论在多目标规划和多层次决策问题中的重要作用，也能够看到研究的结果在解决实际问题中的现实意义，可见这一研究领域的重要性。该书抓住了多目标规划和合作与非合作博弈在分层组织决策中应用的研究重点和领域，介绍了一系列相关理论的概念和数学化模型，同时注重运用该理论工具去解决实际问题。书中每篇文章的作者所选择的研究视角都是很切合实际的，并且他们提出的问题和建议对规划的决策者都有显要的借鉴意义，所以在该书的可读性以及指导性上，他们起着举足轻重的作用。同时我们也应该看到 Masatoshi Sakawa 和 Ichiro Nishizaki 这两位编者在图书质量方面的决定性作用，他们在运筹学以及数学规划领域都是享有盛誉的专家，在文章的编选上无疑是经过了深思熟虑和斟酌揣测，从而保证了该书的科学性、权威性。这本书将满足那些对数学规划感兴趣的读者，也会是一本值得图书馆收藏的好书。

此外，还有 Miroslava Vicol 撰写的《2007~2009 危机时期的资本结构：检验啄食顺序理论与静态权衡理论》（*Capital Structure During the Crisis of* 2007–2009：*Testing Pecking order Theory Yersus Static Trade–Off Theory*），于 2011 年 1 月由 LAP LAMBERT Academic Publishing 出版。作者在书中主要运用动态局部调整模型方法探讨危机时期资本结构调整和成本收益分析等事项，对推动动态模型方法在经济异常事件分析中的应用产生了积极影响。

第四章　2011 年度数量经济学界大事记

　　数量经济学这一颇具中国特色且伴随着改革开放成长起来的分支学科，在现代经济学大家族中相对年轻而又异常活跃，同时也是覆盖联系面最广、工具性和代表性极强的前沿领域，是培育和发展中国经济理论的见证与希望。2011 年，中国的数量经济学界一如既往地围绕"迎接复杂现实挑战、促进学科发展"等主题，努力探索、勇于创新，开展了一系列产生重要影响的学术交流研讨及相关活动，有力地推动了数量经济学的发展和应用。本章内容是按时间顺序排列的学界内的若干学术活动（不完全统计）。

一、西南财大举办暑期计量经济学国际研讨会

　　2011 年 5 月 24 日上午，西南财经大学经济与管理研究院主办的"经济管理学院 5 周年院庆暨 2011 暑期计量经济学国际研讨会"在该校的柳林校区隆重召开。数位国内外计量经济学科的著名学者以及西南财经大学相关院系的师生出席了会议。会议由经济与管理研究院院长甘犁主持，赵德武校长到会致辞并表示祝贺，强调了学校多学科协调发展和国际化的办学理念，希望与会的各位专家各抒己见，提出开创性思想，促使本次国际研讨会圆满成功。

　　此次国际研讨会采用主题发言的形式，埃莫里大学（Emory University）文理学院杰出教授、《*Econometrics Reviews*》杂志主编 Esfandiar Maasoumi 教授，加州大学河滨分校（University of California at Riverside）经济系主任、经济学杰出教授、《*Econometrics Reviews*》杂志主编 Aman Ullah 教授，亚利桑那大学（University of Arizona）经济学教授、《*Journal of Business and Economic Statistics*》主编 Keisuke Hirano 教授，南加州大学（University of Southern California）经济学教授、《*Journal of Econometrics*》主编萧政（Cheng Hsiao）教授等数位世界顶尖的计量经济学学者参加了研讨。专家们分别以下列为题：A Powerful Entropy Test for "Linearity" against Nonlinearity in Time Series；A Nonparametric Goodness-of-fit-based Test for Conditional Heteroskedasticity；Location Properties of Estimators in IV and Related Model；Censored Structural Latent Variable Models；Uniform Convergence for Semiparametric Two Step Estimators and Tests；Nonparametric Bootstrap Tests for Independence of Generalized Errors；A Nonparametric Partial R-Square Test for Omitted Variables；Fisher Information in Censored Samples from Downton's Bivariate Exponential Distribution；Pricing for Goodwill：A Threshold Quantile Regression Approach，展开了九场精彩的发言。学者们畅所欲言、精彩纷呈，研讨会的气氛友好而热烈。

此次研讨会对促进该校师生进一步了解计量经济学的国际前沿发展、加强该校教师与国际知名学者的交流与合作、提升该校在国外的声誉和影响力等具有重要的意义。

二、中山大学举办计量经济学高级学术研讨会

2011 年 6 月 25~26 日，由中国数量经济学会、中山大学岭南学院、中国香港地区的香港科技大学商学院联合主办，岭南实证与计量经济研究中心、中山大学经济研究所和《南方经济》杂志社承办的"2011 计量经济学高级学术研讨会"在中山大学岭南学院隆重举行。

"计量经济学高级学术研讨会"是我国计量经济学者的一个高端会议，本次会议代表来自中国香港地区的香港科技大学，清华大学、中国人民大学、中国社会科学院、南开大学、华中科技大学、复旦大学、上海财经大学、上海大学、上海社会科学院、浙江大学、浙江工商大学、浙江财经学院、厦门大学、福州大学、华侨大学、东北财大、天津财大、西南财大、山西财大、江西财大、华东交通大学、华南理工大学、暨南大学、广东外语外贸大学和中山大学等高校和研究机构。会议的两大主题是"计量经济学模型方法论基础和教学方法研究"和"计量经济学前沿理论和实证应用研究"。

中山大学党委副书记兼副校长喻世友教授代表学校致欢迎词。他指出，目前中国计量经济学迈入了"国际化"的新阶段，其应用研究正在深化，理论研究也开始兴起，面临着如何把握发展方向、如何实现规范化等与国外先进水平的实质性接轨问题。为此，学校支持岭南学院联合中国数量经济学会和中国香港地区的香港科技大学商学院举办本次研讨会，相信此次会议必将对我国计量经济学研究水平的进一步提高和计量经济学的学科建设产生积极的推动作用。

中山大学岭南学院党委书记张文彪在致辞中介绍了岭南学院的发展历史、人才培养以及学科建设的成果。他指出，岭南学院一向重视博士生教学的国际化，在国内较早设置了"三高"课程，同时大力支持计量经济学科建设，包括建立岭南实证与计量经济研究中心以及进行 AFS 服务器的实验室建设。

中国社会科学院学部委员、中国数量经济学会理事长汪同三教授在致辞中回顾了新中国成立以来中国计量经济学的三个发展阶段，指出当前阶段的一个重要特点是本土培养的博士开始涉及理论计量研究，而本次研讨会提交的很大一部分论文体现了这一趋势。中国

香港地区的香港科技大学商学院陈松年教授在致辞中，针对当前计量经济学实证应用研究中滥用商业软件的问题，指出应该重视计量经济学基本方法的教学，特别是计量经济学思维方式的培养。

大会报告期间，中国香港地区的香港科技大学商学院陈松年教授、中国社会科学院数量经济与技术经济研究副所长李雪松教授、华中科技大学王少平教授以及南开大学张晓峒教授分别报告了"有约束归并分位数回归"、"中国 DSGE 模型构建与应用"、"中国经济的结构红利"、"中国固定、移动假日效应在时间序列季节调整中的处理"等方面的研究成果。

此次会议还同时举行了 6 场平行分组讨论会，42 位与会代表进行了论文报告与评论，这些报告既涉及空间计量模型、微观计量模型与面板数据模型的估计与检验等理论计量前沿研究领域，也有关于中国开放经济、消费行为、通货膨胀、政府行为等热点问题的实证应用研究；又设立了"学科发展与教学研究"专题，分别举行了大会报告和圆桌会议。清华大学李子奈教授和中山大学王美今教授分别作了题为"计量经济学模型方法论基础研究"和"计量经济学应用研究的可信性革命"的报告。李子奈教授总结其近年来关于计量经济学的哲学思考，分别阐述了方法和方法论、检验与发现、归纳与演绎、证伪与证实、模型的唯一性、简单与复杂、一般与特殊、相对与绝对、必要性与充分性、源生与衍生十个计量经济学的基本理论问题。王美今教授则从计量经济学关于"可信性"的三次大讨论入手，介绍国外关于"可信性革命"的最新成果，并从模型设定、因果效应识别以及可靠性评价三个方面具体阐述计量经济学应用研究的可靠性来源。随后，中国人民大学赵国庆教授主持了圆桌会议，与会学者围绕李子奈教授和王美今教授的报告，就计量经济学教学和研究中遇到的问题进行了充分的讨论。

岭南学院院长徐信忠教授为大会致闭幕词。徐院长总结了此次研讨会的各项成果，并感谢所有与会学者为中大校园带来了一场计量经济学的思想盛宴，感谢联合主办方中国数量经济学会以及中国香港地区的香港科技大学商学院的通力合作。

此次会议实行报告论文评论制。学术造诣深厚的资深教授、已在计量经济学领域崭露头角的优秀青年教师以及对计量经济学研究充满热情的博士研究生共聚一堂，相互评论论文，共同探讨感兴趣的学术问题。平等交流、积极探索的学术精神得到了传承。

三、东北财大举办"经济计量分析与经济预测"国际学术研讨会

2011 年 7 月 2~3 日，东北财经大学数学与数量经济学院、辽宁省人文社会科学重点研究基地"经济计量分析与预测研究中心"与中国科学院预测科学研究中心联合在大连星海假日酒店和东北财经大学成功举办了"经济计量分析与经济预测"国际学术研讨会。开幕式由东北财经大学数学与数量经济学院院长王维国教授主持，东北财经大学副校长吕炜

教授，中国社会科学院学部委员、时任数量经济与技术经济研究所所长的汪同三研究员；中国科学院预测科学研究中心房勇副研究员（代表汪寿阳主任）分别致辞。

来自美国佛罗里达大学、美国北卡罗来纳大学、英国牛津大学、英国南安普顿大学、中国香港地区的香港城市大学、中国科学院、中国社会科学院、中国人民银行、中国人民大学、南开大学、武汉大学、华中科技大学、吉林大学、厦门大学、上海财经大学、中南财经政法大学、华侨大学、东北师范大学、湖南大学、辽宁大学、华东交通大学、哈尔滨工程大学、辽宁工程技术大学、东北财经大学等41个国内外高校或科研单位的110余名国内、外学者参加了本次会议。

中国社会科学院汪同三研究员、吉林大学数量经济研究中心副主任陈守东教授、中国人民大学经济学院赵国庆教授、中国人民银行调查统计司郑桂环博士、华东交通大学经济管理学院欧阳志刚教授、厦门大学王亚南经济研究院副院长陈国进教授、华中科技大学数量经济研究所所长王少平教授、中国香港地区的香港城市大学王军波教授、中国科学院预测科学研究中心副主任杨晓光研究员、美国佛罗里达大学艾春荣教授、美国北卡罗来纳大学蔡宗武教授、南开大学数量经济研究所所长张晓峒教授12名专家先后作了大会主题报告。中国科学院、厦门大学、华侨大学、湖南大学和东北财经大学教师33人分别作了分组学术报告。与会学者围绕经济计量和经济预测理论与方法的前沿问题、经济数据分析、经济监测预警及各类方法的应用交流研讨了最新研究成果。

东北财经大学数学与数量经济学院王维国教授、陈磊教授和高铁梅教授分别主持了大会报告和分组报告。陈磊教授、高铁梅教授、刘德海副教授、梁云芳副教授、陈飞副教授、于刚博士和潘祺志博士在本次会议的分组报告和研讨中发言。数学与数量经济学院副院长王雪标教授、赵松山教授等其他教师和国际商学院院长王庆石教授、公共管理学院副院长赵建国教授、管理科学与工程学院副院长刘畅副教授、田青副教授、统计学院白雪梅教授、金融学院赵进文教授、财政税务学院贺蕊莉教授、金双华教授等40多名教师和研究生参与了会议相关的交流活动。本次会议的成功举办，有利于促进我国经济计量和经济预测领域的学术研究与国际交流合作，有利于提高东北财经大学在该领域的学术影响，推动学校数量经济学科的建设和发展。

四、随机分析及其在金融数学中的应用学术会议召开

2011年7月4~6日，"随机分析及其在金融数学中的应用暨庆贺严加安院士七秩华诞"学术会议在中国科学院数学与系统科学研究院召开。来自国内、外的200余名专家和研究生参加了会议。开幕式由应用数学所所长巩馥洲研究员主持。

党委书记王跃飞在大会开幕式上致辞。他热烈祝贺"随机分析及其在金融数学中的应用学术会议"的召开，衷心庆贺严加安先生七秩华诞，热诚欢迎专程来参加会议的专家学

者。他说，严加安先生对科学研究的执着、对青年人才的奖掖、对科学道德的尊奉令人景仰。严先生自 1964 年来到中国科学院数学所工作，迄今在中国科学院工作已近 50 年了，他把全部心血贡献给了国家科学事业、研究院的发展和人才培养，并做出了重大贡献。严先生在繁忙的科研工作之余，在人文艺术领域尤其在诗歌和书法方面颇有建树。他在《七十述怀》中写道："人生四季一路歌，而今七十是金秋。春耕夏耘结硕果，桃李芬芳志已酬。何求著作能等身，但企文章长久留。荣辱得失置之度外，鞠躬尽瘁不言休。"将几十年做人、做事、做学问的深刻体悟浓缩在几十个字的诗句中，表现出一个科学家、诗人独有的风骨气韵。马志明院士代表会议学术委员会对会议代表来参加会议表示热烈欢迎，中国科大副校长叶向东代表严加安先生的母校对会议的召开表示祝贺。

大会邀请马志明院士、陈木法院士和彭实戈院士等国内外 30 名学者做大会报告。会议包括狄氏型和马氏过程、随机微分方程、随机偏微分方程、倒向随机微分方程、大 G 期望、随机网络、随机控制、风险控制、投资组合选择理论等广泛论题。王跃飞书记、陆启铿、丁夏畦、石钟慈、林群、陈翰馥、马志明、崔俊芝、李邦河、席南华等院士，北京师范大学陈木法院士，山东大学彭实戈院士、叶向东副校长以及部分院所领导与参会代表欢聚一堂，共同庆贺严加安先生七秩华诞。

严加安院士是著名的概率论和随机分析专家，他在鞅论、随机分析、白噪声分析和金融数学领域有多项贡献。他不仅建立了局部鞅分解引理，而且给出了一类可积随机变量凸集的刻画，用统一简单方法获得了指数鞅一致可积性准则，并提出了白噪声分析新框架。此外，他还与 Kondratiev 等合作完善了无穷维非高斯分析的数学框架并给出了金融数学中"资产定价基本定理"的修正形式。他先后获得中国科学院自然科学一等奖、国家自然科学二等奖、何梁何利基金科技进步奖、华罗庚数学奖等多个重要奖项。2002 年 8 月还应邀在第 24 届国际数学家大会上做 45 分钟报告，2010 年还当选为（国际）数理统计学会的 Fellow。

五、WISE 举办计量经济学、金融学与实验经济学暑期学校

2011 年 7 月 11 日，由厦门大学王亚南经济研究院（WISE）、厦门大学"计量经济学"教育部重点实验室、厦门大学统计科学福建省重点实验室及高等教育出版社联合举办的"WISE2011 计量经济学、金融学与实验经济学暑期学校"在厦门大学克立楼报告厅开讲，共有来自国内各高校及美国、法国、瑞典等海外高校的研究生、教师近 220 人参会。开幕仪式由美国康奈尔大学及厦门大学双聘教授洪永淼主持，厦门大学研究生院副院长陈工教授到会致开幕词，高等教育出版社编审权利霞女士致贺词，中国台湾地区的台湾大学管中闵教授出席了开幕仪式。

陈工教授代表厦门大学对参加本期暑期学校的各位老师、同学表示热烈的欢迎，并介

绍了厦大经济学科的悠久历史，王亚南经济研究院的成立目标、发展概况及暑期学校的办学理念。他介绍到，厦大经济学科具有悠久的发展历史，历来在国内具有较强的学术影响力与社会影响力，其研究生教育质量位居国内同行前列，在由武汉大学中国科学评价研究中心、中国科教评价网等单位联合研发的《2010 年中国研究生教育评价报告》中，厦门大学经济学科研究生教育在全国排名第二。而成立于 2005 年的王亚南经济研究院更是厦大为推动经济学科的国际化、规范化进程而成立的新型教育与研究机构。目前，王亚南经济研究院已逐步成为一个在全国乃至亚太地区有影响力的经济学国际交流中心，由其申报的"计量经济学教育部重点实验室（厦门大学）"是全国首个而且唯一的文理学科交叉的经济学科重点实验室；"福建省统计科学重点实验室（厦门大学）"是全国首个而且是唯一的省级经济学统计学学科交叉的重点实验室；根据 2011 年荷兰蒂尔堡大学研究统计的"全球经济学研究机构排名"，2005~2009 年，厦门大学经济学科在国际权威学术期刊发表论文位居全国三甲，其中，绝大部分论文成果来自于王亚南经济研究院。

2011 年暑期学校是王亚南经济研究院自 2005 年以来举办的第 7 次暑期学校，将延续 2010 年在计量经济学、金融学、实验经济学三个学科方向的学习范围，纵深学员对经济学科发展的认知和理解。暑期学校将充分利用厦大经济学科的学科优势，尤其是王亚南经济研究院在计量经济学、金融学、实验经济学等优势学科的强大师资团队和广泛的国际学术交流与联系，为全国的广大经济管理类师生提供一个学习和交流的平台。

活动邀请了美国伊利诺伊大学 Anil Bera 教授、美国北卡罗来纳大学教授蔡宗武、美国康奈尔大学及厦门大学双聘教授洪永淼、中国台湾地区的台湾大学管中闵教授、清华大学李子奈教授、厦门大学 Jason Shachat 教授作系列报告，其中，特设计量经济学教学研讨会，邀请诸位名师就经济学教学的相关内容展开探讨，为国内经济学教学内容及方式创新思路。

六、权力经济和制度经济的理论与方法研讨会在济南召开

由教育部人文社会科学基地——吉林大学数量经济研究中心与山东大学经济研究院联合主办、吉林大学商学院协办的"权力经济和制度经济的理论与方法"学术研讨会于 2011 年 7 月 16~17 日在山东大学召开。来自中国社会科学院、清华大学、中国人民大学、南开大学、吉林大学、山东大学、首都经济贸易大学等高校和研究机构的李子奈、李雪松、张屹山、赵振全、刘金全、沈利生、王国成、张晓峒、王文举、赵国庆等 30 多位专家学者出席了研讨会。

为加强学术交流，深化经济理论研究，本次学术会议研讨的主题内容有（但不限于）：

（1）基于权力范式的经济理论研究；

（2）制度经济学的基本理论、方法和应用；

（3）中国转轨和制度变迁的经济学解释；

（4）经济博弈论研究；

（5）我国经济发展方式转变的对策研究。

2011 年 7 月 16 日上午，"权力经济和制度经济的理论与方法"学术研讨会开幕。山东大学经济研究院院长黄少安教授、中国社会科学院数量经济技术经济研究所副所长李雪松教授、吉林大学社会科学处处长孙长智处长、吉林大学商学院院长刘金全教授分别致辞，均表示本次研讨会主题意义重大，是一次学术探讨的"强强联合"，既体现了兄弟院校之间的友好关系，也有助于促进两校的学术交流。

大会交流期间，首都经贸大学副校长王文举教授、山东大学经济研究院的黄少安教授、吉林大学的张屹山教授、山东大学经济研究院的魏建教授，分别以"参考点效用与最优公开保留价博弈分析"、"合作与经济增长"、"基于权力范式的经济理论研究"、"中国社会转轨中的制度变迁：中央政府的泛利性调整"为题进行了主题报告。随后，来自山东大学经济研究院与吉林大学数量经济研究中心等单位的 12 位学者分别宣讲了论文，介绍最近的科研成果。围绕中国转轨过程中的制度变迁、权力博弈等理论和现实问题展开了深入的研讨。在闭幕式上，黄少安教授表示本次研讨会非常圆满，感谢与会专家学者带来的学术盛宴，期盼专家们日后多一些时间到经济研究院来讲学，增进交流与合作。

七、中国数量经济学会 2011 年会在山东大学举行

2011 年 9 月 16~18 日，中国数量经济学会年会在山东大学举办。山东大学副校长张永兵，时任中国社会科学院数量经济与技术经济所所长、中国数量经济学会理事长汪同三，美国南加州大学教授、《*Journal of Econometrics*》主编萧政，英国南安普敦大学教授、当代中国研究中心主任陆懋祖，山东社会科学院副院长郑贵斌出席年会。

年会由中国数量经济学会常务副理事长李富强主持。会上，与会专家进行了热烈的学术讨论。17 日上午，萧政、陆懋祖和李雪松分别作了题为"面板与横截面数据"、"汇率管理和货币供应量的不平衡"和"中国 DSGE 模型与政策效应分析"的主题学术报告。17 日下午，年会分为 10 个小组，针对"数量经济学理论与方法"、"宏观经济增长与运行"、"货币、银行"、"资本市场、金融危机"、"财政、税收"、"投资、消费、贸易"、"区域经济协调发展"、"企业、产业经济"、"实验经济学及其他分支学科"等研究方向作了专题讨论。18 日上午，中国社会科学院研究员沈利生、中国人民大学经济学院教授赵国庆、中国社会科学院研究员王国成、山东大学经济学院常务副院长胡金焱分别作了题为"投入产出模型及其应用"、"计量经济方法应用过程中的一些问题"、"非常态经济的非经典计量建模"、"货币政策对股票市场的非对称性冲击"的报告。年会还评选了 2011 年度优秀论文并进行了表彰。

此次年会由中国数量经济学会主办，山东社会科学院、山东省经济形势分析与预测软科学研究基地和山东大学经济学院承办。该活动为山东大学经济学院欢庆山东大学建校110周年系列学术活动之一。来自中国社会科学院、中国人民大学、厦门大学、辽宁大学、西南财经大学、东北财经大学、中南财经政法大学、山东社会科学院和山东大学等单位的专家学者300余人参加了年会。中国数量经济学会成立于1979年3月，30多年来，中国数量经济学教学、研究与应用得到了长足发展，已经成为中国经济学领域中重要的有生力量，为中国经济学发展与国际化做出了重要贡献。本次年会期间，还召开了中国数量经济学会第十届理事会和常务理事会，研究决定增补事项等，并与2012年在新疆大学举行年会的主办方进行了交接。

八、金融系统工程与风险管理国际年会在华中科大举行

2011年10月14~16日，第九届金融系统工程与风险管理国际年会在华中科技大学管理学院召开，来自英国剑桥大学、瑞士苏黎世联邦理工学院、中国香港地区的香港中文大学、北京大学、上海交通大学、复旦大学、华中科技大学、武汉大学、浙江大学、中国科学技术大学、厦门大学、中山大学、南京大学、电子科技大学、西南交通大学等30多所海内外知名大学以及中国科学院、国务院发展研究中心、德勤国际咨询、IBM、渣打银行、长江证券等国内外金融系统工程与风险管理领域的著名学者及业界人士出席了本次年会。

华中科技大学党委副书记欧阳康教授，中国系统工程学会理事长、中国科学院数学与系统科学研究院副院长汪寿阳教授，国务院发展研究中心企业研究所所长赵昌文教授，华中科技大学管理学院院长张金隆教授，中国香港地区的香港中文大学教授 Li Duan 教授，上海交通大学吴冲锋教授，电子科技大学经济与管理学院院长曾勇教授，国家自然科学基金委管理学部一处处长刘作仪教授作为嘉宾出席了15日上午举行的开幕式。欧阳康、张金隆、汪寿阳和刘作仪为开幕式致辞。

欧阳康向各位来宾介绍了华中科技大学近年来在教书育人、社会研究、社会服务方面做出的努力和取得的成就，并从哲学的角度指出了目前全球经济金融形势所面临的问题，张金隆代表管理学院表达了对各位来宾的欢迎与感谢。

会议的宣传主题为"全球观金潮、喻园论银道"。大会报告中，汪寿阳教授提出运用系统工程方法应对当前全球金融危机的具体措施；瑞士苏黎世联邦理工学院 Didier Sornette 教授报告了 Out-of-equilibrium 非线性金融经济学的最新进展；来自英国剑桥大学房地产金融研究团队的 Jamic Alcock 博士和 Helen X. H. Bao 博士分别介绍了他们新近的研究成果；中国香港地区的香港中文大学 Li Duan 教授作了行为金融学发展趋势的综述报告；上海交通大学吴冲锋教授基于产业链投资组合的研究论述了后金融危机时代我国企业发展的有效途径；中国系统工程学会副理事长、天津大学管理与经济学部主任张维教授的报告

系统给出了计算实验金融的发展趋势及该领域的最新研究进展。电子科技大学经济与管理学院院长曾勇教授对外资银行进入中国区域的特征与网点规模进行分析，并从金融监管的角度给出了政策建议。

会议期间，来自世界各地的专家学者充分交流与分享在金融系统工程与风险管理领域所取得的研究成果，本届年会组织了以"来自金融行业第一线的实践经验"为主题的专场论坛，旨在为在校大学生提供与业界资深人士和专家零距离交流的平台；国务院发展研究中心企业研究所所长赵昌文教授作了题为"我国国有大型企业产融结合怎么看？怎么办？"的主题报告，德勤国际中国财务咨询总监袁先智教授就中国银行业风险管理实践向与会代表介绍了他们团队的经验和最新研究成果。

本届年会的最佳贡献奖授予德勤国际咨询袁先智教授领导的团队，大会还在 100 多篇会议录取论文中评选出 16 篇优秀论文。中国系统工程学会理事长汪寿阳教授和中国科学技术大学方兆本教授分别给获奖者颁奖。

金融系统工程与风险管理国际研讨会自 2003 年在北京（长沙）首届举办以来，曾先后在成都、广州、上海、天津、重庆、南京、北京等城市每年举行一次，国内外金融系统工程与风险管理领域的著名学者及业界人士积极参会（其中包括诺贝尔经济学奖得主 Prof. Myron Scholes 以及华尔街知名的金融界人士），该会议现已成为国内外金融与风险管理学科领域影响较大的国际会议之一。

九、"两岸经济计量理论与方法应用研讨会" 在中国台北举行

由中国台湾地区的计量经济学会、台湾大学计量理论与应用研究中心、台湾政治大学，与上海市数量经济学会联合举办的"两岸经济计量理论与方法应用研讨会"于 2011 年 10 月 29~31 日在台湾政治大学成功举行。

来自上海社会科学院、上海财经大学、上海交通大学、上海大学、华东政法大学和华中科技大学、山西社会科学院等高校与研究机构计量经济与经济学学界的近 20 位知名学者齐聚台湾政治大学，与来自中国台湾地区各个高校和研究机构的众多学者，就共同关心的学术前沿问题进行广泛而深入地交流与研讨，增进了两岸计量经济学界同仁之间的相互了解。

开幕式由中国台湾地区计量经济学会理事长管中闵主持，中国数量经济学会名誉理事长汪同三研究员代表中国计量经济学界对这次会议的召开表示了热烈的祝贺，上海市数量经济学会副理事长兼秘书长朱平芳研究员代表上海计量学者致答谢词。

在研讨会上，国际著名数量经济学家 Professor M. Hashem Pesaran 作了主题为 "China's Emergence in the world Economy and Business Cycle in Latin America" 的高水平学术报告。

来自上海社会科学院数量经济研究中心的朱平芳研究员和张征宇助理研究员，上海财经大学的蒋传海教授、刘弘教授和周亚虹教授，华中科技大学的王少平教授，上海大学的倪中新副教授，上海交通大学安泰经济与管理学院的朱喜博士和华东政法大学商学院的徐大丰博士都作了质量较高的学术报告，引起了两岸学者们的热烈讨论与相互切磋。大家一致认为今后将长期合作举办类似的学术研讨会，共同推动计量经济学和经济学的发展。

研讨会期间数百位嘉宾、学者与研究生出席了会议，参会学者的论文报告学术水准普遍较高，两岸学者间的讨论与交流也达到了很好的效果。最终，会议在融洽而轻松的氛围中圆满结束。

此次会议旨在为海峡两岸计量经济学者更好地搭建交流平台。首届研讨会于 2010 年 9 月在上海社会科学院成功举办，在两岸计量经济学界产生了较大的影响，为两岸计量经济学的共同发展增添了活力。此次由中国台湾方面承办的第二届研讨会的顺利进行，将海峡两岸计量经济学的交流与发展持续了下去。这充分说明了促进与加强海峡两岸学者间的学术互通、互联、互动是有着非常积极的现实意义的，获得的显著成效也是有目共睹的。会后，朱平芳研究员代表上海计量经济学会对中国台湾数量经济学会此次的盛情邀请和接待表示了衷心感谢，期待未来可以继续保持并深化海峡两岸计量经济学界的联系与合作，共同进步，取得更大的学术成绩。

十、博弈实验研究会举办"微观行为分析与复杂经济仿真"国际研讨会

2011 年 10 月 30~31 日，由全国博弈论与实验经济学研究会（中国数量经济学会博弈论与实验经济学专业委员会）与北京信息科技大学联合主办、首都经济贸易大学协办、北京信息科技大学经济管理学院承办的"微观行为分析与复杂经济仿真"国际研讨会在北京召开，来自全国高等院校和科研机构的共 40 多名相关专业领域的专家、学者和研究生参加了此次研讨会。

中国社会科学院数量经济与技术经济研究所副所长李雪松教授、首都经济贸易大学副校长王文举教授、北京信息科技大学副校长许宝杰教授出席了开幕式并致辞；会议特别邀请了卡内基·梅隆大学经济学教授、社会与决策科学系主任圣塔菲（SFI）资深研究员 John H. Miller 博士作了题为"Computational Models of Complex Economic Systems"的主题演讲；还邀请了德国马普经济研究所刁莉男博士、中国社会科学院研究员王国成博士、荷兰阿姆斯特丹大学数量经济系朱梅博士后分别为大会作了题为"Invest in What You Know：Performance of Portfolio Decisions Based on Recognition"、"Some Points on Evolutionary Game Modeling—with Applications in Economy/Finance"、"Heterogeneous Agent Models in Asset Pricing"的专题报告。本次研讨会在行为动力学建模及其在经济/金融中的应用、演化博弈

论及其经济建模应用、基于互异主体（Heterogeneous Interacting Agent，HIA）的建模及其在金融中的应用等方面进行了深入讨论。

本次会议的召开，对于跟踪国际学术前沿、促进博弈论与实验经济学的发展和数量经济学学科建设及应用等，都将产生重要影响和发挥积极作用。

十一、计算实验金融学、经济学高端国际学术会议在天津大学召开

2011 年 11 月 4~5 日，由国际 ESHIA 学术组织举办，天津大学管理与经济学部承办的计算实验金融学、经济学高端系列学术会议 "2011 Winter Workshop on Economic Heterogeneous Interacting Agents" 在天津大学举行。来自国内、外计算实验金融学，经济学领域的 20 余名学者和天津大学管理与经济学部 30 余名师生参加了会议。会议由天津大学管理与经济学部主任张维主持。

张维对参加会议的各位学者表示欢迎和感谢。作为大会特邀报告人，日本中央大学 Yuji Aruka 教授作了题为 "A Perspective for Analyzing the Socio-economic System and Interactive Human Behavior" 的学术报告；澳大利亚悉尼科技大学 Tony He 教授作了题为 "Heterogeneous Beliefs and Adaptive Behavior of Financial Market: Recent Development and Challenge" 的学术报告；美国亚利桑那大学的 Raymond J. Howkins 教授作了题为 "Lending Sociodynamics and Economic Instability" 的学术报告；英国莱切斯特大学的 Emmanuel Haven 教授作了题为 "Action Functionals in the Characterization of Arbitrage" 的报告等。此外，还有来自海内、外的十余位学者针对计算实验方法在金融/经济领域内的应用进行了学术报告并就自己的研究成果进行了墙报展示。与会专家各抒己见，并进行了讨论。

与会专家表示，本次研讨会总结了计算实验金融/经济领域的最新研究成就，展望了该领域的未来发展趋势，促进了国内、外同行的交流与合作。本次会议为国内外研究者提供了一个独特的跨学科交流平台，对于促进我国计算实验金融/经济学研究的发展具有重要的意义。

十二、"2011 数量经济学前沿国际学术研讨会" 在上海举行

2011 年 11 月 26 日，由上海市数量经济学会和上海大学经济学院共同主办、上海社会科学院数量经济研究中心协办的 "2011 数量经济学前沿国际学术研讨会" 在上海大学成功召开。本次研讨会由上海大学经济学院承办并得到了上海社会科学院数量经济研究中

心与国家自然科学基金项目的大力支持。国内外诸多知名学者、专家教授以及研究生代表近百人参加了研讨会。

开幕式上，上海大学经济学院院长沈瑶教授致欢迎词，向各位专家、学者的到来表示由衷的欢迎。上海数量经济学会理事长左学金教授，上海数量经济学会副理事长、上海社会科学院数量经济研究中心主任朱平芳教授，以及上海财经大学数量经济学科带头人周亚虹副教授分别致辞，向大会的成功举办表达了衷心的祝贺。

会上国际知名计量经济学家、中国台湾大学管理学院讲座教授管中闵，新加坡国立大学经济学教授、中国香港科技大学商学院讲席教授陈松年，英国南安普敦大学当代中国中心主任陆懋祖教授，吉林大学商学院院长、长江特聘教授刘金全教授，中山大学岭南学院实证与计量研究中心主任、广东省统计学会副理事长王美今教授作为演讲嘉宾各自作了精彩的主题演讲。稍后的分会场报告中来自上海财经大学、上海社会科学院、上海交通大学、华东师范大学和上海大学等高校及科研院所的数量经济学领域的杰出学者分别汇报了他们的最新研究成果。现场讨论环节严谨而又不失活泼，充分体现了当今数量经济学的最新前沿与最高水平。

本次研讨会旨在为从事数量经济理论研究和实证应用分析的学者提供交流机会，搭建学术交流、互动的平台。会议中学者们结合自身实际研究方向，相互之间就共同关心的问题进行了极富有学术价值的沟通与讨论，为今后各自学术研究的深入提供了新观点和新方法。本次会议的顺利召开也为中国数量经济学的发展与壮大给予了很好的示范与推动作用。

十三、首都经济贸易大学举办数量经济学前沿系列讲座

2011 年 12 月 7~9 日，首都经济贸易大学数量经济学前沿系列讲座举行，国内著名经济学家、时任中国社会科学院数量经济技术经济研究所所长的汪同三教授为首经贸师生作了题为"通货膨胀的成本推动因素分析"的专题报告，在对本轮通货膨胀表现进行归纳的基础上，重点从美国量化宽松货币政策无法避免性及相关传导机制、农业基础的薄弱性、劳动力成本上涨的必然性等六个方面分析了本轮通货膨胀的成因；北京信息科技大学的葛新权教授作了题为"泡沫经济模型应用前景"的专题报告，从微观到宏观、从个体的理性行为到心理因素的影响、从博弈论到实验经济学等方面，分析了泡沫经济模型应用的广阔前景，以及在现代经济发展中的重要作用；清华大学的李子奈教授作了题为"计量经济学模型方法若干问题辨析"的专题报告，重点讲解了计量经济学模型方法论、总体模型设定中容易出现的问题、应用研究中常见的问题；中国社会科学院的王国成教授作了题为"从微观探索宏观复杂性——数量经济学新的发展机遇"的专题报告，围绕偏峰厚尾、周期波动、非平稳、非高斯、非参数以及拐点、突变、高频振荡等典型化事实与关键特征，阐述用现有理论难以准确概括客观事物的内在规律，面临的挑战，以及发展数量经济学新的模

型方法的必要性；中国人民大学的赵国庆教授作了题为"时间序列分析中的 Granger 因果性"的主题报告，结合实例，从平稳时间序列和非平稳时间序列两方面介绍了 Granger 因果性检验的应用，并运用蒙特卡罗方法模拟了结果；中国社会科学院的李雪松教授作了题为"CGE 与 DSGE 模型的理论与应用"的专题报告，李金华教授作了题为"经济学管理学学术论文创作要领"的专题报告，分别介绍了他们的最新研究成果及学术论文写作的注意事项等。此次系列讲座得到该校教务处"名师讲学"计划的支持，其成功举办将有力推动该校数量经济学科的建设和发展。

十四、WISE 召开首届现代统计学与计量经济学国际研讨会

2011 年 12 月 21 日，首届现代统计学与计量经济学国际研讨会在厦门大学举行。本次研讨会由王亚南经济研究院（WISE）、经济学院、计量经济学教育部重点实验室（厦门大学）及福建省统计科学重点实验室（厦门大学）联合举办。

此次研讨会由中央"千人计划"入选者、教育部"长江学者"、美国北卡罗来纳大学夏洛特校区和厦门大学双聘统计学教授蔡宗武主持开幕式。蔡宗武教授介绍，现代统计学随着当前社会体系的发展，在现代经济学、现代金融学、生命科学、医学、社会学、管理学等领域已被广泛应用。厦门大学统计学科在经济统计和应用统计方面历来具有较高学术声誉，并随着近年来 WISE 在数理统计学科建设和师资队伍取得的较大成绩，学科竞争力强劲，于 2010 年成功获批立项基于统计学科的文理交叉重点实验室——福建省统计科学重点实验室。

本次研讨会旨在促进中国现代统计学和计量经济学的方法及理论研究的发展与推广，同时为国内研究人员与国际知名学者之间搭建一座相互交流的桥梁。此次研讨会包括一系列关于最新现代统计学及计量经济学理论、方法和应用的专题，尤其是其在经济学和金融学中的应用，邀请了美国北卡罗来纳大学和厦门大学双聘教授蔡宗武、澳大利亚莫纳什大学 Jiti Gao 教授、美国康奈尔大学和厦门大学双聘教授洪永淼、美国康奈尔大学 Giles Hooker 教授、美国南加州大学和厦门大学双聘教授萧政、中国香港科技大学 Bing-Yi Jing 教授、美国北卡罗来纳大学 Jiancheng Jiang 教授作特邀演讲。

十五、其他相关学术活动信息

（1）2011 年 5 月 28 日，著名行为经济学家、加拿大西蒙弗瑞泽大学 Jack Knetsch 教

授应邀访问东北财经大学实验经济学实验室并作题为"行为经济学进展：意义与政策应用"的学术报告。Jack L. Knetsch 教授毕业于哈佛大学，是世界上著名行为金融、实验研究和环境经济学学者，曾担任西部科学联合会主席，被联合国授权主持意大利、黎巴嫩食品与农业组织项目，驻泰国主持联合国发展计划等。

（2）2011 年 7 月 10~16 日，中国人民大学微观数据和实证方法研究中心美方主任、中国人民大学讲座教授李彤为中国人民大学微观数据和实证方法研究中心举办的"全国高校青年骨干教师微观计量高级研修班"讲授《微观计量经济学专题》课程。授课期间，李彤教授主要讲授了受限因变量模型、基于仿真的推断和贝叶斯方法等两个专题。李彤教授目前是美国范德比尔大学的 Gertrude Conaway Vanderbilt 教授，《Journal of Econometrics》的副主编。他的研究主要关注微观计量经济学理论包括动态非线性面板数据模型和非参数识别等，以及拍卖和契约理论等微观经济学领域的经验研究。

（3）2011 年 11 月，计量经济学会（The Econometric Society）正式通知北大光华管理学院院长蔡洪斌教授当选为该会的会士（Fellow），蔡洪斌教授由此成为极少数跻身这一最精英经济学专业学会的华人经济学家。蔡洪斌教授在博弈论、信息经济学、产业组织理论、政治经济学和中国经济等多个重要领域做出了原创性的贡献，其研究成果在经济学界产生了广泛而深远的影响，他的多篇论文发表于经济学顶级期刊，如《American Economic Review》、《Journal of Economic Theory》、《Rand Journal of Economics》和金融学的顶级期刊，如《Journal of Financial Economics》等。

（4）2011 年 11 月 4 日"北京—青岛博弈理论与算法高端论坛"在青岛大学数学科学学院隆重召开，由挂靠青岛大学的中国运筹学会对策论专业委员会主办。论坛的主题是探讨中国博弈论与管理科学的发展趋势以及学术交流。来自北京与青岛和美国加州等地的从事博弈理论与算法研究的专家、学者和研究生共 70 余人参加了论坛。论坛的顺利举办对于青岛大学数学、经济与管理科学领域的学科建设，促进青岛大学"十二五"科研发展规划的顺利实施，在国内最高水平的平台上实质性地发展青岛大学的对外学术交流，提高青岛大学经济与管理学科在国内的影响力都将具有极其重要的意义。

（5）2011 年 12 月 15 日，"2011 经济科学协会（ESA）亚太区会议暨 WISE（2011）第二届实验经济学与金融学国际研讨会"在厦门大学召开。此次会议由厦门大学王亚南经济研究院（WISE）、厦门大学经济学院和"计量经济学"教育部重点实验室联合主办，是厦大经济学科依托教育部重点实验室平台举办的第二届以实验经济学与金融学为主题的国际研讨会，旨在通过研讨会促进海内外运用实验室实验方法研究经济、金融的学者之间的交流合作。

后　记

　　一部著作的完成需要许多人的默默贡献，闪耀着的是集体的智慧，其中铭刻着许多艰辛的付出，凝结着许多辛勤的劳动和汗水。

　　本书在编写过程中，借鉴和参考了大量的文献和作品，从中得到了不少启悟，也汲取了其中的智慧菁华，谨向各位专家、学者表示崇高的敬意——因为有了大家的努力，才有了本书的诞生。凡被本书选用的材料，我们都将按相关规定向原作者支付稿费，但因为有的作者通信地址不详或者变更，尚未取得联系。敬请您见到本书后及时函告您的详细信息，我们会尽快办理相关事宜。

　　由于编写时间仓促以及编者水平有限，书中不足之处在所难免，诚请广大读者指正，特驰惠意。